Tierra de clanes: el almanaque

SAM HEUGHAN
Y GRAHAM MCTAVISH
con Charlotte Reather

TIERRA DE CLANES
EL ALMANAQUE

Historias de Escocia para todo el año

Traducción de Cristina Zuil

PRINCIPAL

Primera edición: diciembre de 2021
Título original: *The Clanlands Almanac: Seasonal Stories from Scotland*

Las recetas de las páginas 62, 128 y 225 han sido cedidas amablemente por Tony Singh (tonysingh.co.uk)
Las insignias de los clanes las ha dibujado Peter Liddiard (suddenimpactmedia.co.uk)
Los mapas los ha dibujado Rosie Collins (rosiecollins.co.uk)
Las ilustraciones son de Iain McIntosh (iainmcintosh.com)
El diseño de las guardas es de David Eldridge de Two Associates (twoassociates.co.uk)

Diseño de cubierta: Sarah Christie © Hodder & Stoughton
Adaptación de cubierta: Taller de los Libros
Corrección: Carmen Romero y Benjamí Heras

Publicado por Principal de los Libros
C/ Aragó, 287, 2.º 1.ª
08009, Barcelona
info@principaldeloslibros.com
www.principaldeloslibros.com

ISBN: 978-84-18216-35-0
THEMA: WTL
Depósito Legal: B 18377-2021
Preimpresión: Taller de los Libros
Impresión y encuadernación: Liberdúplex
Impreso en España — *Printed in Spain*

A ti, querido lector, que estás a punto de embarcarte, junto a nosotros, en este viaje épico a lo largo de un ajetreado año escocés. Me da la impresión de que nos perderemos por el camino, festejaremos demasiado, reiremos y discutiremos mientras alabamos al «pequeño país más grande del mundo» (aunque seamos subjetivos en este aspecto). ¡Abróchate el cinturón, apréstate para la batalla y prepárate para una buena ración de haggis! *Besos.*

Sam

Para toda nuestra familia, esa línea indivisible formada por aquellos que han superado numerosas dificultades y hecho grandes sacrificios para ayudar a los que vienen después. Este libro es un homenaje a su historia y al preciado regalo que supone el futuro que nos han dejado.

Graham

PRÓLOGO

GRAHAM

Me encantan los almanaques. Me gustan por su naturaleza ecléctica, su mezcla de datos fascinantes y la oportunidad de tomar atajos serpenteantes por territorios inexplorados. Este libro nos empuja a descubrir Escocia, su historia y sus gentes, información que intercalaremos con recuerdos personales. En un momento dado, te hablaremos de aquella vez en la que una cita dejó plantado a Sam en la puerta de un McDonald's (se equivocó de hamburguesería) y, al siguiente, evocaremos esa ocasión en la que Sam me colgó de una cuerda al borde de los acantilados de Kilt Rock en Skye mientras me aferraba a la vida desesperado, casi incapaz de respirar.

Luego, de la nada, Sam te recomendará la «Bebida del mes», con la intención de que me hierva la sangre, antes de que me disponga a contarte la sangrienta «Batalla del Mes» entre clanes, relacionada con el momento correspondiente del año. Además, tenemos recetas raras. Bueno, no podíamos hacer un libro sin comida, ¿no? También es una competición que muestra nuestra rivalidad mientras grabábamos *Men in Kilts,* además de hasta dónde llegan los límites sobre lo mucho que podemos insultarnos por escrito y seguir siendo amigos.

Para mí, al igual que para la gran mayoría de los escoceses, la capacidad de lanzar y recibir insultos es una verdadera medida de amistad y desprecio a uno mismo. Bajo ese estándar, este libro es una obra de arte de pullas maliciosas, réplicas con fundamento y puñaladas traperas, entremezcladas con una exageración de la verdad. De este modo, al leerlo, debes tener muy presentes tres cosas: cada fragmento de historia es cierto, los lugares y personas existen de verdad y todo lo demás debe leerse con un toque considerable de sal. Pero, sobre todo, espero que lo disfrutes.

SAM

Olvídate de todo lo anterior.

Te doy la bienvenida a… ¡mi gran libro de Escocia!

ENERO

Hace mucho tiempo
Los dos hemos remado en el riachuelo
desde la madrugada hasta la hora de cenar;
pero se encuentra entre ambos el rugir de los mares
desde hace mucho tiempo.
Robert Burns, 1788

Clan Galloway
Lema: *Higher* ('Más alto')
Territorio: Galloway
Jefe del clan: Ninguno, clan armígero
[Sam: Me gusta pensar que soy el jefe porque acabo de descubrir que mi apellido está relacionado con el clan Galloway. ¡Apóyame!].

FECHAS CLAVE

1	**Resaca de Año Nuevo** ***Loony Dook* – Baño de Año Nuevo en Edimburgo**
4	**Cumpleaños de Graham James McTavish (Capricornio)**
5	**Noche de Reyes**
11	**Cumpleaños de Diana Gabaldon** **Día nacional del *hot toddy* (cóctel caliente con *whisky*)**
25	**Noche de Burns**
Finales de enero - principios de febrero	***Celtic Connections* (Conexiones Celtas), una celebración de música celta en el Glasgow Royal Concert Hall (Real Sala de Conciertos de Glasgow)**
Enero-marzo	**Up Helly Aa. La mayor fiesta del fuego de Gran Bretaña tiene lugar en las islas Shetland**

GRAHAM

¡Enero! En algunos aspectos es el mes más cruel de todos (a excepción, quizá, de febrero, al que llegaremos a su debido tiempo), a menos que vivas en Nueva Zelanda, donde el sol brilla y los días son largos. Sin embargo, si has nacido en el hemisferio norte, conoces la aplastante resaca espiritual que supone enero. Diciembre rebosa paz y energía, además de la gran cuenta atrás hasta Navidad, con sus luces, compras, fiestas y el solsticio de invierno. La mezcla final le proporciona un gran chispazo a diciembre, tanto literal como metafóricamente. En comparación, enero parece la mañana siguiente a una noche de juerga. Has perdido el último autobús o tren a casa, no tienes ni un duro, la persona a la que le echaste el ojo en la fiesta se ha ido con otro... Lo pillas, ¿no?

Enero no es más que una mierda.

SAM

¡Vaya! ¡Qué manera más alegre de comenzar nuestro deambular durante un año por *Tierra de clanes,* Graham! Sí, enero es el anticlímax, similar a besar a tu tía de Aberdeen…, frío y triste (no tu tía ni Aberdeen, ejem). Vale, hace un frío que pela y no quiero hablar de la «bestia del este» (que desbarató, junto al coronavirus y a las facturas de hotel de Graham, el rodaje de la sexta temporada de *Outlander),* pero para eso inventamos nosotros, los escoceses, todas esas celebraciones pasadas por *whisky* que nos ayudan a superarlo, comenzando por Hogmanay. Todos los años, como parte de la tradición, empezamos enero con una tremenda resaca, una bestia auténtica justo detrás de los ojos.

En gaélico lo llamamos *ceann-daoraich,* que es lo que ocurre cuando te agarras una melopea, vas más pedo que Alfredo, te pones ciego, llevas una cogorza, te bebes hasta el agua de los floreros, te pillas un buen melocotón, vas bolinga, te pones como las grecas, vas cocido y pillas una curda en Hogmanay, la fiesssshta de Nochevieja en Escocia. Por Dios, lo que nos gusta una buena fiesta, de ahí el extenso vocabulario utilizado para el bebercio.

[Graham: ¿Puedo meter la cuchara?].
[Sam: ¿La cuchara? Sí… ¿Tan pronto?].

MOMENTO DE COMPETICIÓN
COGIÉNDONOS UNA CASTAÑA

GRAHAM

Como los lectores sabrán por nuestras aventuras en *Tierra de clanes* y *Men in Kilts,* todo es una competición para Sam y, con eso, me refiero a tooodo. Aunque admito que tiene una capacidad inhumana para beber *whisky* (y siempre me deja a la zaga como la persona de borrachera fácil que soy), ambos somos aprendices en lo que respecta a esa bebida. No obstante, Duncan Lacroix, que hace de Murtagh en *Outlander,* es un auténtico maestro cinturón negro en esas artes oscuras, el Usain Bolt de los alcohólicos y el Yo-Yo Ma de los cazadores de *whisky*.

Los lectores de *Tierra de clanes* estarán familiarizados con nuestra velada en mi casa, en la que se cayó sobre la mesa de café y me vi obligado a llevarlo a la cama. En otra ocasión, Duncan (junto a su compinche de la noche, Stephen Walters, el intérprete de Angus MacKenzie en *Outlander)* fue al *pub* local, en cuya barra conoció a una joven con la que se llevó de maravilla. Llegó el final de la noche y Duncan aprovechó la oportunidad para invitarla a su casa a tomar la «última copa». Aceptó, olvidando mencionar que iba a acompañarla el resto de su familia de criminales (una banda de bestias cerveceras que se habían pasado la noche sentadas en silencio, observando cómo su prima intimaba con Lacroix). Por lo que sé, nunca salieron de su apartamento, quizá sigan aún allí.

Duncan me ha relatado algunas historias desgarradoras sobre el desenfreno de sus borracheras. Una noche lo atropelló un coche y, cuando se despertó por la mañana, encontró su apartamento lleno de sangre. También tengo un recuerdo difuso sobre algo que ocurrió en Cuba, sin duda junto a Fidel Castro.

Luego, está la fiesta de despedida de Stephen Walters.

¡Ay, madre mía!

Stephen fue el primero de nuestro heterogéneo grupo escocés en marcharse, por lo que le hicimos una gran despedida en un restaurante local. La velada llegó a su fin. Graham «McMeEmborrachoEnseguida» anunció que se iba a casa para meterse en la cama. Igual que Stephen, Sam e incluso Cait (Catriona Balfe, Claire Fraser en *Outlander),* quien no es ajena al olor del uniforme del *barman,* se marcharon, por lo que solo quedaron Duncan y Grant O'Rourke (Rupert MacKenzie en *Outlander).* Ambos anunciaron, alegres, que se iban a tomar «la última» en casa del primero (con suerte, ya habría limpiado la sangre).

Cortamos y volvemos a las cinco de la tarde del día siguiente. Recibo una llamada de Grant. Están en el *pub*. No se han ido a la cama. Oigo a Duncan, que le pide más alcohol a la camarera. Dice algo que no consigo entender, pero estoy seguro de haber oído la respuesta de la chica: «¡No! ¡No voy a hacer eso!».

Duncan, entonces, se apodera del móvil y pasa a contarme que está pensando en matar a uno de los productores en la sesión de lectura y que debería sacar el teléfono para grabarlo. Al día siguiente, comienza la sesión de lectura. Llegan Duncan y Grant. Decir que están «muertos en vida» es una terrible ofensa a la muerte. Parece que los han enterrado por la noche antes de desenterrarlos y traerlos al estudio. Tienen la cara del color del hojaldre caducado y podrido. Cuando el guion requiere su intervención, es como escuchar a alguien recitar su propia condena de muerte en un idioma extranjero. Duncan se sienta con la cabeza entre las manos, concentrado en no potar sobre el guion. Creo que Grant está llorando en silencio.

No hace falta decir que Sam y yo nos lo pasamos bomba en esa sesión de lectura.

SAM

Graham tiene razón. Poseo muchos talentos que a él se le escapan y soy buen bebedor, pero nadie está a la altura de Duncan, que tiene un *cum laude* en dipsomanía. Comparados con Duncan, Graham y yo somos unos *amateurs,* pero lo que nos diferencia al viejo gris y a mí en este deporte nacional de campeones es que tengo mejor capacidad para funcionar. Bueno, quizá sea mejor llamarlo «habilidad para esconder el hecho de que voy ciego». Sin embargo, Graham, con tres vasos de Sauvignon Blanc, va flotando. A veces, literalmente. Como esa vez en la que íbamos en el ferri hacia Lewis, en las Hébridas Exteriores, para grabar *Men in Kilts…*

Graham se dedicaba a divertir a todos en el bar tragando *prosecco* «gratis». Por mi parte, cuando viajo en ferri, prefiero quedarme en la cubierta durante toda la travesía para contemplar el paisaje y observar la superficie azul por si hay signos de vida animal.

Me encanta la experiencia, porque es como vivir una aventura. Puedes ver grandes bahías y pensar en la tierra firme desde una nueva perspectiva. Sientes como si estuvieras explorando, forjando el camino hacia lo salvaje para percibir cómo las islas aparecen en medio de la niebla, oscuras, como un augurio. Es mágico.

Sin embargo, Graham no estaba interesado en nada de eso. Su primera parada obligatoria fue la cantina a por un *latte* (y, por supuesto, algún aperitivo). Luego, se pegó a la barra. Un poco después, volvió a la cantina a por algo de comer.

Cuando por fin emergió a la cubierta, rubicundo y achispado, el viento lo pilló por sorpresa y tengo un vídeo de él luchando contra un vendaval, vestido con una camiseta gris a juego con su barba, la bufanda de tartán Sassenach que me robó y nunca me devolvió, una gorra de beisbol con la frase «I love Scotland» (Amo Escocia) y un par de botas Palladium (su marca favorita de «ropa juvenil», que llevaba cuando era un adolescente en los años cuarenta). Estiró los brazos de manera dramática como si intentara volar, con la habitual copa de champán italiano sujeta con fuerza entre los largos dedos de la mano. No se daba ningún aire a Kate Winslet, sino a un gamberro combinado con un avejentado *snob* del vino. Se quedó unos minutos y regresó a la parte inferior a por «una copita más de *prosecco*». Y un tentempié.

4 de enero de 1961 – Cumpleaños de Graham James McTavish

SAM

Pasemos de las travesuras de Graham en el ferri a las auténticas celebraciones, porque el cuatro de enero señala un acontecimiento trascendental: ¡¡el cumpleaños de Graham!! Creo que este año alcanza la centena y recibirá una carta de la Reina. ¿Los centenarios beben champán? ¿Con una pajita, quizá?

[Graham: No se trata tanto de que tenga cien años, sino de que me sienta así tras dos años de servicio con el borracho pelirrojo].

GRAHAM

Los nacidos en enero somos una raza especial porque, aparte de ser la Esparta de los meses, es también el «ve directamente a la cárcel sin pasar por la salida ni recibir doscientas libras» de los cumpleaños. Puedo decir con exactitud el número de cumpleaños que he celebrado: probablemente me baste con las dos manos. Dada mi avanzada edad, es un porcentaje muy bajo. No recuerdo tener ninguna fiesta de cumpleaños cuando era un crío. Ten en cuenta que, en mi época, los niños no celebraban demasiadas fiestas. Ahora parece que las organizan solo por ser capaces de llenar un bol de cereales sin ayuda.

El cuatro de enero no es una fecha en la que venga bien hacer una fiesta. En realidad, debería haber nacido el uno, pero, gracias a que me quedé deambulando por el útero tres días más, estoy condenado de por vida a la indiferencia total por mi cumpleaños, en lugar de celebrarlo por todo lo alto en cuanto el reloj marca las doce cada Nochevieja. No es que la gente no quiera celebrarlo, es solo que se les olvida, están en bancarrota o siguen resacosos.

Nunca fui a clase el día de mi cumpleaños. Básicamente, cuando se trataba de celebraciones, era como Oliver Twist: «Por favor, señor, ¿me da un poco más?». El único cumpleaños en el que trabajé fue cuando hacía pantomimas (ver «Diciembre»). El reparto me compró una petaca de *whisky* y me la regaló entre actuación y actuación. Fue algo tan considerado y hasta entonces desconocido que casi lloré de alegría y gratitud.

Tengo una foto de mi primer cumpleaños. Estaba en la cama de mis padres, rodeado de regalos: un osito Teddy azul (aún lamento su pérdida), un autobús de dos plantas hecho de plástico y algunos bloques de madera. Digamos que había muuucho espacio en la cama para el resto de los regalos que nunca llegaron.

En mi segundo cumpleaños seguro que recibí un pedazo de carbón y un lápiz usado. Ahora que lo pienso, mi madre se acuerda de que su padre le regaló por Navidad a mi tía un pedazo de carbón. ¡No estoy bromeando!

[Sam: Deberían haberle regalado un latte. *Incluso de niño, estoy convencido de que le hubiera gustado. ¿Un* bebechino?].

Con un año, tenía tan poca idea de las décadas de decepción que me esperaban que sonreía plácidamente, con aspecto de estar muy satisfecho.

[Sam: ¡Ahora dice que se acuerda de cuando tenía un año!].

[Graham: Algunos recuerdos calan hondo].

Pasemos a mi dieciocho cumpleaños. Lo celebré en julio, puesto que sabía que nadie vendría en enero. Fue una buena fiesta. Vinieron muchos compañeros de clase. Mis padres me dejaron celebrarla mientras estaban de viaje. Pensándolo ahora, creo que fue algo extraordinario. En realidad, lo que quiero decir es que tenía tanto miedo de que rompieran cualquier cosa que fui incapaz de disfrutar de la fiesta. Todos se lo pasaron bien, incluida la pareja que se encerró en el baño de mis padres hasta que conseguí forzar la puerta para abrirla. Los rumores afirmaron que el dieciocho cumpleaños de Graham había sido un éxito rotundo. Si hubiera podido relajarme, quizá yo también estaría de acuerdo.

Desde entonces, he tenido grandes celebraciones con veintiuno, treinta, cuarenta y cincuenta. *[Sam: La línea temporal de los cumpleaños de Graham: veintiuno (la Gran Depresión), treinta (Alemania invade Polonia), cuarenta (la Unión Soviética detona la primera bomba atómica), cincuenta (Fidel Castro toma el poder en Cuba)… ¿No veis un claro patrón?].*

Organizaba las fiestas yo mismo, con una única excepción memorable: cuando mi exmujer me preparó una gran celebración por mi cuarenta y ocho cumpleaños. Incluso llegué a organizar tres fiestas por mi cincuenta cumpleaños: una en Londres, otra en Los Ángeles y otra en Nueva Zelanda. Está claro que, para entonces, había reemplazado una vida sin las fiestas que tanto ansiaba con un gigantesco ego.

Mi trigésimo cumpleaños fue espectacular. Reservé en un restaurante tailandés en Camberwell para unos veinticinco amigos. Una media hora después de empezar a comer, uno de los camareros tailandeses emergió por detrás del follaje de una enorme planta en un macetero y sacó una gran cámara de vídeo. Llevaba un tiempo grabando sin que ninguno lo supiéramos. Entonces, procedió a grabar toda la comida. Aún lo tengo (lo he pasado de VHS a DVD). Sirve como testimonio de mi desastrosa elección de moda para la velada: un chaleco de velvetón dorado, pantalones de pana y una suave camisa blanca, acompañados de un floreciente bigote que estaba dejando crecer para *Noche de Reyes* (la obra, no la fecha señalada). Además, entre los veinticinco invitados, había, al menos, cinco que no había visto en mi vida.

[Sam: Pero ¿pagaron la cuenta?].

Según mis cálculos, con eso tenemos un total de ocho cumpleaños que merece la pena mencionar como algo más que una tranquila pinta de cerveza en un *pub* con un puñado de amigos. Estoy deseando añadir alguno más a la lista. A este paso, quizá sume unas cuatro veladas de ese estilo si consigo llegar a los cien años.

5 de enero – Noche de Reyes

SAM

Ahora no puedo sacarme de la cabeza el chaleco de velvetón, los pantalones de pana, la suave camisa blanca y el bigote (seguro que a los lectores les ocurre lo mismo), pero es una forma limpia y un poco inquietante de unir esa fecha con el cinco de enero, también conocido como la noche de Reyes. El duodécimo día después de Navidad, la noche antes de la Epifanía y el comienzo de la temporada de carnaval (que dura hasta Mardi Gras) se festeja una celebración que pone el mundo patas arriba.

Permíteme volver a 1997. Me cogieron para que hiciera del duque Orsino en una producción escolar de *Noche de Reyes*. Llevaba una capa de terciopelo, un turbante verde y un bigote falso prestado, unos años antes de que me creciera el mío (McTavish el Gris seguro que dice que sigo sin tener uno de verdad). *[Graham: Claro que no. Tu bigote es la envidia de innumerables chiquillos de doce años].*

Orsino se dirigía al público. El duque está, o al menos cree que está, loco de amor por la condesa Olivia. Yo también estaba encaprichado de una chica que se llamaba igual, aunque no era una condesa y, ay, yo tampoco me gané su corazón. Orsino está enamorado hasta que conoce a Viola, quien finge ser un hombre, y, a través de una serie de malentendidos y cambios de vestuario, acaba saliendo con el duque. Uf, gracias, Shakey. Iba a ser mi primera producción shakesperiana y lo hice como el culo. Me sentía rígido e incapaz de captar el denso lenguaje o el pentámetro yámbico.

Sin embargo, en ese momento, también me uní al teatro Lyceum Youth, donde conocí a algunos de los actores profesionales que interpretaban allí, en el escenario principal. Siguiendo sus instrucciones, me animaron a que me fijara en otro personaje de la obra y lo utilizara para mi audición en las escuelas de interpretación. Solicité plaza en el Conservatorio Real de Escocia (entre otros), donde al final me aceptaron para que estudiara Interpretación Clásica en un grado de tres años. Hace poco he creado una nueva beca para proporcionar a dos alumnos los medios necesarios para estudiar y seguir su carrera artística. Me siento orgulloso de poder devolver lo que aprendí. Recuerdo tener dificultades para comprar comida o superar los gastos básicos para vivir durante la mayor parte de mis años como estudiante, por lo que espero poder ayudar a algunos futuros actores en ciernes. *[Graham: A cambio, yo le he pedido al papa que te declare santo viviente].*

En *Noche de Reyes,* Olivia persigue a Sebastián, el hermano de Viola (porque lo confunde con ella, que va vestida de hombre). Confuso, ¿verdad? Lo único que necesitas saber es que, mientras fingía ser Sebastián, conseguí convencer a los tutores de la escuela de interpretación de que sabía actuar (o vestirme de mujer) y el resto, como se suele decir, es historia.

Sebastián
Mis ojos podrían engañarme
entrando en batalla con mi razón

que solo muestra pruebas de mi locura
o bien que la dama está completamente desquiciada.
***Noche de Reyes*: acto 4, escena III**

25 de enero – Noche de Burns

SAM

¡Ah, Rabbie! No podíamos hacer un almanaque de *Tierra de clanes* sin incluir la Noche de Burns, una fecha crucial en el calendario escocés. En primer lugar, tenemos que centrarnos en el bardo de Ayrshire, el poeta labrador, hijo favorito y poeta nacional de Escocia, Robert «Rabbie» Burns. Nacido el 25 de enero de 1759 en Alloway (Ayrshire), fue granjero antes de convertirse en recaudador de impuestos para subsistir. Sigue considerándose el padre fundador del movimiento romántico; su poesía y sus letras en dialecto escocés son ingeniosas, satíricas y están llenas de pasión por Escocia y sus distintos temas.

A un ratón
Pícaro, ágil, tímido bicho,
¿por qué en tu pecho hay un pánico incesante?
No necesitas correr con esa prisa acuciante,
como un rayo acelerado.
No deseo ir tras de ti
con mi cruel arado.
Robert Burns, noviembre de 1785

Todos los eneros, cuando era niño, me hacían aprender y recitar lo que me parecía un galimatías. En el colegio se solía hacer una competición para ver quién recitaba mejor las obras de Burns con la promesa de recibir un certificado con tu nombre como recompensa. Me esforzaba por quedar el primero, pero siempre acababa con un diploma al «mérito». Bah. Elegía el más corto de su extensa antología de canciones y poemas. El único que llegué a entender en realidad fue *A un ratón,* que se trataba de un pequeño y pobre ratón de campo cuyo hogar había destruido el arado de un granjero. El primer verso era mi favorito: «Pícaro, ágil, tímido bicho». Hasta ahí llegaba. Los otros eran demasiado largos y, tras días empollando esos trabalenguas, seguía sin entender su historia.

Veinticinco años después, Bruce Wayne sujetaba un enorme cuchillo y se encontraba a punto de trinchar una salchicha escocesa. Mientras estaba con *Batman Live,* una gira internacional en la que actué durante un año, celebramos la Noche de Burns. Nuestro chef, nacido en Edimburgo, había hecho *haggis* suficientes para alimentar a todo el elenco y al resto del equipo y yo llevé *whisky* suficiente para ahogarlos a todos. Estábamos en algún lugar de Alemania, o quizá Francia, no me acuerdo, pero hacía frío y nevaba en el exterior. Cenábamos antes de la última actuación del día. Batman (yo), Catwoman y Dick Grayson (el pobre y viejo Dick), ahora llamado «Robin», estábamos a punto de derrotar al Joker.

Me puse en pie y recité *To a haggis* (A los *haggis)* de Robert Burns (por suerte, no llevaba la máscara de Batman) y brindé por el pudin escocés. Todos los allí reunidos alucinaron con los vulgares escoceses, nerviosos por comer la nutritiva *delicatessen* de oveja, pero eufóricos por el licor. En ese momento, por fin entendí lo que significaban esas palabras.

Igual que ocurre con Shakespeare, el lenguaje es denso y complejo, pero la rima y la métrica, tras estudiarlas, revelan su significado. Las palabras son preciosas, ya que muchos términos escoceses son onomatopeyas, muy descriptivas y divertidas para enredarte la lengua. He leído que el idioma escocés es uno de los únicos que usa todos los sonidos posibles de la boca. La *ch* de *loch* (lago) suena como si estuvieras tratando de escupir una flema.

En realidad, el modo correcto de decir Heughan es «Hiujhan», aunque he oído muchas variantes. *[Graham: Entonces, básicamente la pronunciación correcta de tu apellido es como el sonido que hace un borracho peleándose con la taza del váter tras comerse un kebab muy picante…].* Sin embargo, los mejores intentos son siempre los de nuestros amigos americanos: «Hiuhau», «Hiugan», «Hiuughan» e incluso «Hiudj-an». Pensé en cambiar mi apellido a algo más internacional, pero lo único que se me ocurrió fue «Sam Galloway», que suena a actor porno de los años cincuenta. Bueno, que estoy desvariando, el *lallans* (escocés) que usa Robert Burns es una maravilla.

- *Blether:* una auténtica tontería
- *Bickering brattle:* cargar de manera indecisa y rápida, aunque yo siempre he sentido que se refería al ruido de la indignación del pequeño ratón cuando le destruyeron la casa
- *Gang:* ir, como en la canción de 1794, *A red red rose* (Una rosa roja roja): *And I will luve thee still, my dear* (Y yo te seguiré queriendo, cariño) / *Till a' the seas gang dry* (Hasta que los mares se sequen)
- *Auld Lang Syne:* hace mucho tiempo
- *Auld Reekie:* Edimburgo

GUÍA DE SAM PARA UNA NOCHE DE BURNS

Según la leyenda, la primera celebración de Burns fue en julio de 1801, cuando nueve amigos se sentaron juntos en la cabaña de Burns en Alloway para conmemorar la muerte del poeta con una comida compuesta por *haggis* y una cabeza de oveja. Hicieron discursos en su honor, recitaron su obra, bebieron abundante cantidad de *whisky* y, en definitiva, pasaron una noche tan buena que decidieron repetirlo el día de su cumpleaños.

En la Noche de Burns, igual que en cualquier otra celebración escocesa, debes tener el mejor aspecto posible. Para una cena formal de Burns, los caballeros deberían llevar una versión elegante del traje tradicional de los escoceses de las Tierras Altas. Lo primero es arreglarse con un *kilt* y una escarcela *(sporran),* a poder ser con el tartán del clan de cada uno.

[Graham: Los McTavish tienen varios tartanes: de gala, de caza o el moderno de color rojo].

[Sam: Igual que los Galloway, mi clan. Justo igual].

[Graham: Esto no es una competición].

[Sam: Todo es una competición].

[Graham: Necesitas ir al psicólogo. Volveremos a eso después. Si no tienes un tartán, puedes comprar una de esas increíbles y modernas creaciones de lana entretejida con el patrón de Sassenach].

***Traje para el caballero de las Tierras Altas*:**

- Un *great kilt* (igual que la falda escocesa, pero con una banda de tela que se cruza sobre el pecho), una *fly plaid* (como la falda escocesa, pero con un trozo de tela sujeto por un broche en el pecho), un *kilt* o unos pantalones de tela escocesa. Debe llevar el estampado del «tartán de gala» o el normal si tu clan no tiene una «gama» como los McTavish. Para los que no compartan linaje con los clanes o sean de fuera de Escocia, podéis llevar el tartán Sassenach.
- Un *kilt pin,* especie de alfiler que añade peso para evitar que se caiga o abra la capa externa de la falda.
- Una camisa elegante con una especie de pernos que reemplacen los botones del torso, unos gemelos para puño doble o cuadrado y un cuello inglés.
- Una pajarita, simple o con tartán a juego. Yo prefiero una chorrera blanca de encaje (piensa en un juez del siglo XIX, un éxito total entre las mujeres).
- Una chaqueta Prince Charlie: *blazer* de talle corto, con una pequeña cola en la parte trasera y botones de plata.
- Una escarcela de gala colgada de una cadena plateada.
- Zapatos de cuero calado de gala atados a los tobillos.
- Calcetines de tartán a juego o simples con adornos de seda o sujetos con ligas. *[Graham: ¿Quizá también varitas luminosas?].*
- Un *sgian-dubh* negro con detalles plateados (como un pequeño puñal).

Traje para la dama de las Tierras Altas (me temo que no es tan guay):

- Una falda larga del tartán del clan, de un tartán clásico o a juego con el *kilt* de su acompañante.
- Una blusa neutra.
- Una banda de tartán a juego.
- El broche del clan para mantener la banda en su sitio.

Orden de la velada

El anfitrión dice unas palabras, todos se sientan y se recita *Selkirk Grace:*

Algunos, aunque tienen, carne no pueden probar.
Otros, como carne no tienen, solo la pueden desear,
Pero nosotros, que tenemos y podemos, nos la vamos a manducar.
Y a Dios gracias debemos dar.

Las melodías de las gaitas dan la bienvenida a los *haggis,* gran *delicatessen* caledonia que se coloca sobre la mesa mientras el anfitrión recita *Address to a Haggis* (Discurso a los *haggis)* de Burns y el grupo reunido brinda por el exquisito pudin de sabor especial. Estos *haggis* se acompañan de *neeps* (nabos) y *tatties* (patatas), todo regado con más *whisky*. Tras el postre, los invitados que aún puedan enfocar ambos ojos recitan *Immortal memory* (Recuerdo inmortal), *Toast to the lassies* (Brindis por las jóvenes) y *Reply to the toast* (Respuesta al brindis), así como otros poemas de culto. Luego, alguien pronuncia un discurso de agradecimiento, todos se levantan para cantar *Auld Lang Syne* y, por último, se pone música y se empieza a beber de verdad.

BEBIDA DEL MES
MAN O'SWORD 2015,
DESTILERÍA ANNANDALE

SAM

Debido a la legislación fiscal de finales del siglo XVIII, las destilerías debían tributar tomando como base no el volumen de alcohol que producían, sino el tamaño de sus alambiques. De este modo, para sortear ese pequeño detalle, los inteligentes propietarios de las destilerías de las Tierras Bajas construían alambiques a gran profundidad y tiraban de ellos hacia la superficie unas cuarenta veces a la semana. No producían un alcohol de gran calidad, pero les reportaba enormes beneficios. La mayor parte del alcohol se aromatizaba y vendía en los despampanantes bares de Londres. A este ardiente producto se le llamaba algo parecido a «matarratas», un nombre muy apropiado que indicaba que no debía estar muy bueno. Sin embargo, en ese momento, representaba un cuarto de todas las bebidas consumidas en Inglaterra. De este modo, los *whiskies* de las Tierras Bajas han luchado por ganarse un puesto entre sus hermanos de las Tierras Altas y Speyside, más famosos, lo que es una pena, porque tienen potencial para convertirse en extraordinarios.

Dada su proximidad con Irlanda (unos veinte kilómetros), el sudoeste de Escocia destilaba alcohol con técnicas similares a las de los excelentes *whiskies* irlandeses, además de usar la maravillosa agua escocesa. La destilería Bladnoch se fundó en 1817 y ha abierto y cerrado múltiples veces. Ardo en deseos de que les vaya bien porque es la destilería más cercana a mi ciudad natal, pero tengo que admitir que la última cata que hice se parecía más al anteriormente mencionado aguardiente que al excelente *whisky* irlandés. De este modo, mi recomendación es Annandale, una de las destilerías en funcionamiento más antiguas de Escocia cerca de la frontera con Inglaterra. Desde un punto de vista geográfico, es la primera y la última destilería de Escocia. Su Man O'Sword 2015 apareció en la *Biblia del whisky* y consiguió una puntuación muy alta.

BATALLA DEL MES

LA BATALLA DE BENBIGRIE,
ENERO DE 1598

GRAHAM

Incluso para los escoceses, el enero de ese año fue un mes maldito. Prestémosles atención a tres batallas: la de Benbigrie, la de Spoiling Dyke y la de Glendale. Hay una serie de hechos interesantes sobre ellas: primero, se produjeron en las Islas Occidentales, dos en la de Skye y otra en Islay. Digamos que estas islas no son muy grandes. De hecho, he recorrido en bici la primera de un extremo a otro en un solo día. Islay es incluso más pequeña. De este modo, la idea de cientos de sanguinarios escoceses de las Tierras Altas arrasando el paisaje y buscando pelea es bastante aterradora.

En segundo lugar, era enero. Para aquellos que no hayan tenido el placer de visitar las Tierras Altas y las islas en enero…, hace un frío que pela. Y está oscuro. En cuanto un escocés de las Tierras Altas dice: «Mira, Jessie, ha salido el sol, es hora de levantarse», la isla vuelve a sumergirse en la oscuridad. «Hora de acostarse, Jessie».

En tercer lugar, ¡era enero! En otras palabras, el tiempo disponible para una enorme trifulca es limitado. Sin embargo, eso no pareció detener a los MacDonald, presentes en las tres grescas de enero, o a los MacLeods, quienes, como veremos, incluso si la batalla no les afectaba directamente, no dejaban que nada les detuviera a la hora de involucrarse.

«¿Alasdair? He oído que quizá haya un baño de sangre mañana en el otro extremo de la isla. ¿Te apetece ir?».

«Claro, deja que coja el hacha».

Antes de entrar en detalles, permíteme que te ponga en situación. Hace un frío gélido y no hay luz. Es muy probable que ese día en concreto hubiera viento, aguanieve, lluvia o una tormenta de nieve (quizá los cuatro a la vez). ¿No les bastaba con disfrutar del día cerca de la chimenea? No, había que matar.

¡Te doy la bienvenida a las Islas Occidentales!

Hablemos de la batalla de Benbigrie. En este caso, nos fijaremos en el clan MacLean, así como en los MacDonald de Islay, los Cameron de Lochiel, los Mackinnon, los MacNeil y, por supuesto, los MacLeod (ninguna batalla está completa sin ellos).

El jefe del clan con el maravilloso nombre de Hector Og MacLean consiguió uno de los «permisos de fuego y espada» contra los MacDonald de Islay. Como los lectores de nuestro primer libro recordarán, dicho permiso era básicamente la opción DefCon 1, «todo vale» y «soltad al Kraken» en el mundo de las Tierras Altas. Si alguien obtenía uno de esos contra tu clan, es probable que te encontraras armado solo con un cepillo de dientes y algunas palabrotas frente a la horda de mongoles de Genghis Khan.

Nuestro amigo Hector convocó a los jefes de los clanes Mackinnon, MacLeod de Dunvegan y MacNeil de Barra para que le ayudaran. Como no quería quedarse fuera, el jefe de los Cameron de Lochiel se unió a ellos junto con su clan. Todos, armados hasta los dientes, procedieron hasta Islay. El señor James MacDonald, noveno de Dunnyveg, para anticiparse a este movimiento, reunió a todo el clan de Islay y Kintyre, puesto que pensaba que las cosas se iban a poner feas. Se congregaron en un lugar llamado Benbigrie.

No se sabe si hubo siquiera un intento de negociación. Quizá uno de los MacDonald dijera: «Vamos a calmarnos, tengamos unas palabras» o Hector MacLean comentara: «No quiero problemas» o incluso el jefe de los MacLeod diera un paso al frente y anunciara: «Ya me conocéis, soy amante, no luchador»..., pero todo eso es muy poco probable.

Es mucho más realista pensar que los MacDonald soltaran una verborrea de tacos a la que los MacLean, los MacNeill, los MacLeod, los Mackinnon y los Cameron contestaran: «¡Os vamos a cortar la cabeza y mearos en la garganta!».

Incluso si esto no se dijo en voz alta, los MacDonald dejaron muy claro a sus hombres que, si no ganaban, se arriesgaban a perderlo todo. Como resultado, lucharon con una «furia incontrolable». Dado que el modo de batalla por defecto de la mayoría de los escoceses de las Tierras Altas no puede considerarse una «ira controlada», esa vez debieron de usar una violencia que los dejaría ojipláticos.

La batalla continuó hasta que las laderas de Benbigrie estuvieron cubiertas de MacDonalds muertos. A su jefe lo tuvieron que sacar del campo malherido y los clanes aliados literalmente los persiguieron por la isla para matar a cualquiera que encontraran. Seguro que fue el juego del escondite más peligroso y sangriento del mundo. Tras tres días (sí, tres días) de matanza desenfrenada, todas las viviendas humanas se quemaron hasta los cimientos. Los pobres MacDonald supervivientes tuvieron que esconderse en cuevas y en las grietas de las rocas sin cobijo contra el frío ni comida. Otro Hector MacLean (de Lochbuie) había apoyado de manera desleal a los MacDonald. La recompensa por esta traición fue que lo dejaron encadenado junto a sus partidarios durante seis meses.

La destrucción y la matanza fueron totalmente indiscriminadas hasta el punto de que, tras Benbigrie, se decía que los MacLean y los MacDonald vivían «en términos de una feliz amistad y buena voluntad recíproca».

El panorama en Islay en esa época debió de ser sorprendente. La tierra cubierta de sangre de los MacDonald, el cielo ennegrecido por el humo de las ruinas de sus hogares, los supervivientes muertos de frío y congelados (porque, recordad..., ¡era enero!). Fue como algo imaginado por el Bosco.

La próxima vez que bebas una copa de *whisky* de malta de Islay merece la pena que tengas en mente que la turba cortada que se utiliza para ahumar el *whisky* y darle su sabor característico procede del paisaje cubierto de la sangre de esos MacDonald… *Sláinte!!!*

REGIÓN DEL MES
DUMFRIES, GALLOWAY Y EL SUR DE ESCOCIA

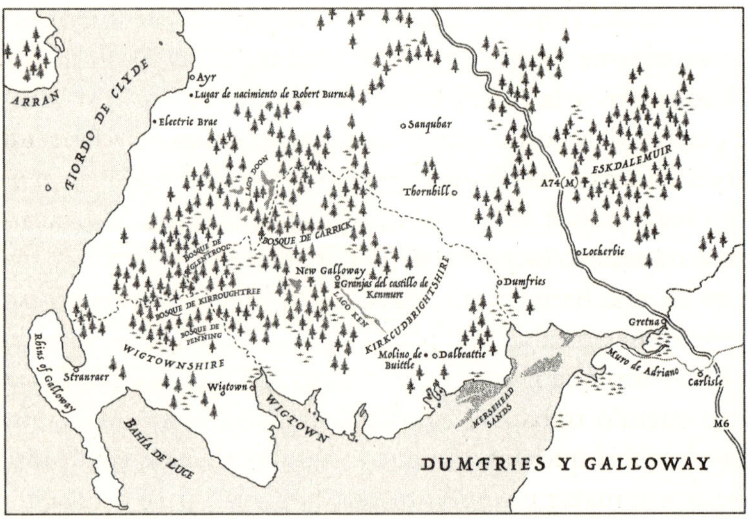

SAM

Me pasé la infancia en New Galloway, el distrito real más pequeño de Escocia. Vivíamos en una serie de establos llamada The Steading en el castillo de Kenmure, unas ruinas del siglo XIII a orillas del lago Ken. El jardín amurallado, las praderas y los densos bosques de la Comisión Forestal se convirtieron en mis lugares de juego. Ahora me doy cuenta de lo afortunados que fuimos Cirdan y yo de crecer allí, porque era un espacio idílico.

Siempre estábamos rodeados de historia gracias al amenazante castillo encantado de Kenmure, que se erguía vigilante sobre nosotros. Solía entrar a hurtadillas para explorar las ruinas y me imaginaba a los fantasmas de los soldados pasar mientras subía la escalera de caracol. Ahí es donde desarrollé la imaginación y conecté con las historias sobre la invasión romana (a menudo visitaba el muro de Adriano, que se encontraba cerca), a la vez que devoraba cada detalle de los mitos y leyendas que emanaban de esas tierras, como Merlín, Excalibur y el rey Arturo.

Cirdan y yo, de niños, a menudo visitábamos Dumfries, la «metrópolis» más cercana, aunque sea en realidad una tranquila localidad comercial. Lo que nos atraía de la ciudad era su cine, la enorme tienda de comida y el único restaurante indio en kilómetros a la redonda: el Shazan. Mi madre nos llevaba cada cierto tiempo porque estábamos deseosos de volver a tomar auténticas cenas indias. Hacían el mejor *fish and chips* que he probado nunca. Supongo que mis papilas gustativas aún no se habían desarrollado lo suficiente para probar el queso *paneer* hecho en una barbacoa de carbón o el picante dal de garbanzos, pero me gustaban los papadums.

Está claro que no es el tipo de comida que degustó Robert Burns cuando trabajaba allí como arancelario en 1791. Hace poco descubrí que deseaba emigrar a Jamaica (seguro que soñaba con tomarse un buen ron en la playa), pero nunca consiguió el dinero suficiente para lograrlo. A pesar de ser uno de los poetas más prolíficos, murió sin un centavo a los treinta y siete años en 1796, en una casa de una sola planta en el Stinking Vennel de Dumfries, ahora conocido como el Sanghoose de Escocia.

Mi madre solía llevarnos algunas veces a la cabaña de paja en Alloway, en South Ayrshire, donde nació Burns. Nos llevaba a través de Electric Brae, una colina magnética *(brae* es el término del dialecto escocés de las Tierras Bajas para «cima» o «pendiente de una colina»). Cuando un vehículo se para en Electric Brae y se deja en punto muerto o un caballo recibe un merecido descanso y el carro se detiene, ¡comienzan a moverse colina arriba! Incluso si se trata de un enorme camión o furgoneta, coge velocidad y… ¡sube la colina! Es como si hubiera una fuerza misteriosa o una línea ley eléctrica invisible. Sin embargo, al parecer es solo una ilusión óptica, en lugar de magia negra, aunque sea difícil de creer.

No, en realidad es un antiguo conjuro druida…

Bueno, ahora que hablamos de hombres mágicos con barbas blancas, me pregunto si Graham nos dejará ir allí con la caravana… Aún tenemos que recorrer las Tierras Bajas juntos. Me gustaría llevarlo al castillo de Kenmure y a las plácidas aguas del lago Ken, quizá hagamos un pícnic y vayamos en kayak. *[Graham: Me has convencido con el pícnic… y me has perdido con el kayak].* De hecho, me gustaría hacerle un *tour* a Graham por Galloway porque es un lugar increíble. La región es famosa por su ganado y su elaboración de quesos, pero también tiene gran cantidad de condados históricos con nombres que recuerdan a Tolkien como Kirkcudbrightshire y Wigtownshire, que están al cruzar la calle de Graham.

El nombre de Galloway, derivado del gaélico *i nGall Gaidhealaib* (entre los Gall Gaidheil), se traduce como 'lugar de los gaélicos forasteros' y hace referencia a la mezcla de etnias escandinavas y gaélicas que se produjo durante la Edad Media. La gente de la ciudad observaba a los sureños de la costa oeste con la misma atención y desconfianza que a los escoceses de las Tierras Altas. Los galovidianos hablaban un dialecto diferente (el gaélico galovídico, ahora extinto) y eran leales a Irlanda, Inglaterra del norte, la Isla de Man e incluso Gales y Cornualles. Los antiguos celtas están muy vinculados con esas áreas marítimas.

Los galovidianos llamaban a los escoceses de las Tierras Altas *teuchters,* un nombre despectivo que significa «pueblerinos campechanos» o cualquier persona del norte, pero los escoceses del sur eran igual de diferentes desde un punto de vista cultural. Al nacer en Escocia, pero con un acento anglicanizado (mi madre era inglesa con raíces francesas), recuerdo que los lugareños de Galloway consideraban que mi familia era extranjera o *sassenach* (anglosajona). Por eso me defino como medio escocés en mi página de Instagram y por eso el apelativo de *sassenach* significa tanto para mí, ya que en el fondo así me sentía cuando era pequeño. Aún hoy me siento así. Todos somos *sassenach* de alguna forma, ya sea porque no puedes o no deseas encajar. Nunca estamos solos, siempre nos encontramos rodeados de extraños que quizá se conviertan en buenos amigos.

Escribir *Tierra de clanes* me inspiró y motivó para comenzar a investigar sobre mi propia historia familiar. Deseaba de verdad saber de dónde provenían mis ancestros. Como he dicho, por parte de madre hay gran cantidad de ingleses o europeos occidentales, pero sabía mucho menos de la parte de mi padre. Tras contratar los servicios de una sabuesa del linaje, Elizabeth Cunningham, me fascinó poder rastrear la estirpe Heughan hasta el siglo XVII e incluso antes, hasta Kirkcudbrightshire, cerca de donde nací. En concreto, Elizabeth me habló de un viejo molino en Buittle, que ha sido la residencia de una rama de los Heughan durante cientos de años. ¡Y ese molino está a poco más de treinta kilómetros de mi pueblo natal!

A medida que la historia se fue desenmarañando, descubrimos que uno de mis familiares se mudó a Yorkshire, donde trabajó como vendedor de telas y se hizo rico, además de casarse en el norte de Inglaterra con una chica de la zona. Debía de haber mucho comercio por la costa y habrían viajado con facilidad en barco desde el fiordo de Solway hacia su nuevo alojamiento. Es interesante que haya un pueblo medieval llamado Heugh en Northumberland, ¡donde habría sido un *sassenach!* Sin embargo, en gaélico, un *heugh* o *heuch* significa «barranco abrupto» o «precipicio». Si vamos un poco más allá también se puede referir a una orilla empinada sobre un río, lo que convierte a Heughan en «hombre de la ribera con márgenes inclinados».

¡No es exactamente un apodo sexy de nativo americano! Sin embargo, ¿podría ser que Heughan provenga de las personas que vivían en el viejo molino, cerca de las orillas del río?

CLAN GALLOWAY

SAM

Como Elizabeth siguió investigando, pronto descubrimos otro fascinante vínculo familiar con Galloway: el nombre en sí. Los Heughan eran parte del clan Galloway, un clan picto muy antiguo, el primero documentado en la zona en el 600 o 700 d. C. No solo descubrí que tenía un clan, mi propio clan, sino que también averigüé que este llevaba el nombre de una región entera y el lugar donde me «conheugharon».

La sensación de ser un forastero o *sassenach* adquirió un nuevo significado cuando descubrí que muchos galovidianos eran ingleses, aliados de los invasores nórdicos. Tenían su propio sistema de clanes, distinto al de los clanes de la frontera y las Tierras Altas, y fuertes lazos con Úlster y la Isla de Man, unidos por el comercio, las leyes gaélicas y el idioma desde tiempos inmemoriales.

GALOVIDIANOS FAMOSOS

- James Matthew Barrie – dramaturgo y novelista conocido sobre todo por *Peter Pan*
- Roberto I Bruce
- Robert Burns
- Thomas Carlyle – historiador y ensayista escocés
- David Coulthard – piloto de carreras de Fórmula 1, procedente de Twynholm
- Calvin Harris – DJ y productor musical escocés
- Sam Heughan – actor, filántropo, entendido en *whisky* y hedonista

[Graham: Y pelirrojo].

- Ashley Jensen – actriz en la serie *Extras* y *Agatha Raisin,* nacida en Annan
- John Laurie – actor en *Dad's Army*
- William Nicholson – bardo de Galloway, un poeta incomparable

[Graham: Parece un auténtico plasta].

- Thomas Telford – ingeniero civil escocés
- *El hombre de mimbre* – filmada en lugares de Dumfries y Galloway

[Graham: Yo estuve en la secuela, El árbol de mimbre].

[Sam: Lo sabemos, lo sabemos].

GRAHAM

Nunca he estado en Galloway. No tengo nada en contra, pero prefiero las Tierras Altas occidentales y las islas. Quizá lo lleve en la sangre.

[Sam: Graham vive en Nueva Zelanda, en Hobbington, pero algunas partes son una réplica exacta de Escocia].

[Graham: Para ser alguien llamado Samwise, deberías saber que tu gente viene de Hobbiton, no de Hobbington].

Es obvio que si hubiera sabido que Heughan vivía de niño en ese paraíso rural que describe, me habría salido de mi ruta para visitarlo… No, en realidad no.

El otro día me preguntaron cuándo nos conocimos Sam y yo. Oficialmente fue en agosto de 2013 en un húmedo y sofocante estudio de Soho para la audición de *Outlander,* pero es muy probable que, cuando era un adolescente, me viera en acción sobre el escenario en algún teatro escocés. Quizá fuera Heughan quien me dejó, como crítica a mi pantomima en el Citizens Theatre, las palabras «una mierda»…

CASTILLO GUAY DEL MES
CASTILLO DE DRUMLANRIG

SAM

Estábamos grabando *Outlander* (temporada 2, episodio 11) en el Palacio Rosa de Drumlanrig, con sus ciento veinte habitaciones, diecisiete torretas y cuatro torres. Construido en el siglo XVII con la característica arenisca rosa, ha albergado a gran cantidad de figuras históricas, incluido el príncipe Carlos Eduardo Estuardo, que se retiró allí en 1745. También exhibe algunos jardines con decoración victoriana y extensos terrenos en los que grabamos la noche anterior. Nuestros personajes debían entrar a hurtadillas en el castillo esa noche sin estropear las preciosas jardineras para sorprender y capturar al duque de Sandringham.

De niño, visité el castillo múltiples veces, pero solíamos entrar por la recepción principal y subir por la espléndida escalera, en lugar de colarnos por las almenas y dirigirnos a la puerta trasera.

El duque de Sandringham temblaba mientras se retiraba a la esquina más alejada de la habitación para escapar de la mirada fulminante y las espesas cejas del formidable escocés de las Tierras Altas, Murtagh. «Alejadlo de mí, es un psicópata», susurraba el duque o, mejor dicho, el actor Simon Callow, a la vez que se apretujaba nervioso contra mí.

Simon, uno de los actores de teatro y cine más condecorados de Gran Bretaña, apareció en *Outlander* durante cinco episodios hasta que su personaje perdió literalmente la cabeza por traicionar a Jamie Fraser y sus aliados. Su voz aguda y su comportamiento ladino resultaban muy atractivos. Era un político retorcido y poco fiable que conseguía manipular a todos los que le rodeaban. Una de nuestras frases favoritas en el plató la interpretó él de la forma más encantadora posible: «Vete a la cama». Siempre conseguía que nos liáramos.

Sin embargo, esta vez, el duque no fue capaz de utilizar su ingenio o astucia para evitar palmarla. Sobre todo, porque Murtagh estaba involucrado. Se suponía que Duncan Lacroix debía decapitarlo con un hacha afilada y se estaba tomando la misión muy en serio. Nos echamos a reír en la sala verde de la planta superior al escuchar que Simon se mostraba receloso en exceso de Duncan y las cerdas de su barba.

Duncan decidió que ese día intentaría atormentar a Simon todo lo posible, por lo que lo observaba en silencio sin pestañear entre toma y toma o le ofrecía un ceño amenazador mientras acariciaba el hacha. Tengo que admitir que incluso yo me estaba poniendo nervioso con lo lejos que estaba llevando Duncan «el método». El hacha parecía muy afilada y Duncan, demasiado siniestro. Simon estaba aterrado y convencido de que Duncan iba a por él de verdad.

¡Zas! La cabeza del duque rodó por el suelo. Una prótesis realista, copia de la cabeza de Simon, cubierta de sangre y con una expresión sorprendida en los labios, seguía en el suelo de baldosas. Sin detenerse ahí, Duncan comenzó a despedazar el cuerpo. Era algo difícil de ver y el ayudante de dirección al final tuvo que cortar para detener al alocado asesino del hacha.

«¡Corten, corten, corten!», gritó. «De verdad, Duncan, ya puedes parar», le suplicó al carnicero.

Duncan por fin se detuvo, se agachó y cogió la cabeza seccionada antes de girarse con lentitud para mirar a Simon Callow quien, para entonces, estaba temblando de miedo en una esquina de la sala. Simon soltó un aullido y desapareció escaleras arriba. Nunca le volvimos a ver. Duncan me dedicó un guiño de satisfacción y levantó una de sus pobladas cejas.

«¿Lo hacemos otra vez?», dijo sonriendo, con la esperanza de que hubiera una segunda toma.

AVENTURA DEL MES
EL MERRICK DE LAS COLINAS DE GALLOWAY

SAM

Todos los días de Año Nuevo, mi familia y otros habitantes de Balmaclellan solíamos caminar hasta la cima del Merrick, la colina más alta del sur de Escocia en el corazón de la cordillera de Galloway, antes de regresar a casa de alguien o al ayuntamiento para celebrar una fiesta. Hay un ascenso popular desde el lago Trool (13,35 kilómetros), que te lleva a la parte superior en cuatro o cinco horas. Merece la pena el esfuerzo por las preciosas vistas del bosque de Galloway desde arriba. Aunque, recuerda, ¡solo si hace buen tiempo! Eso me trae a la mente a mi tío «de mimbre», el tejedor que solía vivir en la Isla de Eigg y ahora reside en el fiordo de Solway. Si tienes suerte con el tiempo, al otro lado puedes ver el norte de Irlanda y la Isla de Man. Bueno, casi.

¡GRANDES ESCOCESES!
NACIMIENTOS, MUERTES Y OTROS ACONTECIMIENTOS SIGNIFICATIVOS

GRAHAM

En la historia escocesa abundan los acontecimientos interesantes y los personajes fascinantes, sobre algunos de los cuales podríamos escribir un libro entero. ¡No me tentéis! De este modo, en cada mes hemos elegido nuestros favoritos para el deleite de los expertos caledonios de *Tierra de clanes*.

1 de enero de 1600 – Primera celebración documentada de Año Nuevo en Escocia.

1 de enero de 1766 – Muere el padre del príncipe Carlos Eduardo Estuardo, Jacobo Estuardo (el Viejo Pretendiente).

8 de enero de 1940 – Empieza el racionamiento de azúcar, mantequilla y beicon.
[Sam: Con tu apetito, debió ser un período duro para ti, Perro Gris. ¿Cómo te las arreglaste?].

16 de enero de 1746 – La batalla de Falkirk Muir.

GRAHAM

Es hora de echar otro vistazo a esa fuente interminable de fascinación para los amantes de Escocia: la segunda Rebelión Jacobita de 1745. Se ha escrito mucho sobre el tema (Samwise y yo también), pero siempre hay posibilidades de comentar algo más.

La batalla de Falkirk Muir fue uno de los acontecimientos de enero, del 17 de enero de 1746, para ser exactos. Es muy probable que los escoceses de las Tierras Altas acabaran de recuperarse de la legendaria resaca de Hogmanay cuando se vieron atacados por los 7000 combatientes hannoverianos conducidos por el detestable general Henry Hawley.

Henry es un personaje curioso: nacido también en este mes, el 12 de enero de 1685, a los veinticinco años mató a un oficial, compañero suyo, en un duelo y recibió el perdón de la reina Ana.

No sabemos mucho acerca de su entusiasmo anterior por las batallas, pero dado que lo apodaron en honor a Culloden como «Hawley el Verdugo», es probable que hospitalizara a algunos de sus queridos compañeros durante la adolescencia y que tuviera la reputación de dar buenos puñetazos en los años de preescolar, cuando no estaba robándole el dinero del almuerzo a otros niños o torturando a sus mascotas.

También consiguió volverse asquerosamente rico gracias al inmenso botín que consiguió en la batalla de Rande, en España.

Se le ofreció dirigir las fuerzas del Gobierno que iban a enviar para luchar en las Indias Occidentales. De manera sensata, lo rechazó y así evitó compartir el destino de los 9000 muchachos que murieron de fiebre amarilla en esa expedición.

En resumen, era un asesino, un ladrón y tenía un ingenio increíble. No nos andemos con tonterías.

Este fue el hombre que se enfrentó a las fuerzas de las Tierras Altas en Falkirk aquel día de enero de 1746.

James Wolfe, conocido por negarse a seguir las órdenes de Hawley en Culloden sobre disparar a escoceses de las Tierras Altas heridos, dijo que «las tropas temían la severidad de Hawley, odiaban a ese hombre y acataban su instrucción militar con desdén».

Venga, James, ¡cuéntanos lo que piensas tú en realidad!

La batalla de enero de 1746 fue la última victoria significativa de los jacobitas en ese lugar. Habían llegado a Derby el 4 de diciembre de 1745. La decisión de dar la vuelta, tomada en un ajetreado bar, es uno de los grandes «¿y si…?» de la historia de Gran Bretaña. ¿Qué habría pasado si hubieran presionado? Me refiero a si hubieran ido de verdad a por todas.

Por ejemplo, no eran conscientes de que los jacobitas galeses habían reunido apoyos y que los de Oxfordshire estaban a punto de hacer lo mismo. Además, Jorge II y sus polluelos de habla alemana ya habían hecho las maletas y estaban listos para navegar por el Támesis para volver a Alemania. Londres había entrado en pánico.

Sin embargo, el 6 de diciembre dieron la vuelta.

Algunos dicen que, si hubieran avanzado aquellos doscientos kilómetros finales, los ingleses y los franceses se habrían ahorrado el conflicto que duró setenta años. Los ingleses no habrían tenido que aumentar los impuestos en las colonias para pagar las guerras contra Francia y, como resultado, los americanos no habrían tenido razones para proclamar una guerra por la independencia.

El mundo habría sido muy distinto si esa amarga discusión que tuvo lugar la tarde del 4 de diciembre de 1745 hubiera acabado de otra manera. Sin embargo, un apagado día de enero, en mitad de una fuerte ventisca, Hawley el Verdugo se enfrentó al señor George Murray en una batalla. Hawley infravaloraba totalmente a los escoceses de las Tierras Altas. Cuando un mensajero le informó de que los jacobitas se acercaban, se negó a creerlo.

«Eh…, señor…, hay ocho mil escoceses asesinos en camino para darle una paliza a su ejército».

«No», respondió. «Creo que sabes que no es cierto».

Cuando se quiso dar cuenta de que decía la verdad, era demasiado tarde. Reunió a toda velocidad un ejército que acabó derrotado, con 350 muertos o heridos y otros 300 capturados.

Es un pensamiento solemne imaginar la carga de las Tierras Altas, el sonido estridente de las gaitas y los vociferantes gritos de guerra de los clanes que descendían, bajo los remolinos creados por la tormenta de nieve, hacia las aterradas filas de los casacas rojas del Gobierno.

Sin embargo, siguiendo el estilo de las Tierras Altas, no consiguieron aprovechar la ventaja de su victoria. Dejaron que el enemigo se retirara hasta Edimburgo y se reagrupara mientras nuestros amigos con falda saqueaban todo lo que no estaba atornillado al suelo. En cierta medida, la huida a Edimburgo propició Culloden.

Hawley se ganó su apodo gracias a la limpieza étnica de los escoceses de las Tierras Altas y sus familias tras Culloden. Vivió otros trece años. Tuvo un enterramiento cristiano, a pesar de decir explícitamente en su testamento: «De todas las profesiones, odio sobre todo a los clérigos».

Incluso muerto, Hawley consiguió ser despreciable. Está enterrado en la iglesia de Santa María en Hartley Wintney (Inglaterra), por si te apetece visitarlo…

17 de enero de 1795 – Se funda la Duddingston Curling Society.

SAM

Hicimos la foto para la portada de *Tierra de clanes* en la silla de Arturo, sobre el lago de Duddingston. Vivía cerca cuando era adolescente, por lo que conozco la zona bastante bien. Pásate por Sheep Heid Inn. Inaugurado en 1360, es el *pub* más antiguo de Edimburgo, e incluso quizá de Escocia, ¡y tiene una pista de bolos a la vieja usanza! ¿Cómo no te va a gustar?

Por extraño que parezca, me fascina el *curling* y, en los últimos Juegos Olímpicos de Invierno, me obsesioné con verlo. Nosotros, los escoceses, somos muy buenos en ese deporte y el equipo femenino de Gran Bretaña ganó el oro en los Juegos Olímpicos de Invierno de Salt Lake City en 2002.

EQUIPO DE GRAN BRETAÑA EN 2002

Rhona Martin
Deborah Knox
Fiona MacDonald
Janice Rankin
Margaret Morton

El deporte se basa en deslizar piedras por una pista de hielo hacia una área concreta que comprende cuatro círculos concéntricos, un poco como los bolos. Todo el granito utilizado para las piedras de *curling* olímpico proviene de la isla de Ailsa Craig, en el fiordo exterior de Clyde en la costa oeste.

17 de enero de 1883 – Nace Compton Mackenzie, autor de *Whisky Galore*.

26 de enero de 1861 – Primera vez que se dispara el cañón a la una de la tarde en el castillo de Edimburgo.

31 de enero de 1788 – Carlos Eduardo Estuardo muere en Roma y lo entierran en la basílica de san Pedro, en Ciudad del Vaticano. *[Graham: En realidad murió el 30 de enero, pero lo cambiaron porque era el mismo día en que habían ejecutado a su abuelo, Carlos I, en 1649].*

FEBRERO

—Pero puedo hablar contigo como con mi propia alma —añadió volviéndome hacia él. Extendió la mano y acunó mi mejilla, tocando ligeramente mi sien—. Además, tu rostro es mi corazón —susurró.

Diana Gabaldon, *Atrapada en el tiempo*

Clan Campbell

Lema: *Ne Obliviscaris* ('No olvides')

Territorio: Argyll

FECHAS CLAVE

1-2	**Festival pagano gaélico Imbolc**
14	**Día de San Valentín**
	Día Internacional de la Donación de Libros (¡regálale a alguien *Tierra de clanes!*)
14 de febrero de 2021	**Estreno de *Men in Kilts* en Estados Unidos**
16	**Día de las Tortitas**
Febrero-marzo	**Torneo de las Seis Naciones. Una competición anual e internacional de *rugby* masculino entre los equipos de Inglaterra, Francia, Irlanda, Italia, Escocia y Gales. *[Sam: Y uno de mis eventos favoritos]. [Graham: Mmm...].***

SAM

Comenzamos el mes de febrero con Imbolc, que parece un remedio para el estreñimiento, pero que se trata en realidad de un festival pagano que celebra el comienzo de la primavera. ¡Cualquier excusa es buena para irnos de fiesta! Se encienden gran cantidad de velas y fuegos que representan el regreso del calor y la potencia creciente del sol en los meses venideros. Sin embargo, en Glencoe, el 13 de febrero de 1692 había pocos indicios de la primavera. De hecho, estaba nevando. Con fuerza (típico del clima escocés). Las imponentes montañas del valle, forjado hace 380 millones de años por las erupciones volcánicas, movimientos de placas tectónicas y glaciares, estaban cubiertas de una nieve gélida, oscurecida en parte por los nubarrones de una tormenta de nieve.

Poco sabían los MacDonald que aquella noche irían los Campbell... ¡a por ellos! En realidad, ya estaban allí, como invitados en sus casas, aguardando el momento, a la espera de una orden para apuñalar, disparar y quemar a sus anfitriones.

BATALLA DEL MES
LA MASACRE DE Glencoe
13 DE FEBRERO DE 1692

GRAHAM

Fue más un intento de genocidio que una batalla. Aquellos que hayáis leído *Tierra de clanes* ya sabéis que la masacre de Glencoe es una de las historias más conocidas incluso para los extranjeros: el asesinato de los inocentes MacDonald a manos de los terribles Campbell en mitad de la noche. Ahora bien, como ya hemos mostrado antes, había pocos Campbell involucrados en la masacre, pero ¿hasta dónde llegó la influencia de los Campbell en los acontecimientos que llevaron a aquella famosa noche de febrero?

Para entender cuáles fueron los motivos, tenemos que abrir la mente y pensar en la época en cuestión. El emergente reino de Inglaterra, Irlanda y Escocia no quería un rey católico. Por desgracia, el monarca de la época, Jacobo II, mostraba cada vez más signos de afición a la quema de incienso y al latín. La guinda del pastel fue que presionara a su hijo y heredero para que apoyara al papa y, dado que el país se había pasado generaciones luchando contra el hombre del capirote de Roma, aquello no sentó muy bien.

¿La solución? Por supuesto, una invasión.

Guillermo de Orange, que era nieto de Carlos I (espero que nos estés siguiendo el ritmo), dio saltitos por el mar del Norte y se hizo con la corona. Sería un poco como si Harry y Megan lanzaran una invasión desde Hollywood para arrebatar la corona a las envejecidas manos de la reina Isa.

Jacobo huyó al continente europeo, pero el astuto y viejo Guillermo se casó con la hija protestante de Jacobo, María, y la convirtió en regenta consorte. Lo sé, lo sé, es endiabladamente complejo. En resumen, Guillermo aprovechó la oportunidad, Jacobo marchó al exilio y Gran Bretaña siguió siendo muy muy protestante.

Mientras tanto, en Escocia muchos eran leales a Jacobo porque era descendiente de escoceses. No habría estado allí en su vida, es probable que odiara el *whisky* y no sabía gaélico, pero eso no les importaba a los clanes. «¡Es uno de los nuestros!», rugían.

Sin embargo, algunos de los clanes comprendían quién tenía más probabilidades de convertirse en el caballo ganador. Aquí entra John Campbell de Breadalbane. Observó que era probable que mereciera la pena ponerse de parte de Guillermo, pero se cubrió las espaldas y también apoyó a Jacobo, de ahí su apodo: «Slippery John» (John el Chaquetero).

El plan de Breadalbane consistía en demostrar que era más leal que chaquetero al juntar a los jefes de los clanes para jurar fidelidad a Guillermo. Sin embargo, eso iba a costar dinero. Mucho. Convenció al Gobierno para que concediera 12 000 libras a cada jefe de los clanes. ¡Una fortuna! De este modo, Slippery John (SJ a partir de ahora) organizó una enorme reunión con los jefes en el castillo de Achallader el 30 de junio de 1691. «¡Venid a Achallader! Tengo una propuesta que haceros y un montón de dinero».

Se encontraba presente en la reunión Alistair MacIain, jefe de los MacDonald de Glencoe. Digámoslo sin rodeos: MacIain estaba a dos velas. Se encontraba en bancarrota, por lo que recurrió a ese viejo pasatiempo escocés de robar ganado a sus vecinos. Dichos vecinos incluían a John Campbell, quien no se sentía demasiado contento con esto. Ni lo más mínimo. De este modo, en la reunión le recordó a MacIain que le debía dinero por el ganado que le había robado, mucho más de 12 000 libras. ¿Veis? ¡Qué poco fiable!

MacIain se enfadó, no solo por el dinero, sino también por el riesgo. Si Jacobo II regresaba y se encontraba a los clanes haciéndose amigos de su enemigo acérrimo, ¿qué iba a ocurrir? Entonces, SJ propuso un segundo pacto. Si el rey Jacobo volvía, romperían la promesa que le habían hecho a Guillermo. Parece razonable.

Sin embargo, los jefes de los clanes no eran tan inocentes. Le pidieron a Jacobo una carta en la que les diera permiso. Mientras tanto, este buscaba ayuda entre los franceses para llevar a cabo una invasión, pero por fin les envió su permiso el 12 de diciembre. Como la fecha final para el pacto era el 31 de diciembre de 1691, daba tiempo de sobra, ¿no? ¡No! Cualquiera que conozca el servicio de correos sabe que era una estrategia arriesgada.

Entonces, entra en escena John Dalrymple (JD), secretario de Estado de Escocia. Era nativo de las Tierras Bajas y odiaba a los escoceses de las Tierras Altas, sobre todo a los de la región de Lochaber. Los espías de Dalrymple interceptaron la carta y su contenido le provocó una rabia iracunda a JD. Volvió a cerrar la carta y la reenvió. El 21 de diciembre llegó a Edimburgo. Desde ahí debía viajar a áreas remotas de las Tierras Altas y pasar de jefe en jefe, de valle en valle, en mitad del invierno.

Mientras tanto, el señor Dalrymple envió a 400 soldados a Fort William anticipando que los jefes de los clanes no iban a cumplir la fecha final acordada. No es difícil de imaginar que se estuviera frotando las manos con júbilo.

El 30 de diciembre, Cameron de Lochiel recibió la carta con solo veinticuatro horas para cruzar Rannoch Moor y llegar a Glencoe, donde MacIain debía estar desgastándose los zapatos de cuero de tanto andar de un lado a otro.

Con la fecha encima, MacIain entendió que no había manera de que llegara a Inveraray a tiempo, por lo que optó por dirigirse a Fort William. Sin embargo, ahí el comandante de guarnición, el coronel John Hill, le dijo que no podía aceptar su juramento. «Es mejor que te vayas a Inveraray y hables con el señor Colin Campbell, compañero».

De este modo, MacIain, abriéndose paso arduamente entre la nieve, llegó tres días después a Inveraray, donde le retrasaron unos soldados en el territorio de Campbell. Por fin se presentó en la sede de Campbell el 2 de enero, sin duda jadeante como un caballo de carreras, congelado hasta los huevos y apretando en el puño la carta, listo para firmar.

«Ay, ¿estás buscando al señor Colin? Se va a pasar tres días fuera de la ciudad, por lo que puedes alojarte en esa taberna de Campbell, rodeado de gente que te odia a muerte y podrás verlo cuando regrese a casa».

Debieron de ser unos días muy tensos y no creo que durmiera especialmente bien, con la mano pegada a su puñal o daga. Colin volvió. «¡Por supuesto, MacIain! Entiendo a la perfección el retraso. Le podría haber pasado a cualquiera. Basta con firmar aquí y todo irá bien».

«Uf», te he oído decir.

El acuerdo firmado se envió a Edimburgo. El coronel Hill incluso le mandó una carta a MacIain en la que se le aseguraba que estaba bajo la protección de la guarnición de Fort William. ¡Días felices!

El paquete llegó junto al consejo privado a Edimburgo. Sin embargo, dentro había una pequeña nota del comisario local en la que se preguntaba si deberían aceptar la firma de MacIain… ¡Solo era una idea!

Había bastantes letrados poderosos de los Campbell en aquel consejo. Miraron el montón de firmas, observaron la de MacIain, miraron la nota del comisario y dijeron: «¡Bueeeno, no vamos a poder aceptarlo!».

De este modo, cinco días después de que MacIain hubiera firmado el acuerdo, Dalrymple recibió una carta en la que se decía que habían tachado el nombre de MacIain de la lista «debido a un fallo técnico». A aquello le siguieron más manos frotándose con alegría y el resto, como se suele decir, es historia… Treinta MacDonald fueron asesinados en la nieve de Glencoe.

Entonces, ¿fueron los Campbell? Sí y no. El señor Colin, SJ, aceptó la firma, pero los letrados no. ¿Quién sabe qué otras travesuras tuvieron lugar entremedias? Había muchos otros clanes, como los Cameron o los Glengarry, que estarían contentos de eliminar a MacIain de Glencoe de la ecuación. Nunca lo sabremos.

Sin embargo, si tu nombre es Dalrymple… ¡Ahí lo dejo! Y la moraleja es… Envía tus cartas pronto en invierno y, cuando lleguen, ¡corre!

CLAN CAMPBELL

GRAHAM

Hay mucha rivalidad entre los clanes por ser considerado el más temido de Escocia. El título fue cambiando de dueño. Unos años fueron los MacNeil de Barra (más información en «Julio»), otros los MacGregor, los MacDonald, los MacLeod, claro, y los Keith (la lista dura y dura, ¡en serio!).

Los clanes eran un poco como los actuales equipos de fútbol de primera división. Unas veces la copa se la lleva el Liverpool, otras el Manchester City, el Chelsea o el Arsenal pero, si queremos el equivalente al Manchester United de los noventa en cuanto a ferocidad, este sería el clan Campbell. En serio, enfadaban mucho a los otros clanes.

Cuando oían esa cantinela de: «Vienen los Campbell» retumbando por el campo, pocas veces era una visita bienvenida. Eran como el peor tipo de familia política que pueda ir a verte en Acción de Gracias, pero armados con hachas.

Una rama de los Campbell era particularmente temida: los Campbell de Breadalbane (a quienes acabamos de conocer) y su proveedor principal de violencia injustificada era el señor Colin Campbell, a quien se le conocía afectuosamente como «Gris Colin». Eso te hace pensar en un viejo y fiel perro lobo, aovillado junto a la chimenea, con la diferencia de que en este caso estaría mordisqueando un hueso humano y le arrancaría pedazos de piel a cualquiera que tratara de domesticarlo.

El señor Colin tenía el extravagante título de «el poder del pozo y la horca». Es algo que quizá desees añadir a tu tarjeta de visita. De hecho, dada mi experiencia en la carretera junto a Heughan, sospecho que lo tiene en su página de Twitter. El poder del pozo y la horca es justo lo que pone en la etiqueta. El señor Colin podía mirarte y decir: «Me temo, amigo, que vas a ir al pozo» o «Llegó la hora de la horca, camarada».

Ayudaba que los Campbell tuvieran el favor del rey. Eran su mano derecha en Escocia. Y, además, una mano muy sangrienta.

Por supuesto, fue la religión lo que les metió en problemas en primer lugar. Mientras muchos de los clanes se pasaron al catolicismo tras rechazar el paganismo, los Campbell optaron por la aguafiestas de todas las religiones: el presbiterianismo protestante. A ver, no quiero ofender a los presbiterianos, pero no son conocidos por sus fiestas ni sus momentos de locura. Eso hizo que los Campbell estuvieran en el bando equivocado durante las guerras de los Covenanters y sufrieran por ello. Sin embargo, si hay algo en lo que un escocés de las Tierras Altas destaca es en su memoria larga y despiadada.

De este modo, descubrimos que estaban involucrados en la masacre de Glencoe y en la persecución de los MacGregor, los MacEwen y los Macnab, entre muchos otros clanes, hasta el punto de extinguirlos; además, le tenían un cariño especial a la decapitación. Incluso en una cultura como la de las Tierras Altas, los Campbell llevaron esta práctica a un nuevo nivel. Casi parecía que, cuando veían la cabeza de alguien, no se sentían satisfechos hasta que la separaban del cuerpo.

«¿Cuántos has decapitado hoy, Gris Colin?».

«Dejé de contar en el número cincuenta, Tam».

Además, se les daba rematadamente bien adquirir terrenos con artimañas y a través de la manipulación de la ley. Otros clanes de las Tierras Altas se muestran recelosos a la hora de perdonar a los Campbell, aunque ellos mismos a menudo fueron igual de malos, pero la hipocresía siempre ha encontrado la forma de entretejerse en las faldas de las Tierras Altas.

Pensemos en los carteles de *pubs,* bares y restaurantes en Glencoe, donde se dice: «No servimos a los Campbell» y no se refieren a la sopa. Reflexionemos también sobre cómo el maravilloso autor Compton Mackenzie tiene un personaje en uno de sus libros que entrena a sus perros para atacar tras la palabra «¡Campbell!».

Si sientes que eres descendiente de un clan que haya sufrido a manos de los Campbell, la próxima vez que vayas a Inveraray (epicentro de la banda de los Campbell), prueba esta curiosa costumbre antigua. Cuando cruces el viejo puente de piedra frente al castillo de Inveraray, alarga la mano hacia él, con el índice y el meñique extendidos, y el resto de los dedos enroscados sobre la palma. Ya estás haciendo la señal de «los cuernos del diablo», por lo que ahora tienes que pronunciar la maldición gaélica *buitseach* tres veces y escupir entre los dedos otras tres. Un Macmillan probó a hacer esto hace unos años y tres semanas después se quemó el tejado del castillo.

Para aquellos que llevan el antiguo nombre de los Campbell, quizá se enorgullezcan del poder que su gente ejercía en un territorio conocido por la abundancia de puñaladas a traición por la espalda. Sin embargo, recordad no mencionar vuestro apellido en la siguiente Noche de Burns a la que asistáis, porque os dirán que es habitual retirar los cuchillos cuando se cena con un Campbell.

MOMENTO DE COMPETICIÓN
LOCOS BLANDIENDO EL HACHA

SAM

Hablando de cuchillos… y de hachas.

Nuestro programa *Men in Kilts* de Starz se empezó a emitir en Estados Unidos el 14 de febrero de 2021, el día de San Valentín. Aquellos que lo hayan visto sabrán que es una conmemoración al paisaje, la cultura, la comida y las gentes de Escocia, con una saludable dosis de acontecimientos deportivos y competitivos añadidos por si acaso. Lo que nunca esperé es que Graham pudiera ganar alguno. Ni siquiera uno. ¡A ver, tiene veinte años más que yo! Sin embargo, lo importante es participar, ¿no?

La primera competición fue el regreso al castillo Leoch, sede de los MacKenzie en *Outlander,* pero conocido en la vida real como el castillo de Doune, cerca de Stirling. Habíamos reservado una plaza para practicar con el hacha junto a Charlie Allan y su banda, un puñado de actores escoceses de representaciones históricas aterradores, quienes llegaron con sus motos como Ángeles del Infierno del siglo XVIII. Bueno, si habéis leído *Tierra de clanes,* sabréis quién es el infame Charlie «Chic» Allan (me escribió después de que el libro se publicara para decirme que habíamos escrito mal su nombre. Rápidamente le eché la culpa a la editorial y solo espero que no vaya a por ellos antes de que se publique este libro. En fin...).

Charlie está esculpido en piedra, incluso su voz es pura grava. Su apretón de manos, demasiado firme. Bueno, si pensasteis que daba miedo, esperad a conocer a su hijo. Un tío de dos metros y dieciséis centímetros que se erige sobre Graham, Charlie y yo. Apenas entra en la moto, una que nos haría pequeños a mí o a mi amigo, el ladrón de proteínas. Propuse que McHambriento le placara primero. «Un golpe fuerte en la cara (si llegas) te granjeara cierto respeto».

Nos estaban enseñando una serie de golpes con la espada o el hacha de Lochaber. Charlie nos dijo: «Empujar, cortar, levantar formando una X, a través del cuerpo y sobre la cabeza».

Graham McEscalofriante cogió el hacha y, en cuanto las cámaras empezaron a grabar, comenzó a mostrar su potente pericia. Empujar, cortar, levantar, a través del cuerpo y sobre la cabeza. «Estabas tan cerca que podías olerle el aliento al hombre con el que luchabas», nos explicó Charlie. Mientras hervía la bruma roja, los aterradores efectos de sonido de Graham aumentaban.

«¡Aaahhh!», rugía el calvito.

«El miedo era lo que te mantenía con vida, porque luchabas con más fuerza», dijo Charlie. Graham estaba entonces dándolo todo, una aterradora exhibición de violencia sin límites, una máquina de demolición formada por un solo hombre blandiendo una espada mientras seguía las instrucciones y ofrecía el 100 %.

Durante unas tomas. Graham solo hace el esfuerzo durante unas tomas, no vaya a ser que se haga daño o empiece a sudar. En el mundo de las carreras, él haría *sprints* (en una carrera el día de los deportes de una clase de preescolar) y yo correría una maratón. No hace falta decir que yo lo bordé y que me merecía otra ronda pero, por desgracia, su agresividad había impresionado a los enormes guerreros. Sin embargo, aquello no duró mucho. Graham volvió enseguida a su estado natural de *lady* McTavish. Tras un afeminado golpe de codo con los peludos machos alfa, de manera dramática se pasó la bufanda por los hombros, se dio media vuelta y echó a correr. Bueno, casi.

GRAHAM

No contentos con habernos encontrado con el barbudo en nuestra primera gira con la caravana, organizamos una segunda ronda. Esta vez en el castillo Leoch, también conocido como el castillo de Doune. Creo que ambos pensamos que íbamos a reunirnos con Charlie en casa y, por lo tanto, nos sentimos más seguros.

Esos pensamientos tan inocentes pronto desaparecieron cuando vimos a Charlie y su cuadrilla llegar en sus gigantescas motocicletas. La de Charlie parecía haber crecido desde nuestro último encuentro. Era como si le hubiera dado esteroides y añadido un áspero rugido a juego que daba un miedo que te cagas. Charlie parecía estar sentado sobre un ser viviente, uno que odiaba a actores sentimentaloides en caravanas.

[Sam: Charlie quiere que le compre una moto. Me da demasiado miedo para decir que no…].

Junto a él parecía estar un hombre montado en una bici de niño. Solo cuando el individuo se puso en pie me di cuenta de que la moto tenía un tamaño normal, él era el gigante. Y no me refiero a que fuera un tipo grande, estoy hablando de un puto gigante.

Dos metros y dieciséis centímetros. Era el hijo de Charlie, Finn. No he conocido a su madre, pero me la imagino rompiendo nueces con sus propias manos y golpeando troncos como pasatiempo.

Era enorme. La moto parecía aliviada de que se hubiera bajado de ella. Casi esperaba que comenzara a gritar «Fee fi fo fum» mientras paseaba por el patio del castillo. Estábamos en una estancia de la planta superior. Entraron, primero Charlie y luego Finn, seguidos por el sol al que habían eclipsado. Intercambiamos los humillantes apretones de manos habituales. El de Finn es como el de un oso Kodiak. Creo que murmuró «Odio a los putos calvitos», aunque quizá me lo imaginara. Nos pusieron a prueba con las espadas y las hachas de Lochaber.

Observé a Heughan de reojo y me alegró ver que estaba tan nervioso como yo bajo los fulminantes ojos de Charlie y MacShrek. Terminamos nuestra demostración con las armas.

Me sentí patético y agradecido al mismo tiempo porque nuestros instructores no nos pidieran el doble de pruebas para reírse de nosotros o (Dios no lo quiera) sugirieran que hiciéramos una pelea de práctica. Me imaginé a Finn acorralándome en una esquina con su espada gigantesca y lanzándome por la ventana abierta para divertirse. En lugar de eso, asintieron con seriedad ante nuestros intentos.

Creo que Charlie sonrió, pero quizá fueran gases. Finn rugió como un león y nos lanzó contra el suelo... (bueno, en realidad me he inventado esta parte, pero es lo que creía que iba a hacer). Sam murmuró algo sobre que nos teníamos que ir y juntos arrastramos los pies fuera de la habitación mientras nuestra frágil masculinidad volvía a disminuir.

Ahora llega el momento de un poco de A. M. O. R.

14 de febrero – Día de San Valentín

«Por mi experiencia de vida, creo que mi lema personal debería ser: "Cuidado con los hombres que regalan flores"».
Muriel Spark, autora de *Los mejores años de la señorita Jean Brodie*
(1 de febrero de 1918 – 13 de abril de 2006)

SAM

Me considero un romántico y me encanta mandar flores, hacer regalos y salir a cenar. Por supuesto, siempre insisto en pagar. A no ser que vaya con Graham. Entonces, le pido que lo haga él. Ahí lo dejo, ya sabéis.

Cuando era un adolescente de dieciséis años, me enamoré de una chica de mi clase. Estaba obsesionado con ella: era escocesa, pero había pasado mucho tiempo en Australia, por lo que tenía las pecas más bonitas del mundo gracias al sol australiano. Por alguna razón, quizá más por pena que por atracción, aceptó salir conmigo una vez. Estaba encantado y muy nervioso. Era evidente que ella pertenecía a los «popus», así que aquello me sobrepasaba. Mi princesa sugirió que quedáramos en la ciudad para tomar algo o ir de compras. Debíamos encontrarnos en el exterior de un McDonald's (no me refiero a una tienda del clan escocés, aunque quizá debería haberme servido como aviso, sino al restaurante de los arcos dorados).

Aquello me supuso un desafío porque no había entrado en uno en mi vida, dado que me habían criado como vegetariano. No obstante, esperaba que no quisiera comer allí y solo fuera el lugar de reunión y el inicio del resto de nuestra vida juntos. Me encontraba de pie frente al Mickey D's, el nombre escocés para McDonald's, temblando por el punzante viento. No llevaba la chaqueta para que no pensara que era tan débil como para necesitar una. De este modo, lo único que me protegía del cortante frío era una camiseta de manga corta y unos vaqueros. Creo que los clientes del interior pensaron que era un sintecho, puesto que me quedé allí de pie con aspecto desolado y perdido durante lo que me parecieron horas.

Bueno, en realidad, fueron horas. Al principio, pensé que llegaba tarde para hacerse la interesante. Cuatro horas y media después, tenía los labios azules y olía a fritura. Me di cuenta de que quizá me había plantado... Era antes de que todos tuviéramos móviles (aunque fui uno de los primeros de clase en tenerlo, algo necesario para que cualquier cita potencial no tuviera que hablar con mi madre cuando me llamara).

Caminé fatigoso hasta casa y traté de calentarme el rostro entumecido y enfriar mi malhumor. Al día siguiente, en clase, mi ahora «ex» tenía cara de pocos amigos e incluso las pecas parecían enfadadas.

«¿Dónde estabas? Te esperé durante una hora», dijo sin rastro del encantador acento australiano.

«Igual que yo», dije enrojeciendo. «En el McDonald's de la parte oeste, como acordamos».

Puso cara de póker.

«Se suponía que habíamos quedado en el de la parte este». Suspiró, dio media vuelta y se marchó.

Había estado esperándola en el maldito Mickey D's equivocado, solo a un paseo de distancia. No nos habíamos encontrado por poco, como en un *remake* adolescente malo de *Dos vidas en un instante,* a pesar de estar en la misma condenada calle.

Pasamos al 2020, unos veinticuatro años después. Mientras me vierto agua sobre el pecho desnudo, bailo descamisado con un tocado de flores, rematado con el cráneo de una oveja para completar mi atractivo atuendo. Graham y yo estamos grabando *Men in Kilts* y hemos recreado el festival pagano de Beltane que celebra el comienzo del verano, la fertilidad y las relaciones florecientes. Como toque final, tenemos bailarines de fuego, druidas, brujas, una hoguera y, prepárate, un grupo de tamborileros.

Una tamborilera en concreto me llama la atención. Por Dios, no puede ser… la obsesión de mi infancia, la chica enamorada del McDonald's, con un enorme tambor africano, una dulce sonrisa y esas preciosas pecas. A pesar de parecer una oveja fugada aficionada a los esteroides, me acerqué y hablé con ella tras quitarme el tocado ceremonial, no fuera a pensar que mi sentido del gusto no había mejorado nada. Hablamos, sonrió (esta vez definitivamente por pena) y me sentí muy afortunado de que aceptara salir a cenar… una hamburguesa. Ahora solo tenía que asegurarme de que ambos fuéramos al mismo restaurante.

GRAHAM

Me gusta pensar que soy un romántico. Bueno, ¿a quién no? A menos que seas un salvaje total sin sentimientos. Como alguien que ha recibido las atenciones románticas de Jack «el Negro» Randall, estoy seguro de que Sam no lo ve siendo el típico tío que regala rosas rojas y champán.

[Sam: Lo confirmo. Jack el Negro nunca paga la cuenta].

De pequeño, solía tener flechazos a todas horas, como con la hermana de mi mejor amigo, Laura Williamson, que vivía al lado. Tenía unos siete años y ella quizá diez. Su hermano, Andrew, y yo estábamos obsesionados con Batman, con el de Adam West, no con la inquietante versión de *El caballero oscuro*.

Al final de uno de los episodios, ambos salimos vestidos de casa como Batman y Robin. Yo era Batman. Mi disfraz consistía en un mantel como capa y un cubreteteras de mi madre en lo alto de la cabeza como máscara. Andrew tenía un aspecto similar. Entonces, procedíamos a interpretar a Batman juntos. Creo que no había más niños en mi calle, de ahí que no nos dieran una paliza por ir vestidos así.

Sin embargo, Andrew tenía una hermana: la preciosa Laura, la «mayor». Recuerdo que fingía que me hacía daño porque sabía que vendría y comprobaría si estaba bien (no me sorprendería que hubiera terminado siendo enfermera). Evoco su imagen con claridad. Yo de espaldas fingiendo que me habían herido y Laura preocupada, inclinada sobre mí. La veo ahora, con la silueta recortada contra el sol, el pelo rubio y brillante y el pequeño crucifijo pendiendo sobre mí. La oigo preguntarme si estaba bien para asegurarse de que no me pasaba nada. Es uno de los recuerdos más vívidos que tengo de mi infancia. Eso era amor, justo ahí.

Luego, tuve un flechazo importante con mi profesora de primaria en Canadá (vivimos en Vancouver durante dos años cuando yo tenía ocho). Se llamaba señorita MacKay. Era pelirroja y tenía el pelo largo, además de conducir un coche deportivo de la marca MG. La adoraba hasta el punto de decidir declararle mi amor. Redacté una larga carta en la que le exponía mi ardiente pasión y tenía intenciones de enviársela al colegio al día siguiente. Sin embargo, cuando llegó el momento de poner la dirección, me encontré con un obstáculo. Solo la conocía como señorita MacKay. No sabía su nombre y siempre me habían dicho que no podías enviar cartas a nadie a no ser que te supieras al menos su inicial, si no conocías su nombre completo. De este modo, no pude enviar la carta. La señorita MacKay, por suerte para ella, no sufrió los desvaríos preadolescentes del joven McTav.

Al mismo tiempo que me enamoraba con pasión de la señorita MacKay, también sentía un ardiente amor por Diana Rigg. ¡Qué mujer! Cuando hacía de Emma Peel en *Los vengadores,* despertó en mi joven yo unos preciosos y poderosos sentimientos. Hasta hoy, es la única actriz que habría querido conocer con desesperación.

[Sam: Oh, sí, a mí también me gustaba].

Mi primer beso fue a los nueve años. Había dos hermanas en mi calle, llamadas irónicamente las Cloisters (las monjas), Jennifer y Sarah Tobbitt. Jennifer tenía nueve o diez años y Sarah, doce. Un día, Sarah se me acercó y me preguntó si quería dar un paseo. Me llevó hasta uno de los fosos que había cerca de donde vivíamos. Nos agazapamos para que no nos viera nadie y me dijo que quería besarme. Al principio, me horrorizó. ¿Besar? ¿Qué? ¿Por qué? ¿Cómo? No estoy seguro de por qué estaba tan decidida a besarme (debería tener algún chico de doce años en su vida, ¿no?), pero se salió con la suya.

Si nunca habéis leído *Sidra con Rosie* de Laurie Lee, hacedlo ahora. Describe a la perfección lo que sentí con aquel primer beso. Podía verle las pecas y percibir en su piel el olor a jabón, sentir el suave roce de sus labios con los míos y el aroma de su pelo rubio. Fue un momento transformador. Nunca volvimos a besarnos, pero seguimos siendo amigos. Parecía que sabía que era algo que necesitaba experimentar (estoy bastante seguro de que no era el primer beso de Sarah Tobbitt) pero, desde ese momento, la única aspiración de mi vida fue besar chicas.

Aprovechaba cualquier oportunidad para organizar juegos de besos. Inicié a todo el barrio en la alegría de besarse hasta que poco después todos estábamos involucrados. En el bosque, en los callejones, en los parques, donde podíamos. Era algo maravilloso, inocente y divertido. Sin embargo, recuerdo que el hermano de una de las chicas a la que me encantaba besar me persiguió. Blandía un palo intimidante y no parecía contento.

Solo en la calle ejercía ese papel de precoz casanova con pantalones cortos. En clase, era un tímido estudiante modelo. Trabajaba duro y allí no tuve una novia de verdad hasta los diecisiete. En casa, sin embargo, era como si sufriera un cambio de personalidad. En aquel lugar me sentía relajado y abierto a las alegrías del amor. Dos o tres chicas de mi calle y yo solíamos decir: «¿Jugamos al Monopoly?». Aquel era el código para ir a la habitación de alguien y liarnos. No mencionaré los nombres, pero, si por casualidad estáis leyendo este libro, ya sabéis quiénes sois.

Mientras tanto, en el colegio, tuve otro flechazo. Este fue incluso más profundo que el que sentí por la señorita MacKay. Era la profesora de inglés y se llamaba señora Grew. Esta vez sabía que su nombre era Pamela. Me encantaba la escritura creativa y la señora Grew me animaba para que escribiera todo lo posible. Solía leer mis historias en clase. De nuevo, me sorprende que no fuera el objetivo habitual de las palizas de mis compañeros.

Ahora que lo pienso, creo que tenía unos veinticuatro años. Parecía muy sofisticada y madura. Solía escribir sin parar sobre ella en mi diario. Aunque sabía que era una mujer casada, estaba muy muy convencido de que al final se daría cuenta de que me quería y dejaría a su marido para que fuéramos libres y pudiéramos estar juntos. Sí, ¡estaba como una cabra!

No recuerdo cuándo se aplacó mi enamoramiento por la señora Grew. Me pregunto si ella lo sabía o lo sospechaba. Supongo que sí y era lo bastante amable como para no avergonzarme. Pero, Pamela, si no te diste cuenta entonces… ¡ahora ya lo sabes!

SAM

Con los años, los admiradores han hecho que me sienta querido y me han enviado muchos regalos maravillosos y generosos. Entre ellos, destacan:

- Una manta hecha con múltiples fotos de mí mismo
- Un café con sabor a *bourbon*
- Ropa interior (a veces usada)
- Una caja de aguacates pasados
- Mantequilla de cacahuete casera (¡qué rica!)
- Una «modesta bolsa» de ganchillo (tirando a pequeña)

Guía para «auténticos amantes jacobitas» de Dougal MacKenzie

1. Ante cualquier mención al día de San Valentín, actúa con total indiferencia, casi rozando el desdén. Hazles creer que no te importa.
2. El mes antes de San Valentín comienza de manera casual a dejar frutas y verduras con forma de falo por casa como pista. He descubierto que las berenjenas, pepinos y, por supuesto, plátanos funcionan muy bien. Si prefieres algo más al estilo Lacroix, quizá sea mejor que optes por un calabacín con una forma extraña. Déjalos en puntos estratégicos: colgado sobre la puerta de la habitación o bajo la almohada. ¿Y si haces un collar con ellos?
3. La semana antes de San Valentín, come solo ostras.
4. Di la siguiente frase con ojos apenados: «¿Alguna vez dejaré de desearte? Incluso cuando acabo de separarme de ti, te deseo tanto que se me encoge el pecho y me duelen los dedos por las ganas de tocarte de nuevo».
5. Compra un nuevo colchón para la cama, pero que no parezca que le das demasiadas vueltas.
6. Por casualidad, comenta que estás pensando en insonorizar la casa. ¡Le encantará!
7. Si tienes mascotas, deshazte de ellas. Si no eres capaz de sacrificarlas (porque eres patético), dáselas a un amigo que no tenga oportunidades de echar un polvo en San Valentín.
8. Apréndete la letra de la canción «Let me put my love into you» de AC/DC y cántala siempre que puedas. Comenzará a captar la indirecta.
9. Ese día, sorpréndela. Hazle ver que eres espontáneo y desenfadado. Cae a sus pies, literalmente (mejor cuando esté de espaldas a ti). Al llegar a casa, maravíllala con un «prepárate, muchacha». Eso creará la atmósfera adecuada.

RECETA DE SAN VALENTÍN
GALLETAS DE MANTEQUILLA EN FORMA DE CORAZÓN DE TONY SINGH
(Como aparecen en *Men in Kilts*)

Ingredientes

125 g de mantequilla sin sal, calentada y cortada en dados
55 g de azúcar glas y un poco más para espolvorear
200 g de harina de trigo

Elaboración

Pon la mantequilla y el azúcar en una batidora y remueve hasta que se hayan mezclado bien. Añade la harina y bate ligeramente hasta que la mezcla se asemeje a un conjunto de migas.

Vierte la mezcla en una superficie de trabajo y, con delicadeza, amásala. Cuando hayas terminado, envuelve la masa en papel transparente y déjala enfriar durante 30 minutos.

Precalienta el horno a 160 ºC en modo ventilador.

Una vez se haya enfriado la masa, echa un poco de harina sobre la superficie de trabajo y extiéndela con un rodillo hasta que tenga un grosor de 3 mm. Utiliza un molde en forma de corazón de 6 u 8 cm para obtener 16 galletas, vuelve a extender la masa restante con el rodillo y córtala de nuevo.

Coloca las galletas en una bandeja para horno forrada, utiliza un tenedor para hacer una serie de agujeros en el centro de cada galleta y déjalas enfriar durante otros 10 minutos. Rocía las galletas con un poco de azúcar glas y hornéalas durante 10 o 12 minutos o hasta que estén ligeramente doradas.

Retira las galletas del horno y deja que se enfríen en la bandeja durante 10 minutos.

REGIÓN DEL MES
PARQUE NACIONAL DE CAIRNGORMS

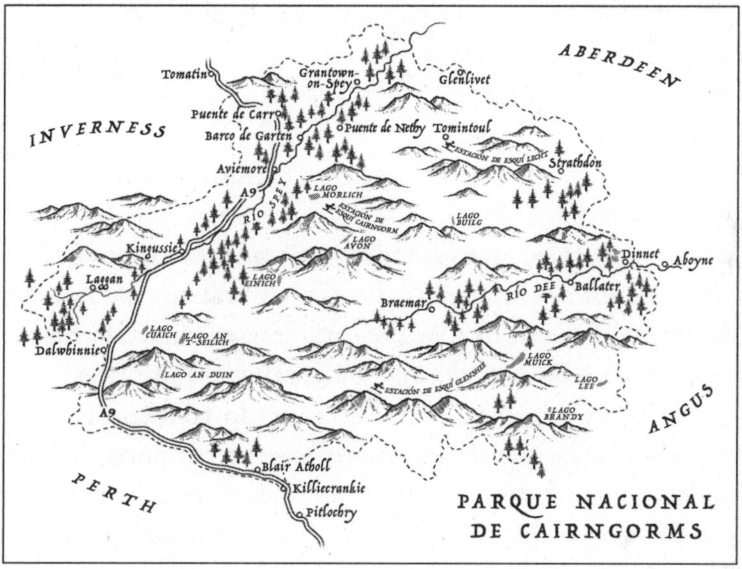

SAM

Fundado en 2003, Cairngorms es el parque nacional más grande de Reino Unido. Tiene 452 732 hectáreas, por lo que es más grande que Luxemburgo. Supone un cuarto de los bosques nativos de Escocia, contiene 55 montañas Munro y cuatro de las cinco montañas más altas de Reino Unido. Sin embargo, el parque nacional de Cairngorms no está compuesto solo por montañas, es mucho más: tiene tres ríos, sesenta lagos (algunos de los más cristalinos de Europa), más de la mitad del bosque caledoniano superviviente y la meseta de Cairngorm, que presenta el paisaje de montañas árticas más extenso de las Islas Británicas. También alberga el 25 % de las especies de animales, insectos, hongos y plantas que están en peligro de extinción. Algunos incluso solo se pueden encontrar en Cairngorms, como el urogallo común, el escribano nival y la liebre de montaña.

BEBIDA DEL MES
WHISKY DALWHINNIE

SAM
Dado que hablamos de Cairngorms, tenemos que echarle un vistazo al *whisky* Speyside. Dicho *whisky* no suele ser ahumado ni denso, sino que suele pertenecer a los más ligeros y florales, perfecto para una cita de San Valentín. Si a tu pareja no le gusta el *whisky*... ¿con quién estás saliendo? Sin embargo, eso también significa que tienes el doble de copas para ti. Por otra parte, si te lo extiendes con suavidad por el cuello, sirve como fragancia escocesa. *Eau de whisky*. ¡Ven, muchacha, hueles a destilería!

Speyside tiene la mitad de las destilerías de Escocia y se llama así por el río Spey, que era la fuente original de agua utilizada para hacer *whisky* en la zona. La tierra es ideal para cultivar cebada y suele tener más luz solar en los meses de verano (me he dado cuenta de que parece de verdad que siempre está lloviendo en la costa oeste). Afrutado y aromático, con multitud de notas amaderadas, a pesar de la gran cantidad de marcas y versiones que hay, diría que todos los *whiskies* Speyside tienen una dulzura inherente y están deliciosos.

Mi elección en cuanto a *whiskies* Speyside se refiere sería Dalwhinnie. En la frontera de Cairngorms, de camino a Inverness, no puedes evitar percatarte de la pintoresca destilería a un lado de la carretera militar del general Wade. Durante el invierno, las carreteras pueden cerrar por la nieve y no hay forma de acceder a Cairngorms. Es un lugar remoto y barrido por el viento, pero también la destilería que más carga de trabajo abarca en los meses de verano, como se refleja en esas cálidas copas fáciles de beber. Igual que ocurre con el resto de los *whiskies,* al probarlo se produce una respuesta emocional, diferente a otras bebidas. Fue la primera malta de verdad que probé y disfruté. Mientras vivía en Londres, recuerdo beberlo por vez primera y sentirme nostálgico, ya que el *whisky* hacía que evocara los paisajes escarpados, el agua cristalina y los majestuosos valles de mi tierra natal.

También recuerdo degustar la mayor parte de una botella con mi buen amigo Cameron McNeish antes de grabar una excursión de invierno para un programa de televisión. El hombre servía copas generosas y gracias al frío gélido y al terreno nevado se me mejoró la resaca del día siguiente. Si tu cita no ha probado el *whisky,* sírvele un poco de este alcohol ligero y campestre y te aseguro que se enamorará. ¡Espero que de ti y no de la botella!

AVENTURA DEL MES
SCHIEHALLION, PERTHSHIRE Y KINROSS

SAM

Mi Munro del mes tenía que ser la mágica montaña Schiehallion, con una forma de diamante perfecta, que se erige sobre el lago Rannoch y está situada en los condados de Perth y Kinross. Grabamos allí el círculo de piedras mágicas, bajo la sombra de la montaña y, entre tomas, miraba hacia su afilada cima con deseos de escalarla, incluso en mitad de la nieve. El nombre gaélico se traduce más o menos como «Montaña de los Caledonianos», por lo que es evidente que era un lugar importante.

Las largas laderas de la parte trasera llevan habitadas desde el primer milenio antes de Cristo. También se cree que su nombre podría significar «Montaña de las Hadas» y es cierto que es bastante mágica. Por suerte no hay hadas en *Outlander*, todavía.

Otro hecho interesante es que la montaña se usó en el siglo XVIII para medir «el peso o la masa del mundo». El experimento tuvo lugar en 1774 (¿mientras Jamie y Claire viajaban a América para tratar de evitar la Revolución de Estados Unidos quizá?).

El día después de mi trigésimo cuarto cumpleaños, en medio de una resaca, conseguí salir a hurtadillas del hotel e intenté llegar a lo alto antes de que producción se diera cuenta de que me había ido. Me metí en un taxi local y conseguí que el agradable conductor me dejara al pie de la montaña. Era un camino bastante fácil, con un sendero bien cuidado. Sin embargo, en la cima, la montaña seguía cubierta de nieve y un grueso hielo. A unos cien metros del pico, llegué a una zona de terreno congelada, por lo que no pude continuar sin crampones por miedo a caerme por el borde.

Me hice un refugio en la gruesa nieve, protegido por una roca, y miré hacia abajo, a través de las nubes en constante movimiento, mientras vislumbraba el círculo de piedras falsas y el equipo de grabación en tamaño hormiga. Estoy seguro de que no les haría ninguna gracia ver que me resbalaba y caía a sus pies desde más de mil metros de altura.

Cuando estaba ahí arriba, con mi ahora apaciguada resaca y deseando haberme traído una petaca de *whisky*, una pareja apareció entre la nieve y la niebla. También habían tenido que dar la vuelta por las malas condiciones. Abrieron las enormes mochilas y sacaron una fiambrera con una tarta de fruta escarchada, su tarta de boda (¿me imagináis comiendo mucha tarta?), ya que se habían casado hacía poco y habían escalado la montaña para celebrarlo. Mientras masticaba con ganas, les deseé lo mejor antes de que desaparecieran entre la niebla de nuevo, dejando un rastro de migas. Está claro que es una montaña mágica y romántica, ideal para llevar a tu pareja de viaje de novios, pero comprueba primero que no le tiene miedo a las alturas (o a la tarta mojada) antes de dar el «sí, quiero».

Cimas de Sam

- Las montañas Munro miden al menos 914 metros.
- Las montañas Corbetts miden entre 762 y 914 metros.
- Las montañas Graham miden más de 609 metros, pero menos de 762 (y deben incluir un descanso, un aperitivo y un *latte).*
- Las montañas Donald miden al menos 609 metros.
- Las montañas Sam deben tener una enorme copa de *whisky* Sassenach (y un *latte* templado para Graham) en la cima.

¡GRANDES ESCOCESES!

NACIMIENTOS, MUERTES Y OTROS ACONTECIMIENTOS SIGNIFICATIVOS

1 de febrero de 1918 – Nace Muriel Spark, autora de *Los mejores años de la señorita Jean Brodie.*

2 de febrero de 1987 – Muere Alistair MacLean.

[Graham: Entre sus libros se encuentran Los cañones de Navarone, Estación Polar Cebra *y* El desafío de las águilas. *Fueron estas obras las que animaron a un joven McTavish a soñar con ser escritor algún día].*

7 de febrero de 1603 – La batalla de Glen Fruin.

GRAHAM

El 7 de febrero de 1603 (irónicamente mientras Shakespeare estaba ocupado escribiendo *A buen fin no hay mal principio),* los MacGregor se entretuvieron asesinando a doscientas personas del clan Colquhoun. En realidad, guardaba más parecido con *Romeo y Julieta* que con *A buen fin.*

Un par de MacGregor pasaban con hambre y cansancio por el territorio de Colquhoun. Le pidieron refugio a dicho clan y este se negó.

Vale la pena mencionar que los MacGregor tenían su historia. Después de que Roberto I Bruce les quitara las tierras y se las diera a los Colquhoun, los Gregor tenían la costumbre de robar lo que podían. Quizá por eso se negaron de forma tajante a dejarles una cama a los MacGregor.

MacGregor: «¡Eeehhh! Estamos buscando un refugio en el que pasar la noche».

Colquhoun: «Por casualidad no seréis MacGregor, ¿verdad?».

MacGregor: «Eh…».

Colquhoun: «Porque, si lo sois, ya os digo que os podéis ir a la mierda».

MacGregor: «Ehhh…».

Colquhoun: «¿Eso que lleváis puesto es el puto tartán de los MacGregor?».

MacGregor: «No estoy seguro… ¿quizá?».

Les cierran la puerta en la cara.

¿Te lo imaginas? Helados y hambrientos, los chavales MacGregor hicieron lo que cualquier escocés de las Tierras Altas habría hecho en esas circunstancias. Encontraron una oveja, la llevaron entre balidos a una cueva, le cortaron la garganta, se la comieron y se asentaron para disfrutar de un merecido descanso.

Por desgracia, a la mañana siguiente, el mandamás de los Colquhoun los encontró, sin duda rodeados literalmente por el esqueleto desmembrado de la oveja, cubiertos de sangre, quizá incluso con los huesos raídos de la susodicha oveja entre las manos. Nuestro amigo Colquhoun enseguida sumó dos más dos y decidió que lo mejor para todos sería ejecutar de inmediato a los MacGregor.

No hace falta decir que aquello no gustó mucho al resto del clan Gregor… Cuando llegó el 7 de febrero de 1603, los Colquhoun obtuvieron el permiso del rey Jacobo VI para perseguir a sus antiguos enemigos y, con 500 soldados de infantería y 300 jinetes (entre los que se encontraban los hombres de Dumbarton y Cardross), entraron en Glen Fruin. Los MacGregor les estaban esperando con 350 de sus hombres reunidos en las faldas de la colina.

En momentos como este, resulta útil imaginarse la escena. Es un día de febrero en el que hace un frío de cojones en las Tierras Altas de Escocia, seguramente con el suelo cubierto de nieve y el sol (si lo había) en lo alto desde las ocho de la mañana. Los MacGregor, sin duda, llevaban ahí bastante tiempo, reunidos en silencio en la oscuridad tras escalar la colina, con las espadas envueltas en telas para reducir el sonido. Estaban ahí solos con su propio aliento entre aquel aire invernal y cortante como único rastro de vida, acompañados únicamente por sus pensamientos, concentrados en una sola cosa: venganza y asesinato.

Mientras, los Colquhoun iban caminando por la nieve, confiados por su superioridad numérica y el apoyo de la realeza, preparados para caer sobre los MacGregor.

Colquhoun: «¿Deseando matar a algunos MacGregor con total impunidad, Tam?».

Tam: «Claro. La nieve tiene buen aspecto, ¿verdad?».

De repente, de las laderas surgió el grito de guerra de los Gregorach: *Àrd-Choille!,* que se traduce como «bosque alto», el lugar del territorio de los MacGregor en el que el clan se reunía cuando se sentían amenazados. Entonces, descendieron sobre los Colquhoun, que no sospechaban nada, con un ululante grito aterrador, común a todos los clanes guerreros (como el grito rebelde de los soldados confederados hasta el culo de esteroides).

El único sonido proveniente de los Colquhoun seguro que fue la traducción en gaélico de «¡Ay, mierda...!». El ataque obligó a los Colquhoun a retirarse, pero se dirigieron al camino en el que se encontraba una segunda fuerza de los MacGregor. No mostraron ninguna piedad. Doscientos Colquhoun probaron el filo de sus espadas y hachas hasta que la nieve se tiñó de rojo por la sangre. La respuesta de Jacobo VI fue desterrar al clan MacGregor y decretar que cualquiera con ese nombre sería «erradicado y exterminado» (no había confusión posible en este caso).

El jefe del clan, Alasdair MacGregor de Glanstrae, evadió la captura durante un año antes de cometer el error de principiante de pedirles a los Campbell que les protegieran a él y a sus hombres para llegar a la frontera. Es evidente que se le olvidó que «Campbell» se traduce como «boca torcida». Como es de esperar, los Campbell los acompañaron hasta los brazos de los soldados que los estaban esperando tras recibir la información de que estarían allí. Menudos los Campbell, ¿eh?

Le condujeron a Edimburgo junto a once de sus hombres y lo colgaron en Mercat Cross. Debido a su rango, se le colgó a mayor altura que a los demás, quienes tuvieron que esperar y ver cómo traían a su jefe desde la prisión de Tolbooth, lo colgaban, retiraban y descuartizaban ante ellos.

Por cierto, la entrada a Tolbooth está ahora marcada con el famoso Corazón de Midlothian, colocado en la calle principal de Edimburgo. Aunque hayas estado en la capital de la nación, es probable que no conozcas la tradición que consiste en escupir al Corazón al pasar. Ahora se supone que trae buena suerte, pero en un principio era una marca de desdén creada por aquellos que sabían lo que conmemoraba. Quizá sea interesante recordar que Alasdair MacGregor comenzó la costumbre de camino a galeras aquel día de enero de 1604.

Carlos II en 1661 reinstauró el apellido MacGregor, pero Guillermo de Orange lo prohibió de nuevo en 1693. Hasta 1784 no se volvió a permitir usar dicho apellido y solo entonces se le devolvieron los derechos de ciudadanía. Los siglos XVII y XVIII fueron tiempos muy difíciles para los MacGregor.

4 de febrero de 1716 – El príncipe Jacobo Francisco Eduardo Estuardo, el Viejo Pretendiente, abandonó Escocia tras permanecer allí solo tres semanas, poniéndole punto final a la primera Rebelión Jacobita.

4 de febrero de 1941 – El SS Politician se quedó encallado en Eriskay, en las Hébridas Exteriores, lo que inspiró al novelista Compton Mackenzie a escribir *Whisky Galore*.

16 de febrero de 1746 – Fuerzas del Gobierno intentaron capturar al príncipe Carlos Eduardo Estuardo en Moy Hall, al sur de Inverness, pero un puñado de jacobitas desbarató sus planes.

23 de febrero de 1976 – La actriz de *Trainspotting,* Kelly Macdonald, nació en Glasgow.
23 de febrero de 1303 – La batalla de Roslin.

GRAHAM

Parece que el invierno no suponía ningún impedimento en Escocia para acumular cadáveres. Trescientos años antes de Glen Fruin, tuvo lugar la batalla de Roslin, exactamente el 23 de febrero de 1303, durante la Primera Guerra de la Independencia en Escocia. Cerca de 720 años después, Roslin casi se ha olvidado como batalla, pero es bastante significativa para la historia de Escocia, como la de Bannockburn y la del Puente de Stirling. También lleva el dudoso título de la «batalla más sangrienta acaecida en suelo británico».

Una fuerza escocesa de unos 8000 hombres se extendía ante un ejército inglés cuatro veces mayor. Se cree que unos 35 000 hombres perdieron la vida aquel día. Para ponerte en contexto, piensa en algunas de las batallas más sangrientas de la historia:

Gettysburg, en 1863: 46 000 muertos en tres días.

Cannas, en el 216 a. C.: 60 000 muertos en un día.

Primer día de la batalla del Somme, 1 de julio de 1916: 68 000 muertos.

Leipzig, en 1813: unos impactantes 84 000 muertos.

Sin embargo, con excepción de la batalla romana contra los cartagineses en Cannas (está claro que los cartagineses se hartaron de matar romanos ese día), en todas las otras batallas se utilizaron rifles, artillería y a veces metralletas. Sin embargo, Roslin se peleó con armas blancas a corta distancia, además de arcos y flechas.

Ocurrió durante un período de inestabilidad constante en Escocia. Eduardo I fue conocido con cariño como «el martillo de los escoceses» (o como «piernas largas», como recordarás por *Braveheart).* Bueno, en Roslin fue él quien se vio aplastado.

El señor John Seagrave lideraba su ejército y apenas consiguió escapar con vida, junto a solo 2000 de los 32 000 soldados ingleses. Sin embargo, Seagrave reiría el último, ya que fue él quien se encargó de colgar, retirar y despedazar a William Wallace en un patíbulo de Smithfield en Londres, dos años después, el 23 de agosto de 1305.

28 de febrero de 1638 – El Pacto Nacional se firmó en el cementerio Greyfriars, en Edimburgo. Se estableció para proteger a la religión de la nación de la reforma litúrgica y del gobierno inglés que decretaba Carlos I. Tan emotivo fue el pacto que algunos firmaron con su propia sangre.

MARZO

Canción de primavera
El aire se inundaba de pájaros y sol,
la brisa fresca resplandecía con claridad.
El recuerdo se desperezó en mi corazón
y supe que la quería de verdad.
Robert Louis Stevenson, 1918

Clan Murray
Lema: *Tout Prest* ('Preparado')
Territorio: Morayshire

FECHAS CLAVE

Período meteorológico de la primavera: entre el 1 de marzo y el 31 de mayo

1	**Comienzo de la primavera**
Principios de marzo:	**Braemar Mountain Festival**
6	**Equinoccio vernal y Ostara**
	Día Mundial de la Narración Oral
27	**Día Mundial del Teatro**
	Día Internacional del *Whisk(e)y*

Durante todo marzo: Festival Internacional de Comedia de Glasgow

REGIÓN DEL MES

PERTHSHIRE, KINROSS, ANGUS Y FIFE

SAM

Es primavera y un gran momento para visitar el reino de Fife. Esta zona me fascina, quizá porque el sol parece brillar más en ella que en cualquier otra parte de Escocia. Es la Costa del *Scot.* Incluso el lugar tiene un nombre distinto debido a la gran influencia vikinga y nórdica. Estoy seguro de que a nuestros vecinos escandinavos, tras cruzar con dificultades el gélido mar del Norte, les encantó esta parte del mundo. Esta tierra era ideal para asentarse, perfecta para pastorear animales y con abundante vida marina gracias al océano y las costas. Debieron de pensar que era un centro vacacional escocés.

En *Outlander* utilizamos esta zona muchas veces para grabar distintas localizaciones escénicas. El antiguo pueblo de Culross es probablemente el ejemplo más claro de una villa del siglo XVII y XVIII. Grabamos en el palacio de Culross con su carpintería pintada original y las réplicas de los interiores del siglo XVII. En el tercer capítulo de la primera temporada, rodamos en los exteriores de Mercat Cross, donde Jamie ayuda a un joven muchacho al que le han marcado la oreja con una cruz por robar. Parecía que el equipo había viajado en el tiempo o a través de las piedras mágicas aquel día, ya que el centro de la ciudad se transformó por completo en la Escocia del siglo XVIII.

Así fue excepto por una casa. Justo en el centro de la calle. El propietario se negó a permitir que la producción le pagara un cambio de ventanas por unas más «históricas». A pesar de ofrecerle reemplazar las ventanas y volver a colocarle después las suyas, el propietario se puso firme y seguramente pensó que aquel equipo de grabación era una pesadilla. ¿Y cómo le vamos a culpar? Cientos de personas del equipo, extras, caballos, barro y ruido llegaban todos los días a las cinco de la madrugada a su puerta. Yo también me negaría. De este modo, grabamos alrededor de la casa central e intentamos no hacer demasiado ruido. Sospecho que Graham era el propietario y estaba sentado dentro, en el salón, maldiciéndome, mientras trataba de liberar al joven de su pendiente del siglo XVII.

Otro lugar en el que rodamos fue el castillo de Aberdour, en el pueblo del mismo nombre. Es un lugar increíble e hizo las veces de abadía durante la primera temporada de *Outlander*. Jamie está convaleciente por las heridas que le ha provocado Jack el Negro Randall. Claire y sus amigos escoceses le rescatan al final llevándoselo en la parte trasera de un carro a un refugio seguro. Es uno de los dos castillos en pie más antiguos de Escocia, ya que algunas de sus partes se construyeron en el siglo XII y ha albergado figuras del calibre de la reina María I de Escocia o Roberto I Bruce.

Aquel día llevé a mi familia para que lo vieran. Mi personaje había sufrido torturas y violencia extrema y esperaba impresionar a mi madre con ciertas actuaciones «serias». Sin embargo, tras presentarle a los otros miembros y productores y «meterme en el papel», no volví a verla. Horas después, tras rescatar y poner a salvo a Jamie, cuando el equipo de maquillaje me quitó las cicatrices y lo «hube dado todo», fui a buscar a mis invitados.

Al parecer, no estaban cerca del equipo principal ni me vieron actuar, puesto que mi madre había quedado fascinada por el departamento de atrezo y estaba estudiando las distintas ollas, sartenes y demás parafernalia que adornaban el plató de *Outlander*. No obstante, también le impresionó el castillo… y los extras vestidos de monjes. «Muy realistas».

Como he dicho, esta zona de Escocia tiene costa y es una región marítima con muchos pequeños y pintorescos puertos y pueblos de pesca. El increíble muelle de Dysart, un puerto con nombre gaélico traducido como «retiro religioso o herencia», era el punto principal del comercio de sal entre los Países Bajos y los países bálticos, por lo que se ganó los apodos de «Villa de sal» y «Pequeña Holanda». Debido a su influencia holandesa, incluso tiene edificios sacados directamente de Ámsterdam, con tejas importadas de ese país. El puerto tiene, a un lado, unos increíbles muros de piedra, tallados en roca natural, que los convierte en una defensa impresionante y formidable contra el clima.

Estábamos grabando el comienzo de la segunda temporada de *Outlander:* cuando Jamie y Claire llegaron al puerto francés desde Reino Unido tras navegar en un barquito. El auténtico se llamaba The Reaper y se le rebautizó como Crystabel. Se trataba de un barco de pesca reformado. Durante la mayor parte de los siglos XIX y XX fue el tipo más habitual de navío pesquero en la costa este. Aquel día recuerdo que había un leal grupo de *fans,* los Outlandish Bakers, que, de alguna manera, nos encontraron de nuevo y trajeron al plató mis galletas de crema de cacahuete favoritas (y unas magdalenas sin gluten para Caitriona).

En *Men in Kilts,* visitamos Pittenweem, un puerto activo al norte de Dysart, con un ajetreado mercado de pescado. Se exporta el 95 % de la pesca, lo que es una pena, porque tenemos algunos de los mejores «frutos del mar» del planeta. Necesitamos comer más marisco local en Escocia, por lo que Graham y yo decidimos «aportar nuestro granito de arena» al subirnos a bordo de una preciosa barca de pesca llamada Karisma para recoger algunos moluscos frescos para la cena.

Vestidos con el traje completo de pescador de alta mar, un mono resistente al agua y unos gruesos guantes, Doig, alias el capitán Kirk, no sabía qué hacer con nosotros. Yo no paraba de hacer chistes sobre *Star Trek* mientras Graham negaba con la cabeza, avergonzado, ahora totalmente metido en su papel de «astuto lobo de mar»: llámame capitán McTavish. El auténtico capitán nos dijo que le encantaba su trabajo por la libertad y la emoción, además de que nunca había dos días iguales, a lo que Graham respondió que ser actor era igual. ¿Quién lo iba a imaginar? Sin embargo, el capitán Kirk tenía que ser valiente en el Atlántico Norte, y el capitán McTavish, en un hotel de cinco estrellas.

La tripulación izó una vasta red rebosante de langostinos. Dicha red soltaba su contenido en una cámara… y, sí, era evidente que allí se encontraba lo justo para que el delicado McTavish cenara. Al examinar la pesca, devolvimos al mar las langostas y peces pequeños (para que sea una práctica sostenible). Graham y yo nos sentíamos un poco mal por nuestros crustáceos cautivos y tratamos de manera sutil de soltar cuantos más mejor. Los lanzábamos por la cubierta cuando el capitán Kirk no nos miraba, por si nos atacaba con su pistola de rayos.

Solo después nos dimos cuenta de que la mayoría de las gambas fugitivas que habíamos dejado caer por la borda iban directamente a las mandíbulas de una bien alimentada y dócil foca gris que nos esperaba debajo.

Mientras poníamos a salvo a una pequeña langosta a escondidas, de repente vislumbré algo tan rosa y sin pelo como la cabeza de Graham, con un extraño orificio y una fea textura. Graham y yo lo miramos horrorizados... ¿Qué era eso? Se lo pase por delante de la cara antes de tirarlo hacia la gélida superficie azul. ¡Fue asqueroso!

Sin embargo, quizá pueda resolver el misterio aquí y ahora. Sé que gran parte del público de *Men in Kilts* tiene curiosidad por saber de qué se trataba, porque fue un poco inquietante. Tras muchas horas de investigación (en Google), concluyo que lo que vimos aquel día era... un tunicado, conocido en inglés como *Sea Pork* (cerdo marino). Sí, lo has leído bien, cerdo marino. ¡Una expresión asquerosa! A ver, algunas palabras no están hechas para combinarse entre sí, ¿verdad? En plan... *[Graham: ¿En plan Sam y Graham?]*. Como he dicho, era parte de la familia de los tunicados (criaturas marinas gomosas con «cuerpos similares a sacos»). Se encargan de filtrar el agua del mar para alimentarse de plancton. También se conocen como ascidias y presentan gran variedad de colores: rosa, rojo, verde y negro. Algunos son buenos chicos y otros son especies invasoras que se suben a las cubiertas de los barcos. ¡Caso cerrado!

[Graham: Gracias por este revelador pasaje sobre los tunicados].

[Sam: No puedes superar a un buen charlatán hablando de tunicados].

GRAHAM

El día en el mar con el capitán Kirk fue una parte memorable de nuestra aventura. Me encantó ver la trayectoria de la comida desde el océano hasta mi garganta, pasando por el barco y las manos de Tony Singh, todo en un solo día. También me gustó ver a Sam con un par de guantes diminutos.

Disfruto viendo a personas que hacen muy bien su trabajo. Ya sea un pescador, un chef, un pastor o un historiador. Cuando eres actor, por muy bueno o malo que te consideres, siempre debes lidiar con el hecho de que te pasas la vida fingiendo ser otra persona. Incluso hablamos de eso en el programa. Entre otras cosas, fingimos ser mejores jinetes de lo que somos en realidad. He sido policía, doctor, mercenario, jefe de guerra de las Tierras Altas, enano, *cowboy* del infierno, marinero en un petrolero, cura (¡dos veces!), psiquiatra, vampiro, mafioso ruso y general romano (¡y eso solo en los últimos años!). Sin embargo, solo he fingido ser todos ellos, lo que está bien, porque es mi trabajo, pero eso también significa que siento una auténtica admiración por quienes desempeñan esas funciones en la realidad (excepto por los vampiros).

La peor parte de la travesía marítima no fue que Sam descubriera un tunicado ni el momento en el que le dijo al asombrado capitán: «Que así sea», como referencia a *Star Trek,* no, fue subir y bajar la escalera del muro del puerto. Siempre he odiado las escaleras. Algunas personas pueden trepar y bajar como monos (Sam), pero yo asciendo y desciendo por ellas como un hipopótamo. Cuando por fin pude subir la escalera de la nave Enterprise (por Dios, ¡incluso yo me he metido en el juego!), Sam había preparado una barbacoa de carbón y estaba pasándolo de lujo con el fabuloso Tony Singh.

Me encasquetaron la misión de aplastar los ingredientes para preparar mantequilla de algas (suena fatal, pero está deliciosa) mientras Tony iba de un lado a otro haciendo que cocinar pareciera fácil. Cuando cocino, necesito silencio total y concentración. Nunca me alejo más de quince centímetros de la receta, que sigo religiosamente. Sam, por supuesto, me arruinó la diversión culinaria (como lo ha hecho con muchos otros momentos sagrados) al echar el cilantro molido desde el mortero que, después, me sopló en la cara y la sudadera, lo que me llevó a lagrimear por el escozor que sentía en los ojos, mientras Tony parloteaba entusiasmado.

Tony fue capaz de mostrarse divertido, comunicativo, ágil y despiadado al tratar con los distintos crustáceos que le habíamos llevado. Nuestras langostas y langostinos llegaron a la orilla vivitos y coleando. Se relajaron en las rocas, seguro que intercambiaron historias sobre su época juntos en el océano, se preguntaron por la familia y, por lo general, se comportaron de manera bastante sociable. Hasta el momento en el que Tony decidió cocinar los langostinos a la parrilla mientras seguían vivos o desmembrar las langostas ante nuestros ojos.

Como el mejor de los verdugos, Tony apenas nos avisó. Hizo una jovial referencia al Valhalla y, acto seguido, Bill, la langosta, y sus compañeros langostinos se vieron inmersos en el equivalente crustáceo a la horca, antes de que Tony los retirara y descuartizara.

He dicho «ante nuestros ojos», pero tanto Sam como yo nos giramos, incapaces de presenciar esa brutalidad casual a la que Tony sometía a nuestros compis oceánicos (después de todo, sentía que habíamos pasado por algo juntos en aquel barco y, además, he interpretado al rey Atlan en *Aquaman).*

Sam y yo hicimos un gran esfuerzo por acallar con nuestras voces el sonido de las cáscaras al romperse y el chisporroteo de los langostinos vivos llamando a sus padres marinos mientras le echaban un último vistazo al océano. Sin embargo, poco después, nos los comimos.

Y estaban fabulosos.

En serio.

Fantásticos.

Incluso mientras escribo, se me está haciendo la boca agua.

Lo que Tony hizo aquel día en las rocas del muelle de Pittenweem fue una especie de experiencia religiosa para mí. Las deliciosas especias indias se mezclaban con el toque salado del mar. Los últimos momentos de Bill y los langostinos en la Tierra se convirtieron, gracias a la magia de Tony Singh, en un instante culinario sagrado para Sam y para mí.

¿Me siento culpable?

¡No! Me siento hambriento.

SAM

Estoy obsesionado con los programas de cocina. «Porno culinario» me gusta llamarlo. Solía despertarme temprano todos los sábados y verlos durante horas *(Saturday Kitchen,* Nigella Lawson, *Chef's Table,* Rick Stein, Anthony Bourdain y, el que inspiró a los chefs malhablados, Keith Floyd). Uno de mis invitados favoritos en los programas de Reino Unido era el brillante cocinero escocés Tony Singh, MBE. Originario de Edimburgo, mi ciudad natal, pertenece a la cuarta generación de sijes y sabe un par de cosas sobre especias. Cuando hablamos sobre a quién incluir en el programa de *Men in Kilts,* supe que Tony sería nuestro hombre y no nos decepcionó.

Para acabar con nuestra resaca diaria, Tony decidió cocinarnos langosta con guindilla, ajo y mantequilla de algas. Asó los langostinos sobre una parrilla improvisada junto al mar e hirvió patatas nuevas en agua de mar recién cogida y algas. De verdad, es lo mejor que he probado nunca gracias al entorno, al sutil picante, al marisco fresco, a la luz solar, al ajo, a la guindilla y, quizá, a la compañía. Incluso ahora se me hace la boca agua cuando pienso en esa comida.

Tony fue un invitado excelente y no solo dio de comer a todo el equipo cuando fuimos hace poco a su casa para grabar algo de contenido promocional (pollo al curry, paté, sopa, queso y galletas saladas), sino que también nos hizo una barbacoa por la noche con hamburguesas caseras para aplacar el *whisky* Sassenach que tomamos durante la grabación. Por desgracia, Graham no pudo estar allí..., por lo que me comí (y bebí) su parte.

MANTEQUILLA DE ALGAS DE TONY SINGH
(Como aparece en *Men in Kilts*)

Ingredientes

250 g de mantequilla sin sal a temperatura ambiente
30 g de algas, mezcla a partes iguales de lechuga de mar y alga dulce morada, frescas a ser posible. Si no, rehidrátalas y córtalas muy finas
2 cucharaditas de semillas de cilantro tostado y molido
5 g de cilantro fresco lavado y secado, finamente cortado
1 guindilla roja sin semillas y finamente cortada
1 lima exprimida

Elaboración

Tuesta las algas en una sartén caliente sin aceite hasta que suelten su aroma.

Muele las semillas de cilantro tostadas hasta convertirlas en polvo. Utiliza un molinillo o mortero antes de mezclarlas con la mantequilla a temperatura ambiente. Añade los otros ingredientes (guindilla, cilantro fresco y zumo de lima). Comprueba si necesitas sazonarlo.

Limpia la superficie de trabajo con un paño húmedo y coloca una suave capa de papel transparente sobre ella. Pasa el trapo por dicho papel para eliminar cualquier arruga y coloca otra capa encima antes de alisarla con el trapo.

Coloca la mantequilla en el centro del papel transparente y envuélvela hasta formar un apretado cilindro. Asegura cada extremo con un nudo.

Deja enfriar, córtala y utilízala cuando sea necesario sobre los langostinos a la barbacoa.

LANGOSTINOS A LA BARBACOA DE TONY SINGH

(Como aparecen en *Men in Kilts*)

Normalmente seis por persona

Comienza preparando una buena y candente barbacoa.

Cuando el carbón esté caliente, coloca los langostinos en la parrilla. Cocínalos durante 3 minutos por cada lado (¡los langostinos un poco requemados están buenísimos!).

Cuando estén cocinados, sácalos de la parrilla y échales un chorrito de lima.

Coloca la mantequilla de algas sobre ellos.

Pela las colas e híncale el diente a esa jugosa carne. Recuerda untarlos en la mantequilla de algas fundida.

BEBIDA DEL MES

AQUA VITAE, DESTILERÍA LINDORES ABBEY

Elegir un *whisky* en esta región es complicado porque se encuentra dentro de las Tierras Bajas y hay bastantes destilerías consolidadas y potentes que hay que homenajear. Sin embargo, eso no quiere decir que Fife en concreto no tenga su historia o sea indiferente a un licor fuerte… o a doce. Al contrario, es una zona sagrada cerca de St. Andrews y es el camino que toman los peregrinos para ir allí. En esta zona se encuentra Lindores Abbey. Un amigo me contó hace unos años que había invertido en una destilería allí. Como se tarda un tiempo en fabricar y envejecer el *whisky,* la destilería Lindores Abbey había decidido imitar a los antiguos habitantes de la abadía y crear un *aqua vitae* tradicional.

A los escoceses les encantan los monjes o, al menos, los vinos generosos que producen. Buckfast es una bebida muy popular, elaborada en un principio por un grupo de monjes expertos de Inglaterra que vivían en la abadía de Buckfast (Devon). Dada su controvertida intensidad y contenido en cafeína, el vino tónico (no «tóxico») es popular en Glasgow, donde algunos lugareños lo beben para «poder continuar con su vida», porque es esencialmente combustible para un cohete.

Lindores Abbey elabora uno más suave y refinado que el que se encontraba en la zona a finales del siglo XV. Como precursor del *whisky,* era más afrutado (la abadía contaba con maravillosos huertos y bosquecillos de árboles frutales, cuidados por los susodichos monjes alcohólicos). Para entonces, beber se estaba convirtiendo en el deporte nacional que es hoy en día y la Corona quería procurar a su ejército una buena bebida que los llenara de energía en sus intentos por superar a los violentos guerreros marinos de las Islas Occidentales.

Mi amigo me envió una preciosa botella de licor y fue mi primer contacto con aquel líquido intenso con sabor a limón, especias, clavos y miel. La única vez que recuerdo haber bebido *aqua vitae (akvavit* o *aquavit)* con anterioridad fue en Copenhague junto a un agitado grupo de daneses, semejantes a vikingos, que apostaban en un juego de dados que apenas tenía reglas. Cuando terminó la noche y, tras múltiples *«Skol!»,* cantaba con fluidez en un idioma nórdico y estaba preparado para asaltar uno o dos monasterios.

Lindores Abbey también está destilando un *whisky* increíble que mis compañeros vikingos y yo nos morimos por probar.

Además, merece la pena mencionar a Eden Mill. Aunque son famosos por su ginebra, ahora han puesto a nuestra disposición gran cantidad de productos de otras marcas. Fueron los primeros en combinar la destilería y la elaboración de cerveza. Quizá es mejor no mezclarlas, a menos que quieras cantar tú también como un vikingo.

Skol!!!

AVENTURA DEL MES
PASEO MARÍTIMO DE FIFE

SAM

Y, después de la comida y el *whisky*, necesitaremos un paseo. No es una Munro, sino una espectacular caminata de 188 kilómetros por el paseo marítimo de Fife que no te puedes perder, aunque quizá es mejor no intentar hacerlo de una sola vez. Desde las orillas norteñas del fiordo de Forth, pasaremos por Kincardine, North Queensferry, el puente ferroviario de Forth y el recién construido puente de carretera de Forth (para un rápido paseo por el mar, puedes cruzar el puente con la vieja carretera desde el norte hasta el sur de Queensferry; tiene unas vistas maravillosas del puente ferroviario y está a una altura vertiginosa sobre el agua) y nos aseguraremos de detenernos en South Queensferry, un empedrado pueblo pesquero, para comer y beber algo.

Mientras grabábamos *Outlander*, nos alojamos varias veces en un lugar cercano, en Hopetoun House. Hizo las veces de casa del duque de Sandringham, entre otras localizaciones, en las tres primeras temporadas. Con los años, vimos cómo se construía el nuevo puente de carretera y recuerdo observar el día en el que ambos extremos se encontraron y conectaron. Jamie servía como padrino cautivo en la finca de Helwater. Para entonces, Murtagh se había deshecho del duque hacía mucho tiempo.

El paseo marítimo cruza Culross, un pueblo del siglo XVIII que nuestro equipo invadió en la primera temporada (Caitriona y yo fuimos a por una cerveza un día tras el trabajo, siguiendo nuestra costumbre, por lo que se podría decir que Jamie y Claire se tomaron algo en el Red Lion Inn). Si no has bebido demasiado, puedes continuar por la bahía de Dalgety y Burntisland, el castillo que convertimos en el monasterio en el que Jamie se recupera al final de la primera temporada. Si seguimos la costa, pasaremos por Dysart, el puerto desde el que partimos a Francia, y cerca de Pittenweem, donde Graham y yo pescamos gambas locales y e hicimos langosta a la barbacoa en la playa. Hay un increíble establecimiento de *fish and chips* en el que mimaron a todo el equipo de *Men in Kilts* con un *fish and chips* rebozado y donde le enseñé a mi amigo y socio Alex Norouzi las cebollas al escabeche. ¡Estaba horrorizado!

Bordeando Fife Ness, el faro que protege los barcos de la costa rocosa, al final te dirigirás hacia St. Andrews, la cuna del golf (más información dentro de un momento…). Tras dar el golpe inicial en el campo Old Curse y evitar los búnkeres y las dunas naturales, por fin llegarás a Dundee y a las orillas del plateado Tay, donde tanto Graham como yo actuamos en el teatro Dundee Rep hace muchos años. A los lugareños aún no se les ha olvidado.

SAM

Golf, un deporte que nunca me ha interesado ni he querido jugar. Sin embargo, en cuanto algo no se me da bien, me propongo ser bueno en ello. Así, decidí aprender a jugar al golf cuando visitamos los venerados campos de St. Andrews para *Men in Kilts*. Estaba tan seguro de que iba a ganar que hice una apuesta con McTavish: el perdedor del desafío de golf se bañaría desnudo en el Atlántico Norte. A regañadientes aceptó, pero se le pusieron los pelos de punta y, aunque admito que soy muy competitivo, Graham es igual de entusiasta.

Mientras caminábamos hasta la primera posición en el Old Course de St. Andrews, me esforcé por estar a la altura. Me comunicaba telepáticamente con Tiger Woods mientras Graham adoptaba una perspectiva más «tradicional»: Santa en chándal. Fue la primera vez que cogí un bate de golf o como lo llamen, pero sabía que tenía que golpear la bola. Fuerte. Graham ya había jugado y sabía la diferencia entre un *birdie,* un *eagle* y un aserejé. Me preparé para ser el primero, con manos temblorosas. Tenía que ganar, pero sabía que solo tenía un golpe.

¿Y si perdía? ¿Y si McTee me ganaba y tenía que pagar la deuda de un chapuzón en pelotas en el agua helada del Atlántico Norte? Cogí aire y traté de parecer uno de esos tíos de la televisión durante el Masters. ¿O es Crufts? Levanté el bastón y esperé que la gran pelota de golf que había en el cielo cruzara aquel puente en miniatura y aterrizara en algún lugar cerca del atractivo *pub* en el extremo más alejado del campo. *Ker-Ping.* Sin embargo, la pequeña bola no avanzó mucho por el aire, sino que se movió sobre el césped unos 275 metros bajo el sol poniente. Bueno, al menos había llegado a la primera base, o eso creí.

A mi lado se encontraba el viejo maestro Jedi en persona. El entusiasta y subjetivo *caddie* hizo un comentario sobre la ejecución. Me pregunté si, además, trabajaría como comentarista deportivo. *Ping.* McTavish movió su festiva y majestuosa figura y la bola dorada planeó y rebotó bajo la luz solar. De inmediato sentí náuseas. El frío del Atlántico Norte estaba cada vez más cerca. Nuestro querido *caddie* no se detenía ni para coger aire mientras soltaba un torrente de superlativos y admiraba el trabajo de Graham. Comencé a sentir que el viejo perro me había estafado y sospeché que había estado despierto hasta el amanecer, practicando su mate.

Graham me había ganado por cuatro o cinco metros. De eso me informó el *caddie* con una sonrisa feliz. Graham siguió ganándome con un golpe de *putt,* algo parecido al billar, pero que se juega de pie, donde uno no golpea con fuerza la bola (¿cuál es la gracia?), sino que trata de colarla en una pequeña ratonera.

Unos días después, el equipo y yo visitamos un campo de prácticas, armados con una enorme botella de *whisky.* Cuando estaba a punto de terminar la botella, golpeaba la bola a los cuatro vientos. Si primero hubiera bebido un poco en St. Andrews o hubiera practicado más…

Incapaz de perder, le sugerí a Graham que aquel fuera el comienzo de una serie de actividades deportivas. Me miró fijamente. «Mmm. Vale», dijo. En ese momento supe que solo una persona iba a nadar en las heladas aguas escocesas y, ganara o perdiera, no iba a ser Graham.

GRAHAM

Una de las grandes alegrías de escribir este libro, igual que sucedió con nuestra primera obra literaria, es la oportunidad de disfrutar de distintas perspectivas del mismo acontecimiento. Me gusta llamarlo diferencia entre la verdad y la ficción. Samsagaz nos ha regalado la ficción (muy entretenida, por cierto), ahora llega el turno de esa infame aguafiestas: la verdad.

La vena competitiva de Sam le precede. Cuando le mencioné a Caitriona Balfe que Sam y yo quizá competiríamos en algunos deportes, me avisó: «Ten cuidado, no le gusta perder».

En honor a la verdad, a mí tampoco me gusta perder. Prefiero ganar. En ese sentido, Sam ha dado en el clavo con su descripción de los hechos. Sin embargo, tras eso, ha maquillado la verdad a lo grande, buscando en vano lo ocurrido en realidad, pero encontrando solo los desvaríos de una imaginación ferviente. En algún punto, Sam sugirió que hiciéramos una apuesta golfista. Me puse nervioso. La única razón por la que podía ofrecerme aquello era por su fe ciega en que me iba a dejar para el arrastre en el campo Old Course de St. Andrews. Dudé.

«¿Qué pasa si pierdo?».

«Te bañas desnudo en el Atlántico Norte», respondió alegre.

Creo que la única razón por la que acepté fue porque no era capaz de imaginarme el frío que debía hacer y porque aún tenían que pasar tres semanas (se le olvidaría, me perdonaría, sentiría pena o las tres cosas a la vez y escaparía de aquel baño congelapelotas). También sabía que no podía negarme. Al hacerlo le invitaría a una serie infinita de acusaciones de cobardía y le daría el derecho de fanfarronear durante el resto de la grabación, o tal vez para toda la eternidad.

«Vale», murmuré.

«Prepárate para mojarte el culo, McTavish», ladró.

Fue en ese momento cuando le pregunté si había jugado al golf antes.

«¿Tú?», se interesó.

«Dos veces», contesté, «en 1992 y lo odié en ambas ocasiones. ¿Y tú?».

«Un par de veces», dijo de manera evasiva.

«¿Cuándo?», insistí.

«No lo sé, quizá hace un par de años». Fue en ese momento cuando no pudo resistirse. «En realidad, gané a un golfista semiprofesional. ¡No se lo podía creer!», cacareó mientras me entraban náuseas.

¡¡¡Había ganado a un golfista semiprofesional!!!

Sabía que estaba condenado. Ya comenzaba a sentir el frío. Llegó el día. Traté de poner mi cara de valiente, pero sabía que no valía la pena. El *caddie,* Dave, siempre estaba feliz (reminiscencia del posible comportamiento de un verdugo de las horcas medievales). Nos guio a través de las lecciones más básicas y Sam pidió jugar primero.

Lo observé con ese sentimiento que solía tener en el colegio. Ya sabes, ese que se tiene cuando ves al capitán del equipo anotar otro tanto antes de que sus compañeros lo vitoreen mientras estás ahí de pie, congelado en alguna esquina alejada del campo, contemplando cómo se te ponen azules las piernas por el frío.

Movió el palo formando un reluciente arco y el inconfundible sonido de la bola de golf al golpearla retumbó por la calle. Cayó a cierta distancia entre murmullos elogiosos por parte del *caddie* Dave (también conocido como Fraser Riddler). Creo que algunos espectadores aplaudieron, al mismo tiempo que el sol brillaba sobre la motita blanca antes de desaparecer por la calle. Lo había clavado.

Fue algo directo, cierto, y lejano.

Traté de sonreír, lo que en realidad es probable que se pudiera confundir con una indigestión mezclada con un hombre a punto de cagarse encima. Menos mal que opté por los pantalones de *tweed* marrón.

Cogí mi *tee* y caminé hasta mi posición en un intento de mostrar indiferencia, pero a sabiendas de que estaba a unos segundos de oír a Heughan decir: «¡Oh, mala suerte, compañero! Ya encontraremos tu bola cuando la devuelva la marea».

En ese instante me di cuenta de que no merecía la pena preocuparse. Iba a perder. Iba a tener que nadar. Desnudo. Punto final. Con esa certeza, de repente me sentí aliviado. Me relajé. Miré la bola. Y la bola me devolvió la mirada (un poco como el abismo de Nietzsche). Miré hacia la calle y cogí el palo con ambas manos, listo para balancearlo.

En ese momento me percaté de que Sam estaba hablando: «¡No falles, tío! Recuerda en qué dirección debes golpearla...» y otras palabras de ánimo. Y la golpeé.

Con mi vista, no tenía esperanzas de seguir su trayectoria. Fue solo el «¡Vaaaya!» del *caddie* Dave lo que me alertó de la posibilidad de que no fuera un completo desastre. Luego, me giré hacia Heughan. Ahí no había malentendidos. Tenía el pecho deshinchado y la mandíbula un poco abierta, con los ojos vidriosos y llenos de premonición.

Caminamos hasta donde habían aterrizado nuestras bolas. Incluso en la distancia, podía ver lo que había ocurrido. Aquí es donde la versión de Sam se aleja todavía más de la realidad. Como dijo Dave (a la cámara), mi bola había aterrizado casi catorce metros más allá de la de Sam, justo en el medio. Iba incluso por delante cuando Sam golpeó la bola para tratar de alcanzar la mía. Catorce metros, lo que, desde mi rudimentario entendimiento de matemáticas, son casi tres veces cinco metros.

No me siento orgulloso de ese hecho, pero sí, hablé largo y tendido de lo lejos que estaba mi bola en comparación con la de Sam. También admito que, cuando insistió en probar con un golpe de *putt* para igualar la puntuación, es probable que hiciera un largo y llamativo bailecito de felicidad al ganarle en eso también. Y sí, vale, hablé mucho sobre el tema el resto del día y quizá de la semana, pero, como he dicho, no estoy orgulloso. Fue un poco infantil y, en definitiva, desproporcionado.

Sin embargo, en ese momento, fue como si tras años siendo el último elegido en el fútbol por fin encontrara la manera de rebelarme.

Había ganado. Creo que me quedé con ambas bolas. Quizá escribiera el número 1 en la mía y el número 2 en la de Sam. No me acuerdo; pero sí que recuerdo buscar la definición de *Schadenfreude* aquella tarde.

Dejaré que Wikipedia lo explique: «*Schadenfreude* es una palabra del alemán que designa el sentimiento de alegría o satisfacción generado por el sufrimiento, infelicidad o humillación de otro». Quizá incluso me apeteciera utilizar esa palabra como título de ese episodio en *Men in Kilts*. Sin embargo, eso sería ir demasiado lejos... catorce metros más lejos.

[Sam: Nunca va a dejar de regodearse por eso].

BEBIDA DEL MES
COMBINADO DE *WHISKY* DE ATHOLL BROSE

SAM

Una de las historias sobre cómo surgió Atholl Brose es el cuento de Dougal (¿MacKenzie?) y Graham, el gigante de Atholl. Hace mucho tiempo, este gigante que medía un metro noventa y cinco (poco más que yo) aterrorizaba la región de Atholl (la parte norte de Perthshire), ya que asaltaba la tierra en busca de comida para aplacar su apetito insaciable. Robaba cereales de los graneros, *lattes, macchiatos,* barritas de proteínas (¿os suena?) y ganado, pero su estómago seguía rugiendo. Ni siquiera los paquetes familiares de galletas le saciaban y pronto el pueblo de Atholl comenzó a morirse de hambre.

Dougal, un cazador local, hirviendo de rabia por los asaltos constantes de Graham, el gigante en busca de sustento, planeó echar del territorio de Atholl a este hambriento coloso. De este modo, una noche fue al valle del gigante y se escondió entre sus reservas de *whisky* y tentempiés, que incluían frutos secos, avena, miel, barritas de proteínas y galletas. Cogió un puñado de avena y lo metió en el vaso del gigante antes de añadir miel y una pizca de *whisky* y removerlo bien. Luego, colocó algunos frutos secos salados y *pretzels* cerca del sillón favorito del gigante y esperó.

Cuando Graham vio la bebida y los aperitivos, se le iluminaron los ojos de entusiasmo y le rugió el estómago. Sí, es cierto que él prefería un sauvignon blanc, pero en aquel entonces era difícil encontrarlo, por lo que había aprendido a cogerle cariño (mucho más que nuestro Graham de hoy en día) al *whisky*. Se comió los frutos secos y los *pretzels,* se bebió la ración de *whisky* de Dougal y, por fin, se quedó dormido con la boca abierta, roncando como un potamoquero de río (jabalí salvaje), igual que siempre.

Dougal se echó a reír mientras le rajaba la garganta de un lado a otro (te gustan las historias violentas, Perro Gris) y, al ser un hombre de igual apetito que el gigante, le robó todo el alcohol y los tentempiés. Dougal regresó a casa como un héroe y su receta del combinado de *whisky* de Atholl Brose pasó de generación en generación.

Esta es la receta tradicional según la prepara el actual duque de Atholl: *[Graham: ¿Amigo tuyo?]. [Sam: Por supuesto].*

Ingredientes

Whisky escocés (no demasiado ahumado)
3 cucharaditas de copos de avena cortada al acero
2 cucharaditas de miel

Elaboración

Introduce la avena en agua durante unas horas hasta que espese (para un sabor más fuerte, introdúcela en *whisky).* Colócala sobre una muselina o un par de medias limpias (Graham va a llenar la casa de medias) y quítales el exceso de líquido. Retira la avena y las medias (utilízalas para limpiar las botas Palladium o guardar las cebollas, pero ese es otro consejo).

Vierte la cremosa avena en una coctelera de plata, añade dos cucharaditas de miel y cuatro medidas dobles de *whisky* y agita bien la mezcla. Sírvela en copas *coupe*.

CLAN MURRAY

GRAHAM

¡Maravilloso! Un vínculo impecable y alcohólico con los Murray de Atholl... Casi parece que seguimos un plan en nuestros desvaríos. Los Murray son un clan muy antiguo, aunque recuerda que ninguno es lo que llamaríamos «reciente».

El lema de los Murray es *Furth, Fortune, and Fill the Fetters,* lo que se traduciría por «Ve contra los enemigos, roba todo lo que no esté clavado al suelo y trae a casa muchos cautivos». Es el tipo de lema que es probable que Genghis Khan bordara en la carona de su poni mongol mientras cruzaba Asia alegremente.

Son descendientes de un noble flamenco cuyo nombre (y no me lo estoy inventando) es Freskin. Por suerte no tenía que ir al colegio, donde se meterían con él sin descanso, sobre todo los días que hacía frío. Navegó por todo Flandes con unos tipos que supongo que tenían nombres igual de raros, bajo las órdenes del rey escocés del siglo XII. El apellido de Freskin era «de Moravia», que se convirtió en «Murray» por el acento escocés, seguro que porque no les apetecía mover el culo y pronunciarlo de forma correcta. Me imagino que su nombre sí que lo pronunciaban bien.

Desde entonces, sin embargo, los descendientes de Freskin gozaron de gran importancia y fama histórica. Lucharon con notable valor en las guerras de la independencia. El jefe, Andrew Murray, murió en la batalla del Puente de Stirling en 1297. Su hijo se casó con la hermana de Roberto I Bruce.

En 1490, el clan se involucró en una de esas batallas de las Tierras Altas que hemos llegado a conocer y amar. Fue la batalla de Knockmary entre los Murray y los Drummond. Todo parecía irles bien a los Murray hasta que dejó de ser así. Alejados del campo de batalla por los Drummond, que habían conseguido refuerzos (seguro que en el *pub* local), los Murray decidieron refugiarse en una pequeña iglesia cerca de Crieff.

«Buena jugada», te oigo decir.

Los Drummond no podían encontrarlos, pero, entonces, uno de los Murray (quizá el que tenía más dificultades mentales que el resto de los miembros del clan) decidió lanzar una flecha a uno de los Drummond, lo que llevó a todo el clan a la puerta de la iglesia. En ese momento, como los Murray se mostraban reticentes a salir para tener una charla incivilizada, los Drummond juntaron gran cantidad de madera combustible en torno a la iglesia y la quemaron hasta los cimientos.

En total, 160 Murray murieron en aquel holocausto. Solo uno se salvó gracias a un Drummond sentimental que lo reconoció como familia. «¡Ayyy, eres tú, Tam, sal de ahí!». Esperemos que no fuera el que lanzó la flecha.

En el siglo XVI, el jefe del clan, Murray de Tullibardine, tuvo un impactante número de hijos. Diecisiete en total. Es posible que el jefe del clan Murray fuera el hombre más fértil de Escocia. Me pregunto por qué se detuvo en el decimoséptimo. Agotamiento por parte de su esposa, supongo. Seguro que Murray estaba preparado para llegar al vigésimo.

Se podía pensar que se detendría en el número doce, pero no, quería el equipo de *rugby* entero más los sustitutos. O quizá perdió la cuenta. ¿Podía contar más allá del diez? Quién sabe. De lo que estamos seguros es de que su mujer estuvo embarazada durante al menos diecisiete años. ¿Se acordaría de todos los nombres? ¿O utilizaba números? Sin duda tuvo que construir una nueva mesa de comedor cada año para acomodar a los pollitos Murray en las reuniones familiares. Me imagino a Tullibardine gritándole a uno de sus hijos desde el otro extremo de la mesa para que le pasara la sal.

«¡Pásame la sal, hijo!».

«¿Cómo?».

«¡¡¡La sal!!!».

«¿¿¿La qué???».

«¡La puta sal, sea cual sea tu nombre!».

De cualquier manera, uno de sus múltiples hijos acabó «partiéndole la cara» al conde de Argyll con el puño de la espada. Cualquiera que haya tenido entre los dedos una espada de cesta no querría que le golpearan con la empuñadura en la cara. Definitivamente escuece. Por desgracia, el hijo número 14 lo hizo delante del rey, por lo que fue expulsado del reino de inmediato.

Sin embargo, no se había acabado todo para el hijo desterrado, Will Murray. En su ausencia, el pueblo comenzó a sustraer el correo del rey y robar y degollar sus vacas; en general, les importaba todo un comino. El rey estaba tan desesperado que se le escuchó gritar: «¡Ojalá Will Murray estuviera aquí!». A esto, alguien (quizá el hijo número 12) contestó: «Will estaría encantado de volver si le promete que no lo va a matar».

El rey así lo prometió, Will Murray volvió y se puso a trabajar de inmediato para asegurarse de que se devolvía todo el correo, junto con el ganado perdido. Sin duda, su espada con empuñadura de cesta tuvo algo que ver en esto. Como recompensa, el rey enseguida lo convirtió en «lord Comptroller» (¡sea lo que sea eso!).

La moraleja de la historia es: «Si vas a partirle la cara a alguien con la empuñadura de la espada frente al rey, asegúrate de ser bueno recuperando vacas perdidas».

En 1549, los Murray lucharon junto a los Campbell de Argyll (sí, Argyll, el de la cara rota). Esto es muy normal en la historia de los clanes. Eres enemigo de alguien un día y, al siguiente, sois amigos. Un día eres familiar de alguien y, al siguiente, tratas de quemarlo vivo en una iglesia. En esta ocasión, era un encuentro de primera en la batalla de Glenlivet. No, no estaban tomando *whisky* Glenlivet aquel día. Heughan les habría vendido su Sassenach si hubiera podido traspasar las piedras, sin duda. Uno de los equipos contaba con 1000 Murray, Campbell, Forbes y Mackintosh. En el otro había 200 hombres del clan Comyn, Gordon y Cameron. No hubo ningún premio para el equipo que ganó aquel día.

Pasamos a 1644. El jefe del clan, James Murray, le dio la bienvenida al castillo de Blair al líder monárquico James Graham de Montrose. Sin embargo, poco después Murray guio a 1800 hombres contra Montrose en la batalla de Tippermuir. Así de inconsistentes son las alianzas en las Tierras Altas.

Es posible que el miembro más famoso del clan, después del actor Bill Murray, sea el señor George Murray, el segundo al mando del príncipe Carlos Eduardo Estuardo en Culloden.

Tras esa derrota crucial, Murray huyó y murió en Europa. Mientras estaba allí, trató de visitar al igualmente exiliado príncipe, pero se le negó una audiencia con el Joven Pretendiente.

Hasta la actualidad, el clan Murray asegura tener el honor de poseer el único ejército privado de Europa, los Atholl Highlanders (intenta decir eso tras demasiadas copas de *whisky).* La reina Victoria le otorgó este privilegio en 1845 y lo han disfrutado desde entonces, supongo que junto a Mons Bolin de Finlarig (para más información sobre Mons, dirígete a *Tierra de clanes).*

En resumen, seguro que ver a Bill Murray a partir de ahora será una experiencia distinta…

SAM

Si no tomamos en cuenta a Jenny e Ian Murray, los cuñados ficticios de Jamie Fraser, el Murray más famoso que se me viene a la mente es Andy Murray, el mejor tenista de Escocia, que inspiró el *slang* de «ir a por un Murray» para referirse al curry. Mi preferido es el *chicken korma,* pero también te puedo decir que Andy Murray es una verdadera leyenda escocesa, conocido no solo por ser un excelente deportista, sino también por su humor socarrón y divertido, típico de Escocia. Ver una entrevista de Andrew te enseña que menos es más. A veces juega dobles con su hermano Jamie y sé que no tendría ninguna oportunidad de darle a la bola tras cualquiera de sus saques. ¡Quizá podríamos desafiarlos McTavish y yo!

La reina lo ha condecorado por su servicio al deporte. El señor Andrew Barron Murray OBE se ha convertido en el número uno mundial, ha ganado tres títulos individuales Grand Slam (incluidos dos en Wimbledon) y ha llegado a once finales importantes.

Lo vi ganar en Wimbledon desde el círculo polar ártico en Noruega en el verano de 2016. La red wifi iba tan mal que cada golpe llevaba cinco o seis segundos de retraso. Cuando supe que había ganado el campeonato, el resto de Escocia y Reino Unido ya lo estaban celebrando. A la mañana siguiente, para conmemorar la victoria, nos metimos en el océano Ártico y nos dimos un baño bajo cero.

APUNTES SOBRE LA NATURALEZA
MIGRACIÓN DE LA BALLENA JOROBADA

SAM

Desde enero hasta marzo se produce la migración anual de las ballenas del Atlántico Norte, cuando se marchan de su zona de alimentación invernal en aguas árticas y viajan por el océano a las áreas de apareamiento y cría en las aguas tropicales del Caribe. ¿Quién no lo haría? El viaje anual de regreso puede superar los 15 000 kilómetros y es uno de los viajes migratorios de mamíferos más largos de la Tierra.

De este modo, para aquellos que quieran enfrentarse a la costa este de Fife, de enero a marzo es el mejor momento para echarles un vistazo o a veces también alrededor de las Islas Occidentales.

DATOS CURIOSOS SOBRE LAS BALLENAS JOROBADAS DEL ATLÁNTICO NORTE

- Son una especie de ballena barbada.
- Pueden vivir hasta 70 años.
- Tienen una longitud de 12 a 16 metros y pesan en torno a las 25 o 30 toneladas.
- Dieta: peces pequeños y camarones.
- Las ballenas jorobadas del Atlántico Norte cantan una canción distinta a las del Pacífico Norte.
- Cantidad: 12 000 en el Atlántico Norte. 80 000 en el mundo entero. Se ha hecho un esfuerzo coordinado para protegerlas, lo que ha salvado a las ballenas jorobadas de la extinción, aunque el trabajo continúa.
- *Megaptera novaeangliae* significa «nativa de Nueva Inglaterra con grandes alas», ya que muchas se vieron en la costa de Nueva Inglaterra en América.

Ver ballenas jorobadas en la costa de Escocia solía ser algo normal. Yo mismo, de pequeño, recuerdo ver una en el paso hacia la Isla de Eigg. Ahora es más habitual ver delfines porque intentan seguir a los ferris, «subirse a una ola» o actúan como matones del mar del Norte. Me encanta su felicidad y su sentido de la diversión. Creo que fui un delfín en otra vida. Ya te puedes imaginar quién fue una ballena lenta y gruñona…

Tras siglos de caza de ballenas y, debido a la actual pesca de langostas y cangrejos con redes, el número de ballenas jorobadas en la costa de Escocia ha decaído enormemente. Sin embargo, la buena noticia es que desde 2017 las ballenas jorobadas han comenzado a regresar al fiordo de Forth y a la costa de Edimburgo. Al parecer para usarla como estación de servicio donde tomarse un café rápido *(latte)* y un sándwich (o doce y robarme una barrita de proteínas) antes de echarse a la oceánica autopista de nuevo.

La última vez que me acerqué a una ballena estaba en el Ártico, en la costa de Noruega.

[Graham: ¿Sabías que las ballenas eyaculan 1500 litros de semen y un 90 % queda en el mar?].

[Sam: ¡Por el amor de Dios!].

Estaba grabando una película de cine independiente llamada *Heart of lightness,* basada en *La dama del mar,* de Ibsen, dirigida por un carismático y famoso chef noruego. Una vez en Oslo, ocho actores se subieron a un tren y un ferri o dos hasta llegar al fin al círculo ártico. Sin embargo, antes de que pienses en la nieve, el hielo o Shackleton *[Graham: Continente equivocado],* era verano. De este modo, en lugar de la tundra ártica, nos encontramos con una luz solar constante (24 horas al día), fiordos, vida salvaje, bebidas espirituosas y alguna ballena ocasional.

Jan Vardoen era el propietario de varios restaurantes de Noruega y había enviado una caja de buen vino, carne, queso, especias, chocolate y puros (¡ah, y a su jefe de cocina!) a nuestro campamento base, una vieja escuela en la isla principal, cerca de, bueno…, ninguna parte, en las tierras salvajes noruegas. Aun así, a pesar de la abundancia de deliciosa gastronomía, una de las primeras comidas que nos ofrecieron fue… una ballena. Un filete de ballena.

Me horrorizó y entristeció que siguiera siendo una *delicatessen* local. De ese modo, durante ese tiempo, decidí volverme vegano. Durante días, comimos como los vikingos (a base de plantas), bebimos las cervezas locales Ole y Bassard (fuente de gran diversión) y esperamos para grabar la película. Todas las mañanas corríamos desde nuestro alojamiento, desnudos y asustando a la fauna local, para meternos en el océano Ártico. El desafío era ver quién se quedaba más tiempo en el agua. Creo que el récord fueron dos minutos. El ganador, orgulloso de salir victorioso, tenía más frío que Graham en un congelador sin uno de sus preciados termos.

Un día teníamos que grabar en un barco, por lo que nos adueñamos de uno y nos metimos en el vasto océano. Tan pronto como abandonamos el puerto, una enorme ballena jorobada surgió tras nosotros para tomar aire. Gunnar, el capitán, nos dejó oír el sónar. Las ballenas cantaban mientras se sumergían antes de quedarse calladas durante veinte minutos. Se metían a mayor profundidad para volver a emerger y romper el agua como un submarino orgánico. Preciosa y majestuosa, nos colocamos junto a nuestra nueva amiga, la ballena jorobada de quince metros, mientras tomaba aire. Extendí la mano para tocarla y, con un enorme impulso de la cola, salió disparada y se sumergió en el agua helada de nuevo. Regresamos a nuestro campamento base aquella noche y el director y dueño del restaurante nos prometió no volver a comer carne de ballena nunca más.

Como he dicho, cuando conocí a mi amiga la ballena escandinava, ya había visto algunas en el ferri que va a la Isla de Eigg. Cuando era niño, solía ir en verano para visitar a mi tío, que vivía y trabajaba en aquella isla mágica. Era diminuta, con una sola carretera y un puñado de isleños. Se trataba un lugar remoto y místico con charcos llenos de cangrejos, playas doradas, águilas de mar y delfines comunes que te acompañaban al llegar.

Al caminar a través de las «dunas cantoras», una playa dorada que chilla a cada paso, hacia la famosa cueva de la masacre de los MacDonald (y quizá el lugar donde se escondió el príncipe Carlos Eduardo Estuardo), te encuentras con un horrible hedor y la cacofonía de los pájaros. Un enorme esqueleto blanco y al descubierto se encuentra en la playa. Como en una conversación sobre el esqueleto de un dinosaurio en un museo o una antigua estructura abandonada por una civilización desaparecida, los pájaros se posan sobre el esqueleto de ballena y gritan mientras pasas. Los fragmentos de sebo descompuesto me fascinaban de pequeño. Este gigante del mar había encontrado su lugar de descanso final y me entristecía que no fuera en las profundidades del océano gris o llenándose los pulmones con el fresco aire escocés antes de sumergirse de nuevo en el interminable mar de las Hébridas y la cálida corriente del golfo.

¡GRANDES ESCOCESES!
NACIMIENTOS, MUERTES Y ACONTECIMIENTOS SIGNIFICATIVOS

3 de marzo de 1847 – Nace Alexander Graham Bell, inventor del teléfono, en Edimburgo.

4 de marzo de 1890 – Se abre el puente de Forth, un puente ferroviario voladizo a través del fiordo de Forth en el este de Escocia, a 14 kilómetros al oeste de Edimburgo central.

5 de marzo de 1790 – Muere Flora MacDonald. Como se describe en la canción *Skye Boat,* ayudó al príncipe Carlos Eduardo Estuardo a escapar de las tropas del Gobierno y le refugió en la isla de Skye. Después, apoyó a la Unión y sirvió de celebridad para el Gobierno, además de retractarse de sus acciones y su apoyo a los jacobitas. Murió en la misma cama en la que había dormido el príncipe Carlos durante su huida a Kingsburgh (Skye).

6 de marzo de 1708 – El príncipe Jacobo Estuardo, el Viejo Pretendiente, navega desde Dunkirk por Escocia con 5000 soldados de infantería y una flota francesa, preparado para llevar a cabo una rebelión jacobita contra la reina Ana.

7 de marzo de 1744 – Se funda la Honorable Compañía de Golfistas de Edimburgo.

SAM

En el club de golf más antiguo del mundo, la Honorable Compañía de Golfistas de Edimburgo, se redactaron las doce reglas del golf para la primera competición, en la que el ganador recibió un Silver Club (ale, ahora ya sé cómo se llama, lo he buscado). Uno de los primeros en conseguir dicho trofeo fue un hombre llamado John Rattray. No solo era un golfista excelente, sino también el cirujano general del ejército jacobita y el médico personal del príncipe Carlos Eduardo Estuardo. Tras la derrota de Culloden, junto con otros soldados jacobitas, llevaron a John a la prisión de Inverness, donde fue condenado a muerte hasta que... sus contactos golfistas le salvaron la vida.

Duncan Forbes, presidente del Consejo, uno de los jueces más experimentados de Escocia y compañero habitual de golf de John en los campos Leith, intervino para salvarle el cuello. Gracias a Duncan, John vivió para jugar otros cinco hoyos (en aquel entonces, esa era la extensión del campo) y en 1751 ganó el codiciado Silver Club mientras continuaba ejerciendo la cirugía en Edimburgo. Como ves, «no es lo que conoces, sino a quién conoces».

[Graham: En ese caso, estoy perdido].

8 de marzo de 1859 – Nace Kenneth Grahame en Edimburgo

GRAHAM

Kenneth Grahame fue el autor del maravilloso clásico infantil *El viento en los sauces,* el libro que más veces he leído. Debo haberlo hecho unas diez veces, entre las que se cuentan cuando se lo leí a mis dos hijas. La primera vez que supe de su existencia tenía unos cinco años y mi madre lo eligió como historia para leer a la hora de dormir. Es un placer leerlo desde la descripción inicial de la limpieza de primavera del Topo hasta la batalla final contra las comadrejas en la mansión del Sapo.

Los personajes de Topo, Rata, Tejón y Sapo me parecían muy reales cuando era un crío. Sus aventuras, sobre todo su amistad, me han acompañado mientras crecía. Incluso ahora, al escribir esto, recuerdo el capítulo *El flautista en el umbral del alba,* que es la evocación más perfecta de la naturaleza que he leído nunca.

Me moría de ganas por vivir en su mundo, con la calma del río y las otras experiencias del Bosque Salvaje. La casa del Tejón en dicho bosque es el paradigma de la seguridad en un mundo peligroso.

En 1995, tuve la suerte de participar en la película basada en el libro y dirigida por Terry Jones, donde interpretaba a una comadreja borracha. En aquel momento, estaba haciendo *Ricardo III* en Londres. Terry me quería en la peli, pero solo tenía un par de días libres para dedicárselos.

Me vestí con mis dientes de comadreja y una cola mecánica y tuve el placer de que el legendario actor shakesperiano, Nicol Williamson, que hacía de Tejón, me lanzara un barril a la cabeza.

Aquella noche, tras el rodaje, Nicol me invitó a su caravana para tomarnos una copa. Yo esperaba que fuera una lata de cerveza, pero, cuando entré, tenía literalmente instalado un barril de cerveza en la caravana del que procedió a servirnos varias pintas espumosas. ¡Era de la vieja escuela! Era algo que un Tejón haría. Por supuesto, ¡¡¡era escocés!!!

10 de marzo de 1916 – Nace James Herriot (también conocido como James Alfred Wight), autor de *Todas las criaturas grandes y pequeñas. [Sam: Cuando era un crío, me encantaba esta colección de libros y siempre quise interpretar a James Herriot. Graham tiene una buena historia en la que se encontró con el brazo atascado en el trasero de una vaca (¡es cierto!), quizá él también quería ser veterinario].*

13 de marzo de 1873 – Se funda la Asociación Escocesa de Fútbol.

16 de marzo de 1995 – Muere Simon «Shimi» Fraser, 15.º lord Lovat. Decisivo en el desarrollo de una unidad tipo comando en el Ejército británico, recibió una DSO (por sus siglas en inglés, Orden de Servicios Distinguidos) en la batalla de Diepe, en 1942 y, en 1944, guio a la 1.ª Brigada de Servicios Especiales durante el desembarco de Normandía (Día D), junto a Piper Bill Millin (ver «Junio»). Se le condecoró con la cruz militar y los franceses le otorgaron la Legion d'honneur y la Croix de guerre.

17 de marzo de 1984 – Escocia gana el Grand Slam de *rugby* en Murrayfield por primera vez en 59 años.

20 de marzo de 1814 – Nace el doctor John Goodsir en Anstruther, Fife. Demostró en 1842, dieciocho años antes que Louis Pasteur, quien se llevó el mérito del descubrimiento, que las bacterias, causantes de enfermedades, se podían destruir con un veneno concreto.

21 de marzo de 1925 – Se abre el estadio Murrayfield de Edimburgo. En el primer partido, Escocia derrotó a Inglaterra 14-11 y ganó su primer Grand Slam, algo que solo se repetiría en 1984 y 1990. ¡Tomaaa!

23 de marzo de 1848 – Llegan los primeros colonizadores escoceses a Dunedin, Nueva Zelanda. *[Sam: Incluido el señor Graham McTavish]*.

27 de marzo de 1871 – Primer partido de *rugby* internacional entre Escocia e Inglaterra (20 en cada equipo). Se jugó en el Raeburn Place. Escocia ganó, por supuesto. ¡Tomaaa de nuevo!

28 de marzo de 1642 – Archibald Campbell, primer marqués de Argyll y jefe del clan Campbell, forma el Regimiento de Guardias Escoceses. Al principio se llamó Regimiento Real del Marqués de Argyll. El lema de los soldados de infantería es: «Nadie me ataca sin castigo». Cuando están de servicio, se les puede ver como centinelas en el exterior del palacio de Buckingham, vestidos con las características túnicas escarlatas y el penacho de piel de oso.

31 de marzo de 1950 – Nace el actor Robbie Coltrane (Anthony Robert McMillan) en Rutherglen. *[Sam: Un estudiante de la Escuela de Arte de Glasgow que interpretó a la perfección a Hagrid en las películas de* Harry Potter. *Su hija, Alice McMillan, participó a la segunda temporada de* Outlander *como Molly Cockburn]*.

31 de marzo de 1971 – Nace el actor Ewan McGregor en Perth.

SAM

Trainspotting es una de mis películas escocesas favoritas y soy un gran admirador de Ewan McGregor, por lo que me entusiasma anunciar que me enfrentaré a él y a Mark Strong en el Everest el año que viene. Me encantó la serie de televisión

El mundo en moto de Ewan y Charley Boorman. Recorrieron el mundo a lo largo y a lo ancho en motocicleta, lo que me da una idea para nuestra próxima aventura, moto y sidecar... ¿Graham?

[Graham: Una pena, Sam, que en ese momento estaré ocupado clavándome agujas en los ojos].

ABRIL

Clan Fraser de Lovat
Lema: *Je suis prest* ('Estoy preparado')
Territorio: Este de Lothian, Aberdeenshire

FECHAS CLAVE

1 **El Glorioso Primero. Comienza la temporada de caza del *haggis***

PASCUA

22 **Día de la Tierra**

23 **Nacimiento de William Shakespeare**

30 **Cumpleaños oficial de Sam Roland Heughan (Tauro, 1980)**

Finales de abril: Festival del *whisky* Spirit of Speyside

EL GLORIOSO PRIMERO DE ABRIL

GRAHAM

Tocamos el tema de los *haggis* en *Men in Kilts*. El 1 de abril marca el comienzo oficial de la temporada de caza del *haggis*. No siempre ha sido así. En el pasado, había tantos que se podían cazar en cualquier momento del año, excepto en la época de apareamiento, de diciembre a marzo, ya que los cazadores respetaban el largo ritual del *haggis*. Este período coincide con el momento en el que su pelaje es más llamativo. Los tonos verdes, amarillos y escarlata crean un despilfarro de colores sobre los valles cubiertos de nieve.

[Sam: A menos que estés hablando del haggis *menos conocido, los machos son muy peludos].*

Sin embargo, su singularidad ha hecho que la temporada de caza sea corta. Veintiún días para ser más exactos, a menos que sea año bisiesto. Definitivamente abril no es un buen mes para ser un *haggis*.

El rastreo y descubrimiento del *haggis* es un trabajo de expertos, con cien años de historia, algo de lo que estar orgullosos. Además, dicho trabajo pasa de padres a hijos. El clan MacHaggis era famoso por sus habilidades de rastreo (no te sorprenderá). Hoy en día, los guías de caza del *haggis* se dirigen a las colinas solo con una piel cosida de *haggi* (plural de *haggis)* e imitan un sonido similar a un ladrido, como el que emiten estos animales. Algunos de los más jóvenes prefieren utilizar una «trompeta» *haggis* que imita el sonido, pero los más viejos y tradicionales aún producen el sonido con la garganta (para aquellos que no lo sepan, dicho sonido se parece a la mezcla de tos perruna de un fumador de sesenta cigarros diarios y el estruendo de un motor de explosión).

[Sam: Hago una buena imitación de un haggis *de las Tierras Bajas, menos gutural y quizá un poco más musical].*

Si nunca has visto uno de cerca (yo, por desgracia, no lo he hecho), el *haggis* es como una marmota mezclada con un tejón y posee la agilidad de un ciervo muy pequeño.

[Sam: Por los que he visto yo diría que se parece más a un erizo, con tres patas].

Sus potentes patas traseras (más largas que las delanteras) le dan al *haggis* la habilidad de saltar de manera inesperada desde su escondite. Esto es muy peligroso cuando se ven acorralados. Muchos cazadores sin experiencia han lamentado asustar a un *haggis* salvaje porque han visto con horror cómo les saltaba a la entrepierna.

Digo *haggis* «salvaje» porque algunos se domesticaron en el pasado. En el siglo XVII, se convirtió en una señal de estilo adornar el castillo con un *haggis* domesticado.

[Sam: O colocarlos en la parte delantera del kilt, *de ahí la tradición de llevar una escarcela. Solo necesitas asegurarte de que los alimentas bien y que duermen antes de atarlos al cinturón o quizá sufras la misma mala suerte de los escoceses que se ponen la falda con el haggis antes de alimentarlo. Han provocado heridas muy graves por esta razón. Con cicatrices de por vida].*

Los *haggi* se utilizaban a menudo como perros guardianes. Donald MacDonald de Sleat era famoso por tener varios *haggi* que paseaba por los terrenos de su castillo.

Sin embargo, no todo era diversión. Entre los castigos más espeluznantes para los desgraciados prisioneros se contaba la práctica de la «muerte por *haggis*». En ella, el prisionero tenía una ventaja de treinta segundos antes de que se desatara a una panzada de *haggi* (su nombre colectivo). Al ser capaces de cubrir una distancia de 100 metros en solo ocho segundos, el prisionero no tenía ninguna oportunidad.

Para ser un animal vegetariano, posee unos dientes feroces con unos incisivos peculiares. Es como un tigre dientes de sable pequeño y peludo.

[Sam: También solían lanzar haggi *en los Juegos de las Tierras Altas hasta que fueron sustituidos por el lanzamiento de peso, ya que los* haggi *escapaban y aterrorizaban al populoso público. A veces, escarbaban en la tierra del salto de longitud y construían su propia madriguera de arena, donde recogían chucherías y aperitivos desechados, construían un nido con el tejido que robaban de las faldas y mordían a los pobres atletas que competían].*

Como Sam dijo en el programa: por suerte, el *haggis* gigante se extinguió hace tiempo. Al deambular con libertad por las Tierras Altas en la era del Pleistoceno, creció hasta alcanzar los treinta metros cuando se ponía en pie sobre las patas traseras. El esqueleto de uno hallado en una turbera en Skye se encuentra en el Museo Nacional de Escocia.

[Sam: Creo que lo descubrieron conservado a la perfección con una amplia sonrisa y las piernas cruzadas, como si lo hubieran enterrado mientras tomaba el sol].

Hoy en día todos disfrutamos del gran sabor de los *haggis,* pero su hábitat se ha reducido cada vez más con el paso de los años. Se ha limitado al área norte de Ullapool entre Lochinver y Scourie, además de las islas Hébridas más pequeñas y remotas, donde se encuentran algunas panzadas repartidas. Esta es mi especie favorita de *haggi,* más pequeña y menos propensa a los peligrosos saltos, conocida por dejar que los humanos se acerquen a domesticarlos. Son muy valiosos como escarcelas vivientes por su docilidad. Sin embargo, se produjo una infame y desafortunada batalla entre los *haggi* de las escarcelas de Iain MacDubh y Ruaridh MacLeod en una reunión de las Tierras Altas.

[Sam: Ah, sí, esa fue gorda. La gente aún habla del tema en privado].

En conclusión, sea como sea, busca a los *haggi,* pero, si ves alguno, trátalo con respeto y muéstrate agradecido por haber vislumbrado a esta extraña criatura escocesa (tímida, bonita y esquiva, similar a una versión peluda de Duncan Lacroix).

Para aquellos interesados en conocerlos mejor, recomiendo los siguientes libros:

El haggis y el lobo. Días salvajes en las Tierras Altas. Alasdair Meallta, 1982.

Mi vida entre los haggi salvajes de Rùm, Peter Amadan, 1936. (Peter tuvo la suerte de vivir con una panzada de *haggi* durante 18 meses hasta que se lo comieron en Navidad. Quizá se dieron cuenta de que en realidad no era un *haggis* demasiado bien criado).

El papel de los haggi salvajes en la Rebelión Jacobita, Michael Ku'sfesack. (Es sorprendente lo bueno que es este libro. Entrenaron a los *haggi* para atacar a las tropas del Gobierno, lo que dio nombre a la *Haggis Run).*

BATALLA DEL MES

BATALLA DE CULLODEN, 16 DE ABRIL DE 1746

GRAHAM

Lo más fascinante de la historia es que siempre hay algo nuevo por descubrir. Se revela con lentitud, casi de forma provocativa y, poco a poco, añade una pieza más al puzle. A veces eso hace que todo se vea más claro, pero, otras, dificulta la posibilidad de obtener una imagen nítida.

No hay ningún ejemplo mejor que la batalla de Culloden. Es como un puzle de mil piezas que estás a punto de terminar solo para descubrir que hay otras 1000 piezas a la espera en el fondo de la caja.

De muchas maneras, las malas interpretaciones de lo ocurrido en Culloden se han utilizado deliberadamente por motivos políticos. Por alguna razón, la opinión popular es que los jacobitas eran una banda de salvajes con falda contra la máquina organizada de las tropas del Gobierno. La realidad es que, al intentar recuperar la monarquía de los Estuardo, los jacobitas representaron una gran amenaza para los hannoverianos y una Bretaña centralizada.

La batalla de Culloden también supuso el comienzo de una narrativa nacional sobre la reconciliación de Inglaterra con su periferia «menos desarrollada». Esto se utilizaría para justificar la expansión del Imperio británico y la absorción de culturas nativas en el cálido pecho de la madre Inglaterra.

Hay un cuadro famoso que muestra la muerte del general James Wolfe en Quebec. Vemos al hombre (que fue teniente en Culloden) con un aspecto un poco chungo y una expresión que recuerda a la mía tras una noche de fiesta con Lacroix o un día en la carretera con Sam.

En el cuadro, vemos a un preocupado nativo americano (parece un poco aburrido, a decir verdad) agachado frente a Wolfe, junto a Simon Fraser, jefe del clan Fraser, que muestra un semblante abatido y muy deprimido. Simon Fraser no estaba en Quebec, sino que había combatido al lado de Wolfe en Culloden. Otro hecho importante es que Sam no está en el cuadro vestido de Jamie.

El mensaje, sin embargo, es evidente: Fraser y el nativo americano se habían integrado en el Imperio y estaban muy felices de encontrarse allí y muy muy tristes de que muriera Wolfe. Sería un poco como un cuadro de la muerte de Darth Vader rodeado de un *ewok* preocupado con Han Solo llorando al fondo.

El mensaje político difundido sobre Culloden es que un puñado de salvajes con pocas armas se sacrificaron por un pretencioso italiano mientras defendían de manera noble un antiguo estilo de vida. Sin embargo, Culloden representa un intento de convertir a Jacobo II en un monarca con múltiples reinos más acorde con Europa que con la expansión colonial.

La imagen de un escocés de las Tierras Altas en Culloden evoca un ejército anticuado contra una moderna máquina asesina. En realidad, los escoceses se habían entrenado siguiendo el modelo francés y lucharon junto a sus aliados irlandeses y franceses. No obedecían las órdenes en gaélico, sino en inglés. No solo tenían artillería, sino más balas de cañón por hombre que las fuerzas del Gobierno.

No obstante, les faltaban caballos. Como mucho tenían unos doscientos. El Gobierno tenía cuatro veces esa cantidad. Cuando la carga de las Tierras Altas falló, fue la caballería la que decantó la balanza. Se abalanzaron desde los flancos y provocaron el colapso de los escoceses de las Tierras Altas.

El otro factor importante fue la cantidad de hombres. Los jacobitas tenían unos 5000, varios miles menos que los del Gobierno y una tercera parte de la fuerza que poseyeron durante el resto de la rebelión. Además, recuerda que unos 1000 jacobitas se durmieron durante la batalla por puro agotamiento.

Fue la combinación de estos factores lo que decidió el final de la batalla de aquel día. Si hubieran tenido más hombres y caballos, habría sido una carrera muy reñida.

El otro mito extendido es que el oficial militar responsable del aparato administrativo, John O'Sullivan, eligió el campo de batalla equivocado. Aunque es cierto que rechazó otras sugerencias, su lugar favorito se encontraba a un kilómetro al este de dónde tuvo lugar la batalla. El único problema fue que era muy visible para la Marina Real anclada al fiordo de Moray. Esto retrasó el ataque nocturno de los jacobitas el 15 de abril y, en la confusión que lo siguió, acabaron un kilómetro más al oeste de lo que querían.

De este modo, toda esa visión salvaje de los jacobitas y la historia de la batalla difieren mucho de lo que ocurrió en realidad. Fue el final de una guerra civil y la derrota de los jacobitas representó la conclusión de una alternativa escocesa a un Estado británico.

La ironía más conmovedora es que el tipo de Bretaña federal bajo una sola Corona, como había existido en Escocia entre 1603 y 1707, que era lo que básicamente querían los jacobitas, es más real hoy en día de lo que nunca podrían haber imaginado.

Me pregunto qué harían esos jefes de los clanes en el Parlamento escocés con el poder que se les ha devuelto. Sospecho que sonreirían y hasta cierto punto dirían: «Bueno, al final hemos llegado hasta aquí…».

SAM

Graham se puso a temblar cuando conocimos a Alistair Moffat, el historiador y autor de *The Highland clans and Scotland: A History from earliest times*. Había traído todos los libros de Alistair, quizá con la esperanza de conseguir un autógrafo, y estaba sentado en la primera fila como un colegial que trata de impresionar a su profesor. Para ser sincero, es difícil no sentirte obnubilado por la forma de narrar y el carisma de Alistair y yo también me encontraba deseoso de impresionar a nuestro amigo académico.

Lo que más fastidió a Graham fue que Alistair y yo tuviéramos un amplio pasado académico en común, puesto que ambos estábamos vinculados a la Universidad de Stirling. A mí me otorgaron un doctorado *honoris causa* por mis servicios en la actuación y la caridad y Alistar fue asesor del rector en la corte universitaria de Stirling (20092011).

[Graham: Eso es lo mismo que decir que Usain Bolt y yo tenemos mucho en común en el atletismo porque, como él, puedo correr 100 metros sin parar].

[Sam: Tengo un vídeo que demuestra que no puedes].

[Graham: De hecho, el señor Bolt y yo tenemos más en común que Alistair y Samsagaz, dado que el único mérito académico que tiene este último en la Universidad de Stirling es que supo dónde aparcar el coche para ir a recoger su doctorado honoris causa].

MOMENTO DE COMPETICIÓN
LA CARRERA DE CULLODEN

[Sam: Bueno, fue más bien un trote ligero...].

GRAHAM

Mientras grabábamos nuestro querido *Men in Kilts,* sabíamos que tendríamos que dedicar una cantidad considerable de tiempo a la batalla de Culloden, ese momento clave en la historia de Escocia. A veces, sin embargo, hablar de historia, clanes, muertes... puede ser demasiado denso.

Recuerdo describir a mis dos hijas cómo fue la carga de los escoceses de las Tierras Altas cuando se quejaban de la ruta de senderismo que estábamos recorriendo. Típica respuesta de padre: «Si pensáis que esto es duro, imaginaos cargar entre bolas de cañón estallando a vuestro alrededor y que te disparen una ráfaga de balas las tropas experimentadas del Gobierno, al mismo tiempo que ves cómo explotan tus amigos y te cubren de materia gris y vísceras». Todo con el propósito de forjar su personalidad. Quizá mis hijas incluso lloraran.

De este modo, sugerí a Sam y al equipo que representáramos la carga. En un principio pensamos hacerlo en el campo de batalla, pero se rechazó esa idea sabiamente por respeto a aquel lugar sagrado. Por eso, nos dirigimos a un condenado campo gigantesco cerca del castillo de Fraser y lo hicimos allí. Lo medimos: casi 275 metros.

El equipo se reunió. John Duncan, nuestro genio de los drones, lo grabaría desde el aire y las cámaras se colocarían a cierta distancia mientras corríamos en honor a esos valientes escoceses de las Tierras Altas que cargaron aquel gélido día de abril de 1746.

Todo parece bastante fácil, ¿no?

Lo único en lo que no caímos fue en que Heughan convertiría aquello de forma inevitable en una especie de competición. Íbamos vestidos adecuadamente, con nuestras *great kilts* y las holgadas camisas blancas. Creo que quizá hiciéramos un poco de trampa con el calzado. No creo que Adidas tuviera mucho éxito en Culloden, pero teníamos un aspecto bastante *higlander* y nos pusimos manos a la obra.

Hicimos calentamientos. Bueno, yo los hice. Lo último que quería a mi edad era que me estallara el tendón de la corva o me diera un tirón en la pantorrilla. Pasé unos diez minutos estirando. Sospecho que Sam solo se quedó ahí de pie, mirándome con desdén. Su propio calentamiento seguro que consistió en que su «socio de negocios» alemán le untara de aceite las piernas y se las masajeara mientras se tomaba grandes cantidades de *whisky*.

Estábamos preparados. Empuñamos las espadas y agarramos con fuerza nuestros *targes,* o escudos. Tres, dos, uno y... ¡¡Adelante!!

Comenzamos con un ligero trote. Como somos unos actores engreídos, hicimos que examinaran el terreno con atención por si había hoyos. Eso no quiere decir que Heughan no estuviera toda la noche cavando nuevos hoyos por donde iba a pasar yo.

Tras coger un buen ritmo, comenzamos a movernos más rápido. Corríamos uno al lado del otro. Me sentía agradecido de que Sam se estuviera conteniendo para poder completar la carrera juntos.

Entonces, ocurrió. Empezó a ampliar la zancada.

«¿Está intentando ganarme?», pensé, y observé cómo comenzaba a mover los brazos en una versión con camisa ancha del mencionado Usain Bolt. «¡Está intentando ganarme!».

Cuando quedaban unos noventa metros, Sam dejó de lado todo intento de correr juntos. Básicamente hizo un esprint a toda velocidad. Observé el espacio que se abría entre ambos y me vi obligado, una vez más, a ver cómo el culo de Sam se movía ante mí. No diré que me sorprendiera. Después de todo, es un poco la parábola del escorpión y la rana: está en la naturaleza de Sam intentar ganar a todos en cualquier cosa.

La carrera ahora parecía la persecución del imitador de un caballo Lipizzaner entrenando con tranquilidad detrás de una especie de perro enfadado. Me rendí y dejé de intentar alcanzarle. Nunca lo haría.

En lugar de eso, observé su figura cubierta por la *great kilt* dar saltitos en la distancia al pasar la marca de los 275 metros y esperar a que yo me acercara trotando. ¡Capullo!

No estaba contento. Lo que ocurrió a continuación fue, en cierta medida, mezquino, lo admito. Le dije al director que teníamos que hacerlo de nuevo. Esta vez ambos debíamos cruzar la línea juntos. Conseguí convencerle de que aquello haría que la escena fuera mejor y mantendría el espíritu de Culloden. En realidad, por supuesto, estoy seguro de que el día de la batalla hubo muchos hombres de sesenta y tantos años que lucharon por mantener el ritmo de sus camaradas más jóvenes y rápidos, pero no se lo iba a decir a Sam.

No, quería que corriéramos de nuevo porque no podía soportar que me hubiera ganado. ¡Ale! Ya lo he dicho. Mi ego magullado no lo permitiría. No me enorgullezco de eso. En realidad, fue como volver al patio del colegio, un lugar donde, sin duda, Sam pasa la mayor parte del día, pero aun así…

De este modo, lo hicimos de nuevo, esta vez uno junto al otro hasta el final, hasta que nuestros egos unidos cruzaron la línea como uno solo.

SAM

Aunque tu confesión sobre esa mezquindad colegial es bienvenida, me temo que has dejado de lado demasiados detalles sobre aquella carrera en Culloden. Permíteme que complete las lagunas… Primero, Graham no paraba de quejarse del terreno (¡qué raro en él!). ¿Me había ocupado de examinar el suelo? ¿Era lo bastante plano? ¿Había algún hoyo? ¿Era adecuado? ¿Teníamos seguro? Básicamente quería un control total de riesgos.

Yo: «Graham, solo vamos a cruzar la hierba. Hagámoslo ya».

Graham: «Esto es una locura… ¿Alguien sabe si es seguro?».

Estaba ocupado creando multitud de problemas antes incluso de comenzar a correr. Por eso le pregunté si íbamos o no a hacerlo. Al final aceptó, pero solo si podía llevar mis armas (las únicas que teníamos) para parecer más temible. Quería mi *targe* y mi daga, y yo podía quedarme con la espada. Le tendí las armas al viejo gris y acordamos correr juntos a un ritmo constante hasta la mitad. Después, iríamos a por todas porque eso es lo que harían los clanes, ¿verdad? Tenían que avanzar lo más rápido posible.

Eso es lo que hice. Corrí hasta el final todo lo rápido que pude y me detuve para mirar hacia Graham, que seguía muy lejos, resoplando y resollando a un ritmo lento, típico del Imserso, durante otros cinco minutos hasta que llegó.

Entonces, caminamos otra vez hacia el equipo en total silencio. Graham estaba de muy mal humor y murmuraba para sí bajo sus bigotes canosos. De repente, cuando nos acercamos al resto, comenzó a gritarle al director.

Graham: «¡Kevin! ¡Kevin! ¡No, no! Creo que hay que hacerlo de nuevo. ¡No!».

No dije nada, pero pude ver que Kevin y el equipo pensaban: «Está bien así, no tenemos que hacerlo otra vez. Ha salido genial».

«No, no, tenemos que repetirlo», insistió Graham. Ha sido la primera y única ocasión en la que le he visto pedir otra toma. De este modo, corrí junto a él por segunda vez. Entonces, acordamos esperar hasta los últimos 90 metros para darlo todo. No le gusta correr, bendito sea. Lo ha dicho él mismo. Prefiere tomarse las cosas con calma y tranquilidad, es más de caminar, observar las vistas, consultar la guía de viaje y detenerse a tomar un té y unas pastitas a medio camino. Incluso se estuvo quejando de unas ortigas.

Graham: «No puedo correr por ahí porque hay ortigas por todos lados».

Sam: «¡Corre y punto!».

Grabamos y de nuevo le hice morder el polvo. Una vez más se mostró bastante enfadado, pero es un hombre de dos tomas.

Lo sabemos desde hace años. Solo podemos hacer dos tomas porque es el límite de Graham. Después, necesita una galleta, una mantita y tumbarse. George, el conductor, le abanicó la cara y le ofreció un viaje a caballito hasta su hotel de nueve estrellas, pero esta vez el Perro Gris tuvo que madurar porque teníamos una cita en el castillo de Beaufort, sede de los Fraser.

CASTILLO GUAY DEL MES
CASTILLO DE BEAUFORT

Sede de los Fraser, el castillo de Beaufort (antes conocido como Dounie) es una mansión de estilo baronial situada en un terreno de más de 323 hectáreas en las riberas del fiordo de Beauly, a veintiún kilómetros al oeste de Inverness. Desde hace 700 años, siempre ha habido un castillo en esa zona. Uno de ellos lo derribó el duque de Cumberland (conocido como «Carnicero Cumberland») tras Culloden, en 1746. La corona hannoveriana confiscó la mansión, pero la devolvió en 1774.

A principios del siglo XIX, los Fraser construyeron un castillo más sólido y mejorado, que aún alberga los revólveres y la cantimplora del príncipe Carlos Eduardo Estuardo. Sin embargo, ya no pertenece a dicho clan porque se vieron obligados a vender Beaufort y la finca de casi 79 kilómetros cuadrados para pagar los impuestos derivados de la herencia en 1994.

CLAN FRASER

SAM

Nuestra invitada en *Men in Kilts, lady* Sarah Fraser, nos esperaba bajo los árboles en los terrenos del castillo de Beaufort porque había empezado a llover. Graham es un enamorado de las mujeres aristocráticas y de cualquier mujer que esté bien instruida en historia. ¿Te acuerdas de *lady* Cawdor? Por lo que, rápido como un rayo, le ofreció un paraguas e hizo grandes esfuerzos para impresionarla. «Graham McTavish», dijo con una reverencia. Ella le sonrió y él se dejó llevar, sacando pecho. «Acabo de correr por todo Culloden».

Me imaginaba el diálogo que debía estar interpretando en su cabeza en ese momento: «Bueno, *lady* Sarah, ¿quiere venir a mi castillo? Ah, sí, tengo un castillo. Es posible que sea el más antiguo de Escocia. Sí, el castillo de Sween. Tiene que visitarme... Le pediré a Tony Singh que cocine para nosotros. Es un gran amigo mío. Ah, Sam, no, él no puede venir. Está muy ocupado con el trabajo». (Graham tiene un castillo de verdad..., pero hablaremos del tema el mes que viene).

Sarah Fraser se merece todos los halagos de Graham porque es carismática, encantadora y versada en historia; además, ha escrito importantes libros como *The prince who would be a king* y *The last Highlander,* sobre su ancestro jacobita (y abuelo de Jamie), el Viejo Zorro, Simon Fraser, lord Lovat. Mientras nos cuenta más sobre el gran clan Fraser, espero que Graham suelte algunos comentarios académicos para impresionar a Sarah, pero se queda ahí como obnubilado y atontado, cautivado por sus conocimientos y belleza. De hecho, los dos caemos de nuevo en el hechizo de nuestra increíble invitada, o quizá ambos necesitemos una siesta después de la pequeña carrera.

Añadí mis propias perlas al tema. «Creo que el nombre de Fraser viene de la palabra francesa *fraise,* 'fresa'». Sarah estaba impresionada. «Sí, es posible». Siempre intentaba pronunciarlo como *Frisel* en las primeras temporadas de *Outlander,* con influencia del gaélico y acercándome a la pronunciación francesa.

Por lo general, se cree que el apellido Fraser proviene de las provincias francesas de Anjou y Normandía. Como he dicho, la palabra francesa para «fresa» es *fraise* y las plantas de las fresas se llaman..., redoble de tambores..., *fraisiers*. El escudo de armas de Fraser representa flores de fresa plateadas sobre un campo azul y la fresa silvestre fue la elección del clan para su insignia. Se dice que, al principio, el clan se asentó cerca de una gran zona de plantas silvestres escocesas que daban ese fruto.

Sarah nos contó que los Fraser llevaban en Gran Bretaña más de 900 años, desde la llegada de Guillermo el Conquistador. «Vinieron a Escocia, se casaron, se aliaron y se metieron en trifulcas con los clanes al competir por territorios e influencia. La virtud principal de los clanes era la protección y la defensa ante los atacantes vecinos mientras, en sentido simbólico, se creaba la identidad del clan Fraser».

Llevo interpretando a Jamie Fraser durante casi una década y, con los años, ha cambiado mucho mi manera de entender el personaje y el mundo de *Outlander*. Comenzamos con las Rebeliones Jacobitas y después me he encontrado en la Guerra de la Independencia de Estados Unidos. Eso es lo mejor de la serie: cada episodio es distinto y siempre supone un nuevo reto histórico.

Espero convertirme algún día en un Fraser honorífico. Sarah dijo que me podía convertir en un Fraser *Bollo Mio* si «juraba alianza eterna y pagaba una cuota». *[Graham: A mí en español lo de* bollo *me suena a desayuno (o a que alguien «está de toma pan y moja»), por lo que creo que la señora Fraser tenía otros planes]*. Aún estoy esperando la invitación a la ceremonia de iniciación. Y la factura. Quizá me lo otorguen póstumamente por el servicio al clan, ya que lo popularicé a través de la serie de televisión. Jamie era un MacKenzie por parte materna, de ahí proviene el color de pelo y la altura..., aspectos en los que no nos parecemos porque soy un rubio de metro noventa.

GRAHAM

Es hora de que intervenga durante unos instantes, como cuando ves a un buen amigo hacer algo que está mal repetidas veces y en algún punto te ves en la obligación de llamarle la atención: «¡NO ERES JAMIE FRASER!».

[Sam: Espera, ¿qué?].

Es ficticio.

Inventado.

Una fantasía.

Imaginario.

Fingido.

Lo opuesto a real.

Como el amigo invisible que inventaste en el colegio para sentir que tenías un colega. Ya tienes un amigo, Sam..., ¡yo! Bueno, a veces.

Sam Heughan ya es bastante bueno. No necesitas ser como el maldito Jamie Fraser, perfecto en todo excepto en pestañear y silbar. ¡Se te da muy bien pestañear, Sam! Enorgullécete de ti mismo. Olvídate de ser el Rey de los Hombres. Conténtate con ser alguien que conoce a alguien que una vez vio a lo lejos a un Rey de los Hombres.

Eso llevaba hirviendo en mi interior durante bastante tiempo. La primera vez que me di cuenta fue cuando Sam prestó especial interés en lo que ocurrió con el clan Fraser en Culloden. Asentía con fervor cuando nuestra guía nos describía su valentía. Es probable que dejara una corona funeraria en el *cairn* de los Fraser en el campo de batalla mientras lloraba en silencio por esas personas con las que no tenía ninguna conexión.

Volvió a ocurrir cuando entrevistamos a Sarah Fraser. Miró el castillo como si fuera su hogar. Es cierto que mi hogar familiar resultó ser una ruina destruida cerca de un parque de caravanas (ver «Mayo»), pero ¡esa no es la cuestión!

Enorgullécete del Heughan que corre por tus venas. Es verdad que se encontraban a cientos de kilómetros de Culloden, pero seguro que estaban haciendo algo interesante el 16 de abril de 1746. A ver, seguro que tenían muchas ganas de ir a Culloden. Sin embargo, debió sucederles algún contratiempo, eso es todo. ¿Una competición local de levantamiento de rocas quizá?

[Sam: Seguro que iban ganando].

Si tu clan hubiera estado allí, es evidente que habría... estado allí.

Por mi parte, estoy orgulloso de contar con un Heughan como amigo y, si tuvieras un compañero como el totalmente ficticio Jamie Fraser, está claro que serías un muy muy buen amigo del Rey de los Hombres.

REGIÓN DEL MES

INVERNESS Y CONDADO DE INVERNESS

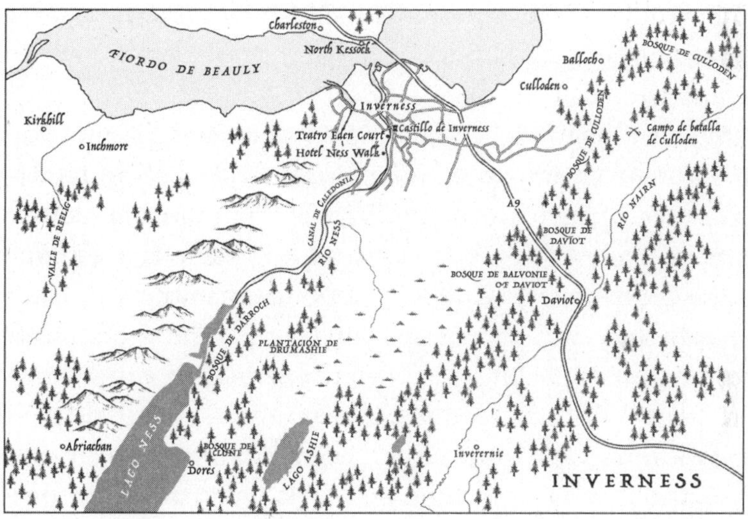

SAM

El clan Fraser de Lovat controlaba el territorio del oeste y el sur de Inverness, más allá del lago Ness. Me encanta esta zona y la ciudad de Inverness, que históricamente se considera la capital del norte. Incluso en la época de Jamie Fraser, era el lugar donde había luz en mitad de la oscuridad de las Tierras Altas. Cuando estábamos grabando allí *Men in Kilts,* Graham y yo nos alojamos junto al río en el hotel Ness Walk, que es muy recomendable. Una tarde, fui a dar un paseo por el río Ness mientras Graham se sentaba a tomar su cena de cinco platos. En esa ruta, hay unos puentes increíbles y pronto me encontré cruzando el río cerca del teatro Eden Court, donde actué en *Outlying Islands* y tuve mi primer encuentro con admiradoras, las Heughligans, poco después de que me eligieran para *Outlander*.

AVENTURA DEL MES
BEN WYVIS (GLAS LEATHAD MOR)

SAM

En 2013, el mismo año que conseguí el papel de Jamie en *Outlander,* planeé escalar Ben Wyvis, una inquietante Munro cerca de Dingwall en Easter Ross antes de visitar el famoso campo de batalla de Culloden, que se encontraba cerca, con el fin de investigar sobre el personaje y la serie. Con las botas de senderismo, una chaqueta semiimpermeable y una mochila con una botellita de agua y una petaca más grande de *whisky,* partí. Según iba ganando altura, un montañista se cruzó a toda velocidad conmigo y me dijo que hacía un poco de viento en la parte superior, por lo que quizá quisiera pensármelo dos veces. Habría seguido este consejo de inmediato si hubiera estado con mi precavido amigo de *Tierra de clanes,* pero no era el caso, por lo que continué con el vago pensamiento de que ni siquiera el señor Hugh Thomas Munro, cuarto baronet y montañero (16 de octubre de 1856-19 de marzo de 1919), había llegado a la cima del Wyvis.

Para entonces podía ver cómo se aproximaba una fuerte tormenta a medida que ascendía a través del cambiante escenario, cubierto de nieve y hielo. Al acercarme a 1046 metros de la cima, el viento aumentó e incrementó su ferocidad, por lo que me vi obligado a dar media vuelta. Sabía que había llegado la hora de descender. Me tomé un momento para admirar las vistas del campo de batalla de Culloden, las negras nubes de tormenta acumuladas sobre él y el río Ness en la distancia. Me prometí volver algún día para conquistar la Munro, quizá con mejor equipo y un clima más cálido.

CUMPLEAÑOS EN ABRIL

Sam: En primer lugar, es interesante recordar que William Shakespeare y yo compartimos el mismo mes de nacimiento y el mismo signo del zodiaco. *[Graham: Uno escribió libros a montones y otro se toca los…].*

Graham: Echémosle un rápido vistazo a Google para ver quién más nació en abril. Ah, sí, lo que sospechaba. Aquí dice que «la mayoría de los psicópatas son tauro». Sí. Treinta y ocho psicópatas nacieron en abril, sin contar a Hitler. Creo, querido lector, que te haces una idea de con quién estamos tratando.

Sam: ¿Y cuántos chiflados en enero?

Graham: Venga, por el amor de Dios. Cincuenta y seis.

Sam: ¡Ja, ja! Sí, los capricornio finolis hipoglucémicos pierden los nervios mucho más rápido que los tranquilos tauro, difíciles de enfadar.

Graham: Sin embargo, otro dato interesante sobre el mes según el fiable internet es que la mayoría de los alcohólicos nacieron en abril, lo que hace que el *«whisky* diario» que Sam llevaba en la guantera tanto en el viaje de *Tierra de clanes* como en *Men in Kilts* sea un poco preocupante…

Sam: Como dato curioso, el cumpleaños de mi tío es el día 26 de abril y el de mi hermano Cirdan, el 28, por lo que abril es un mes muy popular para los cumpleaños en mi familia. Además, mi conductor, Davie, también cumple el día 24.

Graham: Me pregunto cuál será el nombre colectivo para tantos tauro relacionados. ¿Una hiperactividad de tauros, una competición alocada, una resolución, una carga o quizá una avalancha de tauros? ¿Tu tío y tu hermano son iguales que tú?

¿Fuerzas de la naturaleza, perros springer spaniel musculados que nunca paran? Parece una buena comparación, dado que tu tío era guardabosques.

Sam: No era exactamente guardabosques, sino músico y tejedor de mimbre. Debías de estar echándote una siesta mientras lo explicaba. De nuevo.

SAM

No creo haber celebrado ningún cumpleaños contigo, ¿verdad, Graham? Estoy deseando disfrutar de tu fiestorro de cumpleaños atrasado por los sesenta en el castillo de Borthwick. ¿Tenemos que llevar todos una botella? ¿O nuestra propia comida? ¿Y dinero para pagar las bebidas? ¿¡¿¡O vas a pagar tú!?!?

[Graham: Me da la impresión de que voy a pagar de muchas maneras…].

En mi trigésimo cuarto cumpleaños, el día antes del 293.º cumpleaños de Jamie, estábamos grabando la primera temporada de *Outlander*. Jamie Fraser se había visto obligado a casarse con una extraña mujer inglesa, una *sassenach,* por culpa de su tío Dougal, un hombre sin folículos pilosos y bastante ladino (interpretado por mi actual compañero de viaje, el señor McTavish). En el episodio ocho, de recién casados, Jamie lleva a su nueva esposa a hacer un picnic romántico, que es bastante progresista para un escocés de las Tierras Altas del siglo XVIII.

Aquella mañana nos sacaron de nuestro campamento base con una cesta de queso, pan, carne y bayas (es decir, sin *whisky).* Los productores habían elegido una preciosa montaña sobre el lago Rannoch y Rannoch Moor, en la parte externa de los picos ondulantes de Glencoe. Jamie estaba totalmente preparado, solo le faltaba un elemento esencial: el paraguas. Llegamos a lo alto de la montaña, donde nos encontramos con una densa niebla sobre el mirador que nos tapaba el precioso paisaje y apenas nos dejaba ver a tres metros de distancia. Como siempre, «un poco de mal tiempo» no nos disuadió y colocamos el picnic para comenzar a grabar la escena.

Cuando Anna Foerster, la prodigiosa directora de origen alemán gritó «¡Acción!», el cielo lo entendió como una señal para abrir las nubes de lluvia y dejar caer su contenido sobre los dos actores ya empapados. Continuamos grabando a pesar de todo mientras el queso comenzaba a nadar en estilo mariposa sobre un charco de agua y el pan se rendía y se desintegraba al tocarlo. A mi falda, por lo general perfecta para protegerme de la lluvia, no le cabía una gota más y se había vuelto el doble de pesada. Recuerdo ser incapaz de decir mis frases en algunas ocasiones, puesto que la lluvia caía de lado y me llenaba la boca con agua cada vez que intentaba hablar.

Al mirar las fotos, podías ver que el equipo iba vestido de arriba abajo a prueba de lluvia, con pantalones *waterproof*, botas de agua, gorros, chaquetas y guantes, pero también luchaban por permanecer en pie mientras el viento y la lluvia los maltrataban desde cada ángulo.

Durante la escena, a Jamie y a Claire se les acerca un viejo amigo de Jamie, Hugh Munro. Vestido con trapos y baratijas, Munro es un mendigo mudo a quien los turcos le cortaron la lengua cuando estaba en el mar. Habíamos creado una especie de lenguaje de signos que permitía a Jamie y a Hugh comunicarse, lo que resultó útil bajo la fuerte lluvia. Cuando me tenían que hacer un primer plano, Simon Meacock, que hacía de Hugh, me dedicó una sonrisa irónica y sujetó algo tras la espalda. La directora gritó «¡Acción!» y, mientras comenzábamos a rodar la escena, el mudo Hugh Munro empezó a cantar: «¡Cumpleaños feliiiz, cumpleaños feliiiz!».

Al principio, estaba confuso. ¿Había perdido la cabeza? ¿Cómo iba a cantar sin lengua? Entonces, Simon me mostró una tarta helada de cumpleaños empapada, pero de aspecto delicioso (hacía tiempo que las velas se habían apagado por la incesante lluvia). Quizá no fue tan romántico como Jamie hubiera deseado, pero sí memorable. Te sugiero que, si tu «Jamie Fraser» te propone ir de picnic un día de estos, te lleves un par de paraguas.

Y, en vez de dejar la tarta para el postre, ¿por qué no preparar mi pudin favorito, el *fool* de miel y *whisky* de Tony Singh?

No se moja y está mezclado con alcohol… ¿Cómo no te va a gustar?

RECETA DE CUMPLEAÑOS DE SAM
FOOL DE MIEL Y *WHISKY* DE TONY SINGH

Ingredientes

5 yemas de huevo
2 cucharadas de miel de brezo escocesa
140 ml de *whisky* Sassenach
400 ml de nata para montar
1 limón grande (piel y jugo)
4 fresas para decorar
4 hojas grandes de menta para decorar

Elaboración

Coloca las yemas de huevo, la miel y 100 ml de *whisky*, así como la cáscara del limón, en un bol resistente al calor sobre una cacerola de agua en cuanto empiece a hervir y bate con una batidora de mano o eléctrica hasta que la mezcla tenga un aspecto pálido y espeso, y llegue al punto de cinta (búscalo en Google si lo necesitas).

Déjalo enfriar a temperatura ambiente. Bate la nata y el resto del *whisky* hasta el punto de nieve. Luego, añade la nata a la mezcla de huevo y miel.

Divide la mezcla en copas de martini y mételas en la nevera durante al menos 2 horas. Sírvelo con galletitas de mantequilla y una fresa cortada en lo alto como decoración.

BEBIDA DEL MES
COMBINADOS DE *WHISKY* DE ATHOLL BROSE

SAM

La región de Inverness y Speyside tiene una gran cantidad de destilerías y una excelente herencia en el sector. El *whisky* de Inverness es, por lo general, ligero y dulce, a menudo con un sabor afrutado, y está elaborado con el agua del río Spey. Es difícil elegir solo uno: el de las orillas del lago Ness (Loch Ness Spirits, que elabora absenta, pero *whisky* todavía no), el famoso Macallan de doce años con un acabado de roble de jerez o el Tomatin (a Alex Norouzi, mi socio, le encanta este *whisky* puro de malta y nos compró una botella mientras hacíamos nuestro viaje buscando la bebida perfecta). Hay infinitos licores maravillosos para probar en esta zona. Me sorprende que los lugareños de Ness no estén piripis a todas horas.

Sin embargo, si tuviera que elegir un licor especial para el mes de mi cumpleaños (que no fuera el Sassenach «Spirit of Home», espíritu de mi hogar, algo casi imposible), entonces me quedaría con un *whisky* que no existe. La destilería Ben Wyvis nos hizo sentir como en casa y nos mostró sus increíbles instalaciones sostenibles. En lo alto de las montañas, las energías eólica, solar y biomasa ayudan a producir sus bebidas y su propiedad se reparte entre la comunidad a cambio de invertir en el área local con varias becas con las que ayudar a la educación y las oportunidades de empleo de los jóvenes lugareños que quieran trabajar en la destilería. Aún no han embotellado su *whisky*. Sigue envejeciendo, pero su nueva manera de «hacer alcohol» es increíble (me recuerda a Oban por su nitidez), por lo que espero que me envíen un barril o doce… para mi siguiente cumpleaños. *Sláinte!*

APUNTES SOBRE LA NATURALEZA
CAMPANILLAS

SAM

Quizá no parezca el típico chico al que le gusta la jardinería, pero soy un entusiasta horticultor *amateur*. ¡Incluso me he comprado un libro! Bueno, varios. No los he leído todavía… *[Graham: Vaya, qué novedad]*.

Como mis avispados lectores sabrán, el diente de león *(Taraxacum officinale)*, la ortiga blanca *(Lamium album)* y la ortiga mayor *(Urtica dioica)* aparecen en Escocia este mes, junto a mi planta favorita, la campanilla *(Hyacinthoides non-scripta)*. Me encantan las campanillas. En serio. Siempre traen esperanza, ya que es una de las primeras flores que aparecen tras el invierno y una pista de la naturaleza de que la primavera está en camino. Cuando era niño, los terrenos del castillo de Kenmure estaban cubiertos de amplios terrenos de campanillas. Son muy bonitas. Como crecen de manera natural y en abundancia, debo recordar darle algunas a Graham y así guardo para el futuro. En *Outlander*, Claire ve cómo crecen las campanillas a un lado de la carretera cerca del peñón de Cocknammon *(Outlander*, capítulo 3).

Abril es también el mes de la guija tuberosa. Jamie alivia la pezuña herida de un caballo al aplicarle un emplasto compuesto de dicha planta y miel *(Atrapada en el tiempo*, capítulo 36). Es una de las plantas favoritas de los viajeros, porque las raíces tienen un regusto anisado y pueden servir como estimulante e inhibidor del hambre. También se utiliza para dar sabor al *whisky* y sirve como cura para la resaca. *[Graham: Sam está ahora mismo trabajando duro, haciendo ensayos clínicos consigo mismo. ¡Qué generoso!]*.

En *Men in Kilts,* Claire Marcello, herbolaria y asesora de *Outlander* en remedios medicinales tradicionales, nos contó que el jugo de la cebolla puede tratar la pérdida de cabello. La venta de las cebollas se ha disparado de manera inexplicable en Nueva Zelanda desde que Graham ha vuelto.

[Graham: Y el mirto de tubera, al parecer, acaba con los dañinos insectos, menos cuando Heughan está por ahí, que es tan artificialmente dulce que las mujeres y los mosquitos le atacan. Debe de ser la marca del tinte de pelo. ¿O usas Sun In para disimular el tono pelirrojo?].

¡GRANDES ESCOCESES!

NACIMIENTOS, MUERTES Y OTROS ACONTECIMIENTOS SIGNIFICATIVOS

1 de abril – *Hunt the gowk,* el equivalente escocés al Día de los Inocentes (un *gowk* es un loco).

6 de abril de 1320 – Declaración de Arbroath: «No luchamos por la gloria, las riquezas ni el honor, sino por esa libertad a la que nadie renuncia si no es con la vida».

6 de abril de 1998 – Celebración del Día del Tartán, reconocimiento de los enormes logros y la valiosa contribución de los americanos de origen escocés.

SAM

Tanto Graham como yo hemos sido *grand marshals.*

GRAHAM

Pero yo le gané en el último momento, porque me eligieron primero.

9 de abril de 1747 – Lord Lovat es decapitado en la colina de la Torre por alta traición. Fue la última persona decapitada en Gran Bretaña.

14 de abril de 1961 – Nace el actor Robert Carlyle OBE en Glasgow.

SAM

Crecí viendo a Robert Carlyle en *Hamish McBeth,* grabada en el precioso pueblo de Plockton, antes de interpretar a Begbie en *Trainspotting*. ¡Aterrador! Fue tan amable de venir a la escuela de interpretación cuando yo aún estaba un poco verde, puesto que era mi primer año, para darnos consejos sobre ser actor profesional. Echó a los tutores de la sala y contestó a cualquier pregunta que tuviéramos, sin importar lo oscuro o confidencial que fuera el tema. Yo he hecho algo parecido hace poco con algunos de los actuales estudiantes del Conservatorio, aunque quizá no haya revelado tanta información clasificada como el señor Carlyle.

18 de abril de 1971 – Nace el actor David John Tennant en Bathgate.

21 de abril de 1838 – Nace John Muir, conservacionista pionero y fundador del movimiento National Parks en Estados Unidos.

21 de abril de 1979 – Nace el actor James McAvoy en Glasgow.

SAM

James McAvoy fue mi mentor en la escuela de interpretación y un buen amigo de muchos otros actores escoceses. Compartimos las mismas representantes, Ruth Young en Reino Unido y Theresa Peters en Estados Unidos, que son estupendas. Sería genial trabajar con él algún día, aunque ¿eso significaría que a nuestras agentes solo les pagaríamos una vez, una especie de dos por uno?

30 de abril de 1891 – Se funda la *An Comunn Gaidhealach* para asegurar la conservación y el desarrollo del gaélico.

MAYO

¿El amor hace girar el mundo? Para nada.
El *whisky* lo hace girar el doble de rápido.
Comton Mackenzie

Clan MacTavish
Lema: *Non Oblitus* ('No olvidamos')
[Sam: Una memoria como la de un maldito elefante].
Territorio: Dunardry, Argyll

FECHAS CLAVE

1-31	**Mes del *whisky***
1	**Beltane (día de mayo)**
1	**Cumpleaños de James Alexander Malcolm MacKenzie Fraser (JAMMF), nacido en 1721**
9-17	**Orkney Nature Festival**
9 de mayo de 2021	**Fecha de estreno de *Men in Kilts* en Reino Unido**
29	**Cumpleaños de Dougal MacKenzie, nacido en 1694**
	Último sábado de mayo Maratón de Edimburgo

MARATÓN DE EDIMBURGO

SAM

Como parte de My Peak Challenge, hace dos años, decidí competir conmigo mismo y correr dos maratones en un mes (además de batir mi récord personal). Primero hice el maratón de Stirling en torno al impresionante castillo y al monumento a Wallace. Tras doce semanas de entrenamiento y una cantidad considerable de carbohidratos (mucha pasta, *bruschettas* y quizá un poco de vino tinto), me sentía fuerte y «saludable».

La noche previa a la maratón, conocí a un chaval alegre, que venía de Londres, en el bar del hotel, donde estaba recargando las pilas en el último momento tomándome un sándwich club, patatas fritas y una copa grande del anteriormente citado vino tinto, lleno de antioxidantes, porque mi cuerpo es un templo, ejem. Estaba nervioso, como yo, pero su inocencia me ayudó a tranquilizarme. Antes de una carrera, la mente me juega malas pasadas. ¿Seré capaz de correr tanto? ¿Y si me pongo enfermo o me hago daño? Esa noche, comencé a arrepentirme del vino tinto y opté por una enorme pinta de agua. Al despertarme, la mañana era fresca, pero luminosa y, a pesar de ser casi desconocidos, el chico y yo acordamos caminar hasta la línea de salida juntos, tras un copioso bol de gachas, algunos cafés templados y un plátano magullado.

Tras el pistoletazo de salida, la descarga de energía y el entusiasmo me inundaron el cuerpo y puse en práctica lo entrenado. Le dije adiós a mi dicharachero camarada y partí a buen ritmo, unos 7,15 minutos por cada 1,60 kilómetros durante los 42,16 kilómetros totales, por lo que lo acabé más o menos en tres horas y catorce minutos. Dolía, pero los carbohidratos habían hecho su trabajo. Y el vino tinto también…

No vi a mi colega en la línea de llegada, pero me escribió poco después porque había acabado, feliz, en menos de cuatro horas y había tenido tiempo suficiente para llegar al aeropuerto, con una única parada para tomarse un sándwich rápido, y luego de vuelta a casa, a Londres. Aquella tarde, fui a visitar a mi compañera de reparto, Caitriona. Tenía las piernas como la gelatina pero, por suerte, los brazos estaban perfectos para levantar una pesada cerveza de celebración… o dos. Cait había preparado tacos y la brillante Sophie Skelton (quien interpreta a mi hija Brianna) había comprado una tarta para celebrar mi cumpleaños, que era el día anterior. No sentí culpabilidad alguna por comerme una segunda ración de tortillas picantes y tarta de chocolate (no al mismo tiempo) porque calculé que había quemado unas 2000 calorías aquel día… Bueno, esa fue mi excusa.

Cuatro semanas pasaron volando, estaba ocupado con el trabajo y, de repente, llegó la maratón de Edimburgo. Aún sentía las piernas doloridas y el trabajo había sido un poco caótico, por lo que no había tenido demasiado tiempo para entrenar. En Edimburgo, el día fue muy distinto, no tenía ningún amigo londinense en la línea de salida, solo la lluvia y el infame viento cortante de la costa este atravesándome los pantalones cortos de última generación.

Al comenzar en el casco antiguo, bajo el montículo, dejando a la izquierda el icónico castillo y a la derecha el monumento de

Scott, pasamos por muchos puntos de referencia que frecuentaba cuando era un adolescente y los recuerdos y las vistas de la preciosa ciudad de Edimburgo (Old Reekie) me ayudaron a no percatarme del frío. Por lo general es una ruta rápida con una larga bajada al principio que se nivela hacia la costa, la playa y la arena dorada de Portobello, donde se encuentra la esperada línea de llegada. No paraba de mirar mi reloj de actividad Garmin.

[Graham: ¿Cuánto te pagan?].

Sentía las piernas pesadas y no tenía ni el entusiasmo ni las reservas de energía de cuatro semanas antes, en Stirling. Me armé de valor y me mantuve a flote gracias a los gritos de la multitud congregada (y la imagen delirante de un enorme sándwich, quizá con un buen relleno, todo regado con una pinta de carbohidratos líquidos) antes de cruzar la línea de llegada, batiendo mi anterior récord por un minuto. ¡Uf! Me sentí aliviado. El locutor de la radio local se abalanzó sobre mí tras cruzar la línea de llegada, lo que quizá fuera la parte más difícil del día, porque farfullaba y trataba de hablar de forma coherente tras tres horas corriendo, a la vez que deseaba que me tendieran algo delicioso y denso para comer. Quizá habría corrido más rápido si hubiera un margarita y un enorme pedazo de tarta esperándome al final.

[Graham: Al leer esto he sentido calambres en las piernas y quizá incluso náuseas].

29 de mayo de 1694 – Cumpleaños de Dougal MacKenzie

GRAHAM

Un día agradable. No puedo evitar imaginarme que Dougal nació ya con su barba poblada. Cuando era pequeño, seguro que desafiaba a los otros niños a juegos de beber y peleas, comenzando a los doce meses con reyertas contra los críos del vecindario y seduciendo, sin pudor alguno, a todas las chicas que se le acercaban a una distancia fácil de gatear.

Me gusta pensar que nació al amanecer, con un coro de pájaros cantores. El sol brillaba a través de la ventana de la sala de partos. Su pobre madre tenía aspecto aterrorizado cuando Dougal vino al mundo, ya que sin duda rugía un *Tulack Ard*, el grito de guerra de los MacKenzie, con toda la potencia de sus pulmones de bebé, mientras su padre sonreía al nuevo jefe de guerra calvito y barbudo.

Casualmente, el nacimiento de mi hija más pequeña fue el 29 de mayo. Ese día hubo un doble arcoíris... Ahí lo dejo.

1 de mayo de 1721 – Cumpleaños de James Alexander Malcolm MacKenzie Fraser (JAMMF)

SAM

Espera, ¿qué? ¿Por qué estamos hablando del petulante y quejica Dougal niño cuando el salvador de los hombres nació el 1 de mayo? JAMMF nació en Beltane cuando la Tierra rebosaba una potente fertilidad y energía sexual. La palabra «Beltane» proviene del celta *God Bel*, que significa «el luminoso», y la palabra gaélica *teine*, «fuego». Juntos forman «Fuego luminoso» o «Fuego agradable». Siguiendo la tradición, se encienden hogueras en honor al sol. Quizá este se refleje en el luminoso pelo rojo o naranja de Jamie Fraser o en su «energía ardiente» y su naturaleza fiera.

Debo mencionar (de nuevo) que mi cumpleaños es la víspera de Beltane, el 30 de abril, y, por lo tanto, seguro que hubo arcoíris, fuegos, luminosas estrellas brillantes, terremotos, dragones, *hobbits* y una celebración importante ante la llegada del Rey de los Hombres. No es Jamie, soy yo. Soy un poco más bajo y nací un día antes..., se ajusta bastante, ¿verdad?

[Graham: Por favor, ven a visitarme para que te aumente la medicación].

Otra tradición fabulosa era que las parejas, jóvenes y mayores (aunque quizá McTavish no, porque prefiere irse temprano a la cama), pasaban la noche en los bosques y campos, hacían el amor y recolectaban grandes cantidades de flores de espino para decorar hogares y graneros. Sin embargo, dichas plantas nunca se llevaban a casa a menos que fuera Beltane, ya que en otro momento se consideraba que daban mala suerte. Las jóvenes juntaban el rocío matutino para lavarse la cara, hacían coronas y cestas de flores para regalar. Luego, por la noche, se les presentaba su futuro marido en sueños o en una premonición. Me pregunto si McTavish soñó con nosotros, metidos en nuestra caravana, en una perversa premonición.

Beltane es el final del invierno y la llegada del verano y, si me lo estoy pasando especialmente bien, la continuación de mi cumpleaños. Recuerdo que, cuando era pequeño, observaba las celebraciones de las tumultuosas brujas blancas, con las caras pintadas, y los druidas con cuernos de ciervo, dando vueltas en torno a una enorme hoguera en la cima de Calton Hill en Edimburgo. Era algo tribal y primitivo. Tocaban los tambores cada vez más fuerte y se te ponía de punta el vello de la nuca.

Cuando grabamos la secuencia de Beltane en *Men in Kilts* (donde me topé con la tamborilera), todos habíamos estado bebiendo subrepticiamente un tequila que se parece mucho al *whisky*. Quería que Graham se pusiera pedo porque es mucho más divertido cuando está piripi. Fui a México en 2019 y descubrí el increíble Reposado, un tequila envejecido elaborado por la tercera generación de la brillante Master Distiller. El tequila es estimulante, te pone un poco a tono, y quería que todos captaran el espíritu de la celebración. Me fascinan las destilerías artesanas y la historia de El Jimador, granjeros que cultivan el agave tequilero. La cultura de las Tierras Altas mexicanas tiene muchas similitudes con mis raíces escocesas. Su narración oral, el mito y las leyendas de los dioses, el amor por la familia y la comunidad… Hice muy buenos amigos allí y me encantaría volver.

Se suponía que debíamos volvernos locos y perder la cabeza, pero Graham siguió intentando mantenerse frío, aunque su comportamiento mostraba lo contrario. Sus conocidos pasos de baile son los que hace en las convenciones cuando asegura que sale a bailar con los admiradores y rompe la discoteca, balanceando la escarcela y girando las caderas con terroríficos movimientos de abuelo. No estoy seguro de que el tequila mejorara su manera de bailar, pero la noche comenzó a volverse extraña cuando nos vimos vestidos con los tocados de flores y calaveras de nuestra increíble estilista, Laura Strong.

La fiesta continuó en Wormiston House y Graham, en mitad de la locura (como siempre, un oportunista), aprovechó el momento para congraciarse con el dueño de la mansión y agenciarse una estancia en la *suite* principal, a donde el cocinero residente le llevaría una cena de cinco platos en una bandeja de plata y una botella de Montrachet.

[Graham: ¿Fue antes o después de que tu socio y tú intentarais crear un outlet *de* whisky *Sassenach en los terrenos del castillo? Cuando no estaban, de manera casual, intentando que una botella de su mezcla saliera en primer plano en cámara, llevaban gorras de beisbol a juego con la marca Sassenach. No me sorprendería que Sam se la pusiera hasta para irse a la cama].*

[Sam: ¿Cómo lo sabes? ¡Con mis calzoncillos extralargos Sassenach!].

GRAHAM

Pasemos a la parte importante… ¡Mayo es el mes de MacTavish! Ahora exploraremos las Hébridas Interiores y todas las cosas del clan MacTavish, incluido mi propio castillo…

Sam: Sí, pero hay algo más importante en mayo…

Graham: ¿Más importante que mi castillo?

Sam: Sí, ¡es el mes del *whisky!*

Graham: Por favor, dime que este mes no va a ser un largo anuncio sobre tu bebida en un enorme frasco de *aftershave*… Porque, si es así, me voy a junio. ¡Corriendo!

Sam: ¡Nooo! Como si yo fuera a incluir de forma desvergonzada mi propio *whisky* multigalardonado Sassenach en mitad de un libro…

BEBIDA DEL MES
SASSENACH

SAM

No es por darme autobombo *[Graham: Ejem],* pero mi *whisky* galardonado Sassenach ha sido doble oro en la San Francisco World Spirits Competition (competición mundial de bebidas alcohólicas de San Francisco) en 2020 y en 2021, lo que me llena de orgullo y satisfacción, porque con eso cumplí un sueño y fue como tocar el sol *[Graham: ¡Igual que Ícaro! Búscalo. Ícaro es el protagonista de un mito de la Antigua Grecia sobre volar demasiado cerca del sol, que se escribió pensando en Sam Heughan].* Además, ganó el oro en los premios Spirit, doble oro por el diseño y sé que os encantará saber que acabamos de obtener el oro en el Spirit Business Masters. ¡Espero que llevéis la cuenta de todo el oro que hemos conseguido!

Destilado en el centro de Escocia, el *whisky* está inspirado en el paisaje de las Tierras Altas: los viejos picos, los valles escondidos, la creciente bruma matutina, el agua fresca y los firmes robles que corren por sus venas. Sin embargo, Sassenach es un inconformista, un extranjero y un homenaje al apodo que Jamie le puso a Claire en *Outlander*.

Lo maduramos en barricas de Madeira, por lo que el carácter afrutado subyacente se encuentra en primera plana en la mezcla. La nariz se llena de aromas cítricos, azúcar, mantequilla y canela. El regusto a dulce miel, almendras, uvas pasas y dulce de vainilla te acaricia la lengua, con *crescendos* y sometimientos a las triunfantes notas de nuez moscada, caramelo y azahar.

El logo es un unicornio, el animal nacional de Escocia y el más fuerte de todos. El unicornio es la única bestia capaz de ganar al león y solo puede ser domado por una virgen. *[Gra-*

ham: Necesitamos una virgen para que te dome a ti, Samsagaz]. Capta mi orgullo y pasión por Escocia.

La botella tiene un nervado diseño de cristal *[Graham: Sin comentarios]* con una elegante etiqueta negra y un tapón a juego. Se presenta en una caja negra con detalles grabados en color dorado.

[Graham: Me gustaría hacer la siguiente afirmación: el whisky *Sassenach es una maravilla. De verdad. A la gente de San Francisco les encanta, igual que a mí. ¡Sí! ¡Es fantástico! La única ocasión en la que lo he probado, sentí como si me hubiera secuestrado la lengua un grupo de ángeles y, después, me la hubiera retenido un grupo de delfines demasiado animados. Con ojos llorosos, pensé durante ese breve momento que había tocado el cielo. Aunque la botella me recuerda a algo que encontraría entre los dedos del puño de Jack el Negro Randall durante una de sus largas noches «de fiesta» especiales, siempre es un placer decir la palabra* Sassenach *mientras me desmayo en el suelo].*

Algunos de los cócteles favoritos de Graham son… ejem:

El gemido de McTavish: todas sus manías molidas en un vaso. Muele también el cristal y trágatelo.

El caballero gris: normalmente con té Earl Grey, pero intercálalo con un *latte,* una pizca de barritas de proteínas, una mijita de ralladuras de mapa y una solitaria barba gris utilizada como decoración.

Porno McTini: falda sin calzoncillos. Debe tomarse en pequeñas cantidades por la noche, normalmente en vaso de chupito, para rematar.

Bellendini: Bellini con bikini.

Moda antigua, muy antigua: ginebra de chaqueta de punto. Engúllela y no la compartas con ningún mocoso.

Resucitador de cadáveres: después de que McT salga de fiesta con Lacroix, méteselo en la boca a la fuerza y haz que se lo trague mientras le gritas al oído gritos de guerra en gaélico. Fíltralo a través del corazón de un actor muerto.

GRAHAM

Me gusta este juego:

El McTav enfadado: *whisky,* salsa picante, jarabe de maíz y sal en el borde.

El *latte* espumoso: doble expreso con un toque final de absenta y una pastilla de aspirina.

El Tulach Ard: ginebra, vodka, Dambruie y crema de menta con Viagra molida espolvoreada (dos pastillas para las noches extralargas).

El «JAMMF»: un *whisky* doble con cerveza *ale* y un laxante de tu elección.

Cagada de Murtagh: absenta mezclada con un alcohol más suave, barniz y una pizca de *wasabi.*

Carga profunda de Jack el Negro: Kahlúa, nata, chocolate fundido, un toque de lavanda molida, dos bolas flotantes de jengibre entero y el borde del vaso ribeteado con pegamento.

Elección bígama: ginebra, *whisky,* jengibre rallado, media cucharadita de pólvora, una cucharada de lágrimas saladas y, como toque final, una ramita de brezo.

DATOS SOBRE EL *WHISKY* DE SAM

- 42 botellas de *whisky* escocés por segundo se exportan desde Escocia a 175 países del mundo.
- Actualmente hay 22 millones de barricas de *whisky* madurándose para catarlo.
- En octubre de 2020, una botella Fine & Rare de 60 años de Macallan de 1926 se convirtió en el vino o bebida espirituosa más cara vendida jamás en una puja por 1,9 millones de dólares.
- ¿Es *whisky* o *whiskey*? *Whisky* se escribe en Escocia y *whiskey* en Irlanda. A finales del siglo XIX, las destilerías irlandesas quisieron diferenciar su producto del resto, por lo que lo cambiaron a *whiskey* como estrategia publicitaria.

- El *whisky* escocés es el mejor, siempre lo ha sido y siempre lo será… ¡Y el Sassenach lo demuestra! (www.sassenachwhisky.com).

REGIÓN DEL MES
HÉBRIDAS INTERIORES

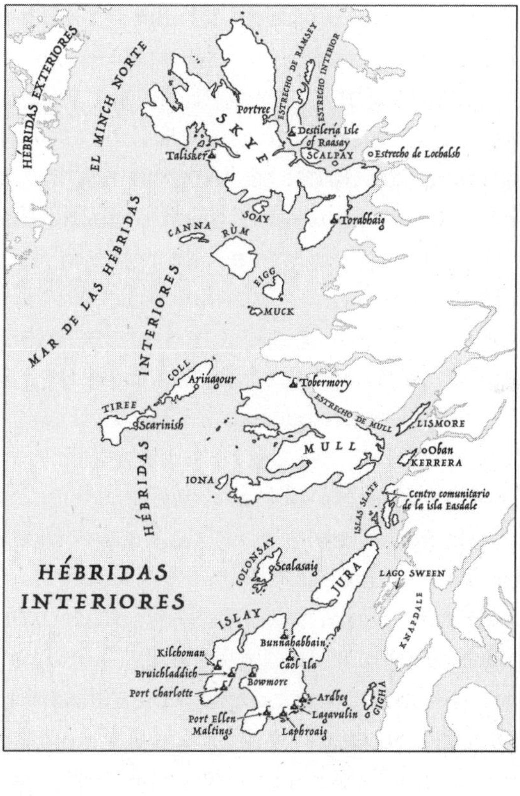

SAM

Como ya te habrás dado cuenta, estoy obsesionado con el *whisky*. Me encanta, de verdad, y ninguna otra bebida me entusiasma tanto. En primer lugar, disfrutas de sus notas aromáticas u olores al agitarlo en el vaso para calentar el líquido dorado y bruñido. Luego, le das un sorbo y sientes el sabor. Tengo mi propia marca de *whisky*. *[Graham: Sí, lo sabemos, continúa]*.

La costa oeste de Escocia se convirtió en el lugar más popular para hacer *whisky* hace siglos debido a que era el punto de partida de los barcos de Irlanda y Norteamérica. De este modo, para *Men in Kilts,* me aseguré de incluirlo en la agenda. Nos dirigimos a Islay, una isla de las Hébridas Interiores que tiene diez destilerías. Por desgracia, no tuvimos tiempo de visitarlas todas. No obstante, conseguimos tachar de la lista Laphroaig. Merece la pena anunciar que me gustan muchas marcas, como Lagavulin, Bruichladdich, Bunnahabhain y Kilchoman. Además, creo que hay muchos otros «monstruos puros» que me quedan por probar.

Conocido por su sabor ahumado único, el *whisky* de Islay obtiene su sabor del ambiente, de la turba. Todo el sur de la isla es una turbera, por lo que es una fuente natural. La turba aún se extrae a mano hoy en día. John Campbell, el responsable de la destilería en Laphroaig, nos llevó a cortar turba.

Conseguí que la marca Barbour nos equipara de pies a cabeza, con unas preciosas botas de agua, un chaleco y una chaqueta. Es una icónica marca británica a la que le tengo un gran aprecio. Incluso tuve mi propia colección de ropa hace unos años. *[Graham: Por favor, mátame ya. En realidad, es probable que lo haga de una u otra manera]*. *[Sam: No seas así, Graham]*. Fui al archivo de Barbour y observé la ropa de los años cuarenta de la época de las islas Maldivas y me inspiré en eso para crear mi propia línea en 2018 y 2019. Me encantó trabajar con ellos, pero, por desgracia, tuve que dejarlo por otros compromisos laborales.

[Graham: ¿Has rechazado trabajo? ¿Tú? Por el amor de Dios, quizá sí me escuchas después de todo... Se trata de equilibrio, amigo pelirrojo. No pasa nada por ir en tercera de vez en cuando, aunque pareces un coche de juguete para niños que solo tiene los botones de ENCENDIDO y HACIA DELANTE].

[Sam: A Graham le encantaron las nuevas botas Wellington de Barbour. No me seas desagradecido, hombretón. Y supusieron un

buen sustituto para tus pequeñas deportivas azules. Completa la información más adelante].

Nos grababan mientras cortábamos turba con un cuerno especial de John. Graham tenía el mango de asta entre las manos y gruñía por tener que tocar el mango de otro hombre, pero lo aceptó y cortó un pedazo de vieja turba que se convertiría en parte de un futuro *whisky*. En la maltería, con el permiso de John, me rebocé por la cebada. Está seca en la parte superior y debajo se quema la turba. El humo es lo que le da al cereal ese aroma ahumado. Después se ventila con aire frío del mar que le da al humilde cereal el gusto característico de Islay.

Las otras islas más grandes de las Hébridas Interiores son Skye, Mull y Jura, pero en realidad hay treinta y seis islas habitadas en el archipiélago con muchos hablantes de gaélico y una economía basada en la pesca, la ganadería, el turismo y, por supuesto, el destilado de *whisky*, de ahí que Graham y yo nos dirigiéramos hacia allí.

[Graham: Y, por supuesto, para ver mi castillo familiar del siglo XII].

Ah, sí, eso... Para Graham, visitar su castillo familiar ubicado en Knapdale, al sur de Achnamara, en la costa oeste de Argyll, fue como un peregrinaje. Graham me sonrió, casi con desprecio y majestuosidad, mientras imaginaba las maravillosas ruinas del castillo de Inveraray con torretas de cuento. *Caistéal Suibhne*. Murmuró el nombre en gaélico de su castillo una y otra vez mientras el hidroavión descendía lentamente hasta posarse sobre las tranquilas aguas del lago Sween. El Perro Gris rebosaba entusiasmo y orgullo por ver su castillo, su hogar ancestral..., que se erigía majestuoso... en ruinas a un lado del lago.

Fue un gran golpe, pero Graham puso la otra mejilla y dijo que prefería unas ruinas antes que un castillo en total funcionamiento porque «eso atraería a menos personas». De repente, mientras el avión pasaba cerca del castillo, un conjunto de desgastadas y melancólicas caravanas aparecieron ante nosotros. ¡¡¡El castillo de Sween era un enorme parque de caravanas!!! La lluvia torrencial otorgaba a la zona un aspecto sobrio y bastante triste.

De inmediato, me meé de la risa al ver cómo Graham se desinflaba, tocado y hundido, en el asiento de al lado. Perfecto, pensé, a pesar de su *glamour* deslumbrante y las travesuras en hoteles finolis, resulta que el jefe McTavish en realidad proviene de un parque de caravanas. A ver, no me malinterpretéis. Me encanta acampar y el aire libre, pero ver al barón de las Casas Móviles con aspecto decepcionado y decaído me produjo una gran felicidad. ¿De esto se trata el *schadenfreude,* Graham? «¡Y pensar que odias ir de *camping…!* Tienes tu propio parque de caravanas. Ni Inveraray ni Cawdor lo tienen, pero tu pequeño castillo sí».

[Graham: Es uno de los castillos más arcaicos de Escocia, si no el más antiguo. Al menos, los McTavish tienen un castillo. No estoy seguro de que sigan existiendo las chozas o cuevas de los Heughan o los Galloway].

[Sam: Mmm].

En ese momento, me percaté de una solitaria figura que se protegía de la lluvia bajo lo que debía haber sido el balneario del castillo o la estancia de cinco estrellas, pero que ahora solo era un montón de ladrillos.

«¿Eres una McTavish?», grité. Graham levantó las orejas decaídas. Quizá era un familiar perdido desde hacía tiempo o una hermana de armas.

«No», gritó con tristeza la figura. «Soy una Campbell».

[Graham: ¡¡¡No dijo que fuera una Campbell!!!].

[Sam: Sí que lo hizo, pero no lo mantuvimos en la versión final].

CLAN MACTAVISH

GRAHAM

El clan MacTavish es originario de Donegal, Irlanda. El nombre proviene del gaélico picto *Taviss* y la tribu picta de Donegal, los *Cenél nDuach.* El resistente grupo encontró la forma de cruzar el pequeño brazo de mar que separa el norte de Irlanda de Argyll y se mezcló con el pueblo de Dalriada (también llamados *escoceses).*

Una de la banda se casó con Subine Rudah de Sween y así se hizo con el castillo de Sween. Su marido y ella tuvieron dos hijos, Taviss e Ivor, y estos se convirtieron en los antecesores de los que hoy conocemos como los clanes MacTavish y MacIvor (literalmente significan «Hijos de Thomas e Ivor»).

Es interesante mencionar que hace poco descubrí que «Heughan» proviene del matrimonio entre un conocido hombre de genética atrofiada del condado de Kerry y una persona que cantaba el bingo en Dumfries. La traducción de su nombre del antiguo idioma galowés sería: «El que es competitivo e infantil». Es increíble lo que se puede descubrir.

Pero volvamos al parque de caravanas..., digo, ¡al castillo!

Taviss e Ivor, al parecer, eran hábiles guerreros en su época y muy buenos a la hora de robarle tierras al clan Lamont. Las tumbas de Taviss e Ivor se encuentran en el cementerio de Kilmartin, algo con lo que me topé por casualidad en 1988 tras salir del *pub* de enfrente. Aún se pueden ver las figuras de estos dos guerreros, talladas en la piedra, con sus espadas. ¡Merece la pena visitarlas! (Aunque, ¿qué os voy a decir yo?).

Al principio, su territorio se encontraba en un lugar llamado Scannish. No tenemos ni idea de dónde estaba porque ha desaparecido con el paso de los años, algo similar a lo que ocurrió con Brigadoon. Sin embargo, sí que sabemos que han conservado Dunardry, su sede, desde el 893 d. C. Son uno de los clanes conocidos como *Children of Colla,* traducido como «niños de la niebla».

Los MacTavish lucharon en Flodden contra los ingleses. Además, en el desarrollo de Culloden, Dugald MacTavish le envió cartas al señor James Campbell de Achnabreck para apoyar la causa jacobita (ambos eran simpatizantes). Sin que ellos lo supieran, el conde de Argyll (un pequeño golfo e infame chaquetero que daba puñaladas traperas) había alojado a un espía en la casa del señor James. Le envió las cartas al rey y Dugald fue encarcelado de inmediato en el castillo de Dumbarton. Por un lado, esto significaba que los únicos MacTavish en la batalla estaban allí de manera extraoficial, pero también que, dado que el estandarte de los MacTavish no se encontraba en el campo de batalla, se perdonó al clan después de quitarle las tierras.

Eso no detuvo al conde de Argyll a la hora de pedirle dinero a su primo, el señor James Campbell, para costear el despliegue del ejército en favor de los hannoverianos. Era una factura que Argyll sabía que Campbell no podía pagar. Las tierras de James fueron directamente a manos del conde y los Campbell de Achnabreck dejaron de existir. Una estrategia clásica de los Campbell: conquistar a tu enemigo a través de la bancarrota.

Tras Culloden, muchos MacTs (o McTs) se volvieron Thompson para evitar el estigma de los nombres gaélicos, pero muchos otros no lo hicieron. Alexander McTavish, en torno a 1830, fue desde las tierras de Dunardry a Edimburgo, a donde llevó su habilidad como tejedor de cestas (quizá fuera también un buen tenista, pero nunca lo sabremos). Se casó con una mujer de las Tierras Bajas y tuvo un hijo, George, que a su vez tuvo a Alexander, quien tuvo a George, que tuvo a mi padre (cuyo nombre, como no podía ser de otra manera, era Alexander, lo que denota una sorprendente falta de originalidad).

De este modo, soy Graham, hijo de Alexander, hijo de George, hijo de Alexander, hijo de George, hijo de Alexander. Al menos eso facilita la memorización. No hace falta decir que a mi hermano mayor lo llamaron (sí, lo has adivinado) Alexander.

Muchos de los hombres del clan se fueron hacia el Nuevo Mundo. Les fue bastante bien en la Compañía de la Bahía de Hudson, en Canadá, básicamente crearon la provincia de lo que ahora es Manitoba y confederaron Canadá con la ayuda del primer hombre en ocupar el cargo de primer ministro del país en 1867. De este modo, si eres canadiense, la próxima vez que celebres el día de Canadá el 1 de julio, dedica un momento a darle las gracias a un McTavish.

CASTILLO GUAY DEL MES
CASTILLO DE DUNVEGAN

GRAHAM

El castillo de Dunvegan era la sede de los MacLeod. Tomémonos un par de segundos para pensar en ellos. Ya hablamos de este clan en *Tierra de clanes,* pero podríamos llenar un libro entero con su historia. Quizá solo sea cosa mía, pero me encantan. Son muy violentos, incluso para los estándares de las Tierras Altas. El hecho de que la mayor parte de la matanza ocurriera en la considerablemente pequeña isla de Skye añade fuego a su legendario estatus «roquero». Por ejemplo, piensa en los nombres de algunos de los jefes del clan.

Iain Ciar MacLeod, el cuarto jefe, y su esposa parecían despertarse con el pie izquierdo tooodos los días. Este infame matrimonio se describió en su momento como «una pareja tiránica y sanguinaria» que odiaba tanto a los de su clan como a los enemigos.

George R. R. Martin se inspiró en las historias de las Tierras Altas. En este caso, la madre quemó vivas a dos de sus hijas porque las jóvenes expresaron el deseo de marcharse del clan.

«Madre, he conocido a un tipo encantador en el clan vecino. Nos vamos a casar».

«¡¡¡Iain!!! ¡¡¡Búscame la pala!!!».

Se puede pensar que la segunda hermana aprendería del destino de la primera, pero al parecer no fue así. O quizá las quemó a las dos a la vez. «¿Maaamááá? ¿Qué haces?». ¡Buenos tiempos!

Luego, estaban también los increíbles y surrealistas nombres de los jefes siguientes:

John el Tumultuoso (1392-1448).

William Espada Larga (1415-1480), sin duda conocido como Willy Espada Larga por sus compañeros.

Roderick el Ingenioso (1633-1664). ¿Sería irónico? Nunca lo sabremos.

John el Manchado (1637-1693).

Norman el Hombre Malvado, a quien le encantaba involucrarse todos los días en bacanales de violencia. Me pregunto quién sería la atrevida criatura que le llamó así por primera vez.

«Ups, ahí viene Norman... ¡el Hombre Malvado!». Esperemos que lo dijera en voz baja.

¿Sabía Norman que lo llamaban «Malvado»? Quizá acuñó el nombre él mismo.

«Me llamo Norman, pero mis amigos me llaman "Malvado"».

Sin embargo, mi favorito es quizá Alasdair Crotach el Jorobado. Le salió chepa (por así decirlo) después de que lo mutilaran de forma salvaje en la batalla de Bloody Bay en Mull. Sin embargo, a pesar de ser un violento y sangriento loco, también era un conocido poeta, bailarín y músico. Fundó la escuela de gaitas en Skye y murió siendo un monje. Sería una gran compañía para cenar.

Quizá una de las historias más adorables sobre el clan sea la de la Bandera de las Hadas, su reliquia más sagrada, que hoy en día se encuentra en el castillo de Dunvegan. La leyenda cuenta que una princesa hada se enamoró de un MacLeod. Su padre aceptó que se casaran con la condición de que ella lo abandonara un año y un día después y volviera al reino de las hadas. Eso hizo, pero no antes de dar a luz a un niño.

Según la historia, antes de marcharse, la nodriza del niño vio a la preciosa joven envolviendo al bebé en una tela de seda y hablándole con suavidad. Años después, el chico le repitió las palabras a su padre y dijo que la bandera se podría desplegar solo en tres momentos de crisis para el clan. Se izó durante la batalla de Spoiling Dyke contra los MacDonalds y una vez que hubo una plaga devastadora entre el ganado. Aún no se ha desenrollado por tercera vez...

SAM

Ya veo lo que está haciendo Graham. Está utilizando la historia (otra vez) para distraernos de su fortaleza convertida en una mierda de parque de caravanas, además de para tratar de dejarme fuera del libro justo cuando voy a contar la mejor parte de nuestro viaje a las islas o incluso de toda la aventura de *Men in Kilts:* cuando *lady* McTavish casi muere, de nuevo, haciendo rápel en Kilt Rock, Skye.

MOMENTO DE COMPETICIÓN
RÁPEL EN KILT ROCK DE SKYE

SAM

Dado su rotundo rechazo a hacer kayak en nuestra aventura para *Tierra de clanes* y su experiencia cercana a la muerte en un ataúd sobre ruedas (un sidecar unido a una moto, cuando estuvo a punto de imitar a Isadora Duncan), imagina mi sorpresa (y alegría) cuando Graham aceptó ir a hacer rápel en la reunión de preproducción de *Men in Kilts* en mayo de 2020. Quizá estuviera entusiasmado porque nuestro programa lo hubiera adquirido Starz o porque el director y algunos peces gordos de producción de Los Ángeles estaban en la llamada, pero Graham dijo que sí a casi todo. O tal vez estuviera borracho de sauvignon.

Creo con sinceridad que Graham no volvió a pensar en el rápel hasta el amanecer del día que le tocó hacerlo.

Situado en la península de Trotternish, en la costa noreste de Skye, Kilt Rock es un acantilado a casi 55 metros de altitud sobre el mar con una sorprendente similitud a la tela de un *kilt*. Graham estaba muy hablador y lleno de alegría primaveral en el viaje en coche hacia allí. Tenía un apetito «normal» y estaba rodeado por su cantidad habitual de envoltorios cuando llegamos a nuestro destino. Aún no creo que Graham entendiera que estaba a punto de hacer rápel sobre un acantilado, ni siquiera cuando cruzamos la cenagosa hierba hacia el borde.

Entonces, de repente, quería algo. Era urgente. Se mostró agitado mientras corría sin moverse del sitio. Ah, ahí estaba. El miedo había hecho su aparición. Me acerqué a él, preparado para aliviar su temor (vale, para aumentarlo), pero, en lugar de un pensionista en pánico, me encontré con una beligerante petición de que le trajeran urgentemente las botas de agua. ¡Nadie le había avisado! ¿Por qué nadie le había avisado? No podía dar otro paso en esas condiciones. Se le iban a ensuciar las delicadas zapatillas azules.

Un crimen contra las zapatillas en general y la moda. Sus zapatillas azules de deporte eran horribles y una afrenta no solo para mis ojos, sino para sus propios pies y la sensibilidad de su novia francesa. Todos los miembros de su familia, amigos y compañeros de trabajo querían que les ocurriera algo malo a esos horribles zapatos. No me gustaba nada de ellos, ni la forma ni el color, pero Graham estaba muy orgulloso de sus pequeñas zapatillas azules.

Regresé al coche y saqué las botas de agua de su señoría. Al volver, un miembro del equipo y yo tuvimos que sujetarlo para que se cambiara con cuidado las zapas azules por las botas de agua. ¡Y todo para un paseo de noventa metros hasta el borde del acantilado! Después, quiso volver a cambiarse las botas de agua y ponerse sus pequeñas deportivas azules. ¡Y se atreve a llamarme niño a mí!

Con los pies a salvo de nuevo dentro de las zapatillas azules, Graham de repente se percató del borde del precipicio, de nuestro instructor, Matt Barratt, y de lo que estaba a punto de hacer, todo a la vez. Le estrechamos la mano a Matt y, antes de que Graham hubiera dicho siquiera su nombre, farfulló: «Tengo auténtico pánico a las alturas. De verdad que sí».

Levanté las orejas. Oh, va a ser divertido. Matt se mostró comprensivo, pero seguía teniendo intenciones de lanzar al Perro Gris por el precipicio (igual que yo). Graham se puso el arnés y Matt le colocó el casco. Sonreí a mi tembloroso amigo y le dije que tuviera cuidado porque estaba muy cerca del borde. Me contestó que le gustaría que no me acercara a él. Me eché a reír porque aún no me había dado cuenta de que su miedo iba en aumento. Además, seguro que era invencible con sus pequeños zapatos de Dorothy. Le pregunté si quería decir unas últimas palabras.

Graham: Cállate, lo pondré en la tumba: «¡¡Cállate, Heughan!!».

Sam: Haré un bonito panegírico.

Graham: Voy a cambiar mi testamento para que no tengas nada que ver con el entierro. Ni siquiera podrás ir.

Matt nos dio las primeras instrucciones: «El rápel consiste en descender un acantilado. Solo debéis hacer dos cosas. Bajar de espaldas y agarrar la cuerda en todo momento».

Graham palideció de inmediato. Irritado, quería más información, una guía detallada.

Graham: Pero ¿qué tengo que hacer?

Matt: Descender de espaldas y sujetarte a la cuerda en todo momento.

Graham: ¿Qué más?

Matt: Eso es todo.

Graham se enfadó aún más y, según se acercaba al borde del precipicio, más abría los ojos de puro terror. Se pareció un poco a mi expresión al ver sus terribles zapatillas azules. Fue bastante sorprendente presenciar cómo aumentaba el pánico dentro de él…, con lentitud, emergiendo como un hongo. Por eso… intenté consolarlo.

«¿Te encuentras bien?».

«No, no estoy bien», gruñó el Perro Gris, como si estuviera a punto de ir al veterinario por última vez.

Mientras el instructor lo empujaba con suavidad hacia atrás, no pude resistir gastarle otra broma.

«¿Qué tal es la vista?».

Sin embargo, Graham estaba hablando distintos idiomas en el sofocante torbellino del miedo.

«Ay, Dios mío. Oh, madre mía. ¡Joder!».

Muchos dirán que me seguía meando de risa por esta crisis, pero quizá mis carcajadas fueran el sonido involuntario de mis pensamientos al percibir que tal vez había ido demasiado lejos y al saber que… yo era el siguiente. Porque estoy dispuesto a hacer muchas cosas, pero 55 metros es un largo paseo infernal hasta abajo y era un día bastante frío y ventoso. No era el tiempo perfecto para hacer rápel.

Graham siguió descendiendo milímetro a milímetro hasta que Matt le dijo que solo estaba doblando las piernas y poniéndose en cuclillas, que no había ido a ningún sitio. Nuestro héroe de acción estiró las piernas y comenzó a descender por la roca bajando una antiestética zapatilla azul tras otra hasta que alcanzó un saliente a unos doce metros. Ahora, lo que no le había dicho a Graham era que, tras alcanzar el saliente, necesitaría desatarse de la cuerda principal y, atado solo con la de seguridad, trepar de nuevo hasta la parte superior, apoyándose solo en los brazos.

El saliente medía unos quince centímetros de ancho, por lo que solo podías ponerte de puntillas sobre una caída vertical de cuarenta metros hasta las rocas de la parte inferior. Mientras el viento soplaba con más fuerza, quizá intentando asustar aún más al Montañero, Graham comenzó a desatarse, lo que dio bastante miedo, porque básicamente lo haces en contra de tu instinto que te está gritando «¡¡¡Nooo!!!» y suplicándote que no te sueltes.

Sentía el corazón en la garganta mientras Graham intentaba desatarse… y comencé a perder los papeles. Pensé: «Ay, mierda, quizá no pueda lograrlo. A lo mejor tenemos que rescatarlo del borde del acantilado. ¿Qué haré si se cae y muere? ¿Por quién podré reemplazarlo en tan poco tiempo? ¿Pagó la factura del bar anoche?».

Graham respiró hondo. Como esa canción infantil: «Huele las flores, apaga la vela». Exhaló, se desató y trepó por la superficie del acantilado como un viejo Spiderman. ¡Lo había logrado! Todo el equipo y yo le dedicamos una ronda de aplausos. Me sentí muy orgulloso de él. Se necesita mucha valentía para enfrentarte a los miedos y superarlos. Fue un momento memorable en el programa y todos nos alegramos de que hubiera conseguido algo tan difícil.

Lo mejor es que, para nuestra próxima aventura de *Men in Kilts,* Graham ha dicho que quiere hacer más cosas fuera de su zona de confort y me honra ser el que le ayude a lograr estos hitos. ¡Solo lo empujo hasta el límite por su propio bien! Enfrentarte a la muerte da una nueva perspectiva a la vida. Quizá haga borrón y cuenta nueva. A lo mejor pierde sus zapatillas azules favoritas para siempre y se da cuenta de que son horrorosas.

Entonces, me tocó a mí. Aquel día los dioses sonrieron a Graham, ya que el equipo me pidió que hiciera el descenso dos veces y me quedara en el saliente diez minutos mientras me grababan con un dron.

[Graham: Y eso, amigo mío, se llama karma].

GRAHAM

Ah, sí, rápel. O, como a mí me gusta llamarlo, «hora de dejar los pantalones marrones». Necesito comenzar este agradable recuerdo diciendo que, desde siempre, he tenido miedo a las alturas. No estoy seguro de cuándo comenzó, quizá conocí a alguien como Sam cuando era niño (una semilla del diablo pelirroja a la que le divertía abandonarme en lo alto de los árboles). Supongo que nunca podemos explicar las fobias. La mía es a las alturas y la de Sam perder en un deporte (ahora también tengo miedo a las personas llamadas Sam).

En Nueva Zelanda, hice rápel una vez, en el campamento escolar de mi hija mayor. Era un descenso de unos veinticinco metros y me encantó, por lo que esperé el día de rápel con ganas, positividad y alegría. Pensé que sería divertido. Acabó siendo como una vaca que le coge cariño a los mataderos.

Teníamos un largo paseo hasta Kilt Rock sobre un terreno pantanoso, por lo que, sí, me cambié de zapatos. Es probable que Sam tuviera unas Barbour o Hunter (o cualquier otra marca con la que se esté prostituyendo) a mano en todo momento, preparadas para cualquier cambio de calzado. Sospecho que tenía una habitación aparte en el hotel solo para los regalos de las marcas.

El camino era bastante llano, lo que me relajó y pensé que todo iría bien. Entonces, nos acercamos a «la roca». Decir que estaba alta sería como decir que Sam Heughan solo habla en ocasiones de su marca de *whisky*. Estaba tan alta que podías sentir cómo el aire se volvía más fino. Durante un momento, pensé que me había oído gritar y luego me di cuenta de que solo era la voz que chillaba en mi cabeza: «¡Vámonos ya!».

No estoy seguro, pero sospecho que Heughan ya había explorado esta zona para asegurarse del efecto máximo de «pantalones marrones». Había un hombre esperándonos con un casco y rodeado de cuerdas... Me recordó a un verdugo.

Sam ya ha dicho que se llamaba Matt Nosequé. No tengo ni idea. No pude escuchar su nombre por encima del ruido de mi estómago haciéndose un nudo y la probable acumulación de flatulencia volcánica en mis calzoncillos a medida que me acercaba al lugar de la ejecución. Me di cuenta del sonido del viento a través de la enorme sonrisa de Sam.

Matt era un hombre de pocas palabras. Al pensarlo, estoy convencido de que la razón de su falta de palabras era que nunca había hecho el descenso, que era en realidad un secuaz a sueldo, empleado por el diablo sonriente y pelirrojo, que solo fingía ser un profesional cualificado. Nos estrechamos la mano. ¿De verdad ha dicho «¿Unas últimas palabras?» o han sido imaginaciones mías?

De inmediato le confesé mi miedo crónico a las alturas. Supongo que esperaba que asintiera comprensivo y dijera: «En ese caso, quizá deberías limitarte a mirar». En lugar de eso, sonrió (la clase de sonrisa que no llega a los ojos, como la de Heinrich Himmler) y dijo con tranquilidad: «¡Ah, ya veo, no se preocupe!». Lo que a mí me pareció que se traducía por: «He entendido lo que me has contado, pero me importa una mierda».

Me di cuenta entonces de que Sam estaba hablando. No tengo ni idea de qué decía, pero era algo irritante y jovial. Quizá, de alguna manera, consiguió conectar el rápel con el *whisky* Sassenach. Me quedé de pie a un lado. Tal vez pareciera que estaba allí, pero tenía la cabeza en otra cosa. Matt, el «instructor», dijo que recordáramos dos cosas: «Caminar de espaldas y no soltar la cuerda». De nuevo, esto podría traducirse por: «Camina hacia tu muerte marcha atrás y, si sueltas la cuerda, tu cara se extenderá como la mermelada contra la escarpada superficie rocosa».

Me presenté voluntario para hacerlo primero. ¡¡¡Una locura!!!

En retrospectiva, creo que no podía soportar ver al Bear Grylls pelirrojo caminando hacia atrás sobre el precipicio mientras me hacía caquita líquida. Comencé a andar marcha atrás. Creo que Sam incluso saltaba de aquí para allá con un placer sádico. La sonora voz de Matt no paraba de decir «¡Sigue!» mientras mi cerebro le contestaba «¿¿¿Por qué???».

Volví a mirar la mata de hierba que se extendía por el borde del acantilado y fue ahí cuando todo mi pánico entró en acción. Creía que ya estaba asustado en aquel momento, pero aquello era un nuevo nivel de terror. La hierba hacía que fuera imposible saber dónde estaba el borde, por lo que retrocedí poquito a poco mientras Matt comenzaba a animarme para que me inclinara hacia atrás. Parecía estar atándome a una silla eléctrica con una mano mientras encendía la corriente con la otra. Aquel fue el momento en el que pensé seriamente en gritar: «¿¿¿Estás loco??? ¡No voy a hacer eso!».

Creo de verdad que las únicas dos cosas que me permitieron continuar fueron mi ego y el hecho de que prefería morir antes que ver a Sam observarme con lástima por haberme rendido. Me incliné hacia atrás y comencé a descender. Sam tiene razón. Quizá solo fueran doce metros, pero cuando la caída hasta abajo es de cuarenta…; bueno, te haces una idea. Miré hacia la superficie del acantilado mientras despotricaba como la policía montada durante todo el camino de descenso.

[Sam: Nunca he visto un uso tan creativo del lenguaje].

No sé cuánto tiempo me costó, quizá fuera menos de un minuto, pero lo sentí como si estuviera viendo el último capítulo de la primera temporada de *Outlander* en bucle. Por fin, llegué a la parte que, con tanta gracia, Matt había descrito como saliente (se parecía más a un trozo de roca un poco distinto al resto de esa escarpada superficie rocosa).

Me sentí muy aliviado. Se había acabado…, pero ¡no! En lugar de eso, Matt me dio instrucciones para que desatara la cuerda, pasara por encima de ella y volviera a subir. Nunca he escalado una roca en mi vida. Ahora querían que me aferrara a la superficie escarpada con mis propias manos y pies y me arrastrara agarrándome de manera precaria a cuarenta metros de las rocas de la parte inferior. Estaba paralizado. Creo que les lancé un torrente de palabrotas a él y a Sam.

Al final, la única razón por la que escalé fue porque la alternativa era la horrible posibilidad de quedarme atrapado en un terreno del tamaño de un sello hasta que cayera la noche. De este modo, mi terror acuciante me llevó a agarrarme con tanta fuerza que conseguí regresar y traspasar el borde.

Quizá el equipo me aplaudiera. Puede que Sam me abrazara (mientras simulaba empujarme por el borde, oh, qué risa), pero lo único que recuerdo es la inmensa sensación de alivio por que se hubiera acabado. Nunca me he sentido más agradecido de pisar el suelo. Sin embargo, definitivamente debería haberme puesto pantalones marrones.

Skye Boat

(Por *sir* Harold Boulton y Annie MacLeod, 1884)

Corre como un pájaro con alas, barco bonito,
oye a los marineros gritar.
Con el futuro rey, el principito,
hasta Skye el mar debes atravesar.

Fuerte el viento sopla,
fuertes las olas rompen.

La tormenta inunda el viento
y a nuestros enemigos equivoca.
¡Que en la orilla abandonen,
pues su persecución les supone un tormento!

SAM

La mayoría conocemos la canción *Skye Boat* porque se utiliza en los créditos iniciales de *Outlander*. La canción original es del siglo XIX y cuenta la historia de la heroína Flora MacDonald, quien ayudó con valentía al príncipe Carlos Eduardo Estuardo a escapar de la Isla de Skye tras la derrota jacobita en Culloden en 1746. Es una canción muy conocida en Escocia y, cuando nos dijeron que esa iba a ser la melodía para la serie, al principio tuve dudas. Pensé que estaba demasiado romantizada y que los centros turísticos de Escocia la habían gastado de tanto usarla. Sin embargo, los admiradores apreciaron la melodía y pronto se convirtió en la «tarjeta de presentación» de la serie.

En San Diego, en la Comic Con, me desperté a las cinco de la mañana, con un poco de desfase horario y entusiasmado por ser parte de nuestro primer panel en directo. Miles de fans habían comprado las entradas para nuestro primer evento promocional público a gran escala. Al mirar hacia el exterior del hotel de veinte plantas, pude ver a un grupo de escoceses de las Tierras Altas, vestidos con faldas y diademas de los ochenta, que cantaban, organizados por el equipo de publicidad, «¡Out-lan-der, Out-lan-der!». Al inicio de la procesión, dos gaiteras, que ahora tocan de manera regular en los eventos públicos, interpretaban *Skye Boat,* con el lamento evocador y lastimero de las gaitas, que llegaba hasta el piso decimoctavo donde me encontraba.

Después, aquel día, me hizo gracia descubrir que nuestros escoceses de las Tierras Altas tenían un *cèilidh* improvisado en la calle con un grupo enorme de tiburones blancos gigantes que promocionaban la película de terror *Sharknado*. No había ni rastro del príncipe Carlos Eduardo Estuardo, a menos que llevara un gorro de tiburón.

Cuando el príncipe Carlos escapó hacia Skye, su cabeza tenía una recompensa de 30 000 libras y lo buscaban por las Tierras Altas y las islas, por lo que Flora lo disfrazó de su sirvienta, Betty Burke, con un pañuelo, una enagua acolchada y una enorme cofia (Graham, ¿te gusta?). Luego, el 27 de junio de 1746 lo llevó en una pequeña barca de remos desde la isla de Benbecula, en las Hébridas Exteriores, hasta Skye.

Ahora que lo he mirado en Google Earth, sé que ¡desde Benbecula hasta Kilmuir hay más de 50 kilómetros! Con la velocidad del viento y las mareas, debió ser épico. ¿Alguna vez has remado en una pequeña barca por el mar? Incluso con las aguas tranquilas, se necesita una gran fuerza y resistencia. Tuve que llevar a Graham por el lago Ness una vez y déjame decirte que no me prestó demasiada ayuda.

Tampoco es que el príncipe Carlos Eduardo Estuardo fuera de gran ayuda porque 1) era un príncipe y 2) medía poco más de metro y medio y era un hombre muy ligero. Vi el chaleco en el museo de Cameron en Achnacarry y creo que su cintura medía sesenta y seis centímetros, el tamaño del muslo de Dougal MacKenzie. De este modo, Flora no solo tuvo un valor increíble, sino que era recia como una botas viejas. ¡Qué mujer! Definitivamente sería mejor compañera de viaje y se quejaría menos.

Después de ponerse a salvo en Skye, en Kilmuir, ahora conocido como *Rudha Phrionnsa* (Prince's Point), Carlos pasó desapercibido en las islas durante varias semanas más antes de escapar en barco hasta Francia. Flora nunca volvió a ver al príncipe, aunque la encarcelaron en la Torre de Londres por participar en la huida del Joven Pretendiente. Sin embargo, la soltaron en 1747 y se convirtió en una celebridad, cuya apariencia captaron muchos de los grandes artistas como Allan Ramsay (1713-1784). En 2015, uno de los retratos de Flora hechos por Ramsay se vendió en América por más de 250 000 dólares.

Flora se trasladó a América al casarse con Allan MacDonald de Kingsburgh. En 1774 emigraron a Carolina del Norte, donde Allan sería general de brigada en el bando monárquico de la Guerra de la Independencia Americana. Luchó para un rey hannoveriano después de rescatar a un Estuardo, sí. Nunca es blanco o negro, ¿verdad?

Al final, Flora regresó al hogar ancestral de Allan en Kingsburgh, Skye. Murió el 5 de marzo de 1790 y su tumba está en el cementerio de Kilmuir, no lejos del lugar donde llegó «con el futuro rey, el principito».

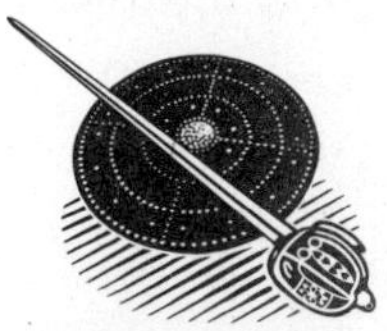

BATALLA DEL MES

BATALLA DE CARINISH, 1601

GRAHAM

En 1601, un grupo de los habituales rebeldes de Harris partió a un rinconcito llamado Sidinish. Aunque es probable que fuera muy pintoresco y sin duda un destino ideal para los veraneantes hébridos de la época, esta banda no fue allí a por un helado.

Su jefe, Domhnall Glas, era el peor del puñado de capullos que vararon sus barcas aquel día en Uist. Los cuarenta hombres se dispusieron a hacer una larga caminata hasta el pueblo de Carinish. Cuando llegaron a Trinity Temple, un antiguo convento que ahora era una iglesia, los lugareños huyeron. Bueno, tú también lo harías, ¿no? Estás ahí, disfrutando del equivalente a un capuchino y un cruasán, cuando, de las rocas, surgen cuarenta matones sanguinarios guiados por un hombre cuyo apellido es Glas.

Estas pobres personas (en estas historias siempre son los pobres, nunca el Elon Musk de Carinish ni el Jeff Bezos de Uist) no solo eran indigentes y estaban aterrados, sino que habían llevado todas sus pertenencias a la iglesia porque pensaban que estarían a salvo; pero ¡no!

A medida que la banda de ladrones asesinos se acercaba, las mujeres de la localidad comenzaron a entrar en pánico y a llorar. Aunque no lo sabían, la ayuda estaba en camino. El John Rambo local había atravesado South Uist y Banbecula desde Eriskay a través de la marea y había llegado a Carinish, donde se escondió en el Trinity Temple. No había sido una caminata corta. Se llamaba MacIain 'Ic Sheumais, que es una extraña coincidencia porque en gaélico significa John Rambo... Bueno, quizá no.

El ruin Domhnall le había pedido a un campesino local que trajera una jarra y le sirviera una bebida especial en su *quaich*, un vaso ceremonial de boquilla ancha. Es probable que Sam haya grabado varios con el nombre Sassenach y los tenga, expuestos en la pared.

Cuando el chico terminó de servir el *whisky*, y justo cuando Domhnall el de las sucias acciones se lo iba a tomar, surgió una tranquila voz que decía: «Te lo han servido, pero no te lo vas a beber». Creo que estarás conmigo en que eso suena a algo que diría Rambo.

De la nada apareció una flecha. ¿No te lo he dicho? Casi puedes escuchar la melodía de Jerry Goldsmith de fondo. La flecha se hundió en la garganta de Domhnall y, mientras se estaba ahogando con su propia sangre, oyó estas palabras de despedida: «Entre Carinish en el norte y Ludag en el sur, solo hay un hombre responsable de esto: MacIain 'Ic Sheumais».

¡Vaya! Seguro que 'Ic Sheumais tenía las pelotas más grandes de todas las Hébridas y una voz como un trueno lejano. Estoy convencido de que las lugareñas quedaron embarazadas al instante por su proximidad.

En cuanto dijo aquellas palabras, los MacDonald salieron de su escondite y procedieron a darles una paliza de tres pares de narices a los treinta y nueve marineros que quedaban. Se produjo una enorme matanza, incluso para los estándares de los MacDonald. Cualquiera sospecharía que Mac Rambo hizo más de lo que le tocaba en aquella carnicería, sin duda con algún cuchillo gigante, elaborado a mano en su pequeña parcela apartada, mientras se tejía una cinta para la cabeza con el pellejo de sus enemigos.

En la actualidad hay un lugar llamado «la zanja de sangre» en Carinish. Es probable que sea un sitio muy popular entre los lugareños para hacer planes románticos.

«Morag, ¿te apetece ir a dar un pequeño paseo hasta la zanja de sangre?».

«Ay, Iain, eres un zalamero».

Al parecer, una mujer de la localidad tuvo que atender a MacIain porque le habían herido. Es muy probable que se cosiera su propia pierna mientras ella componía una canción sobre el asunto. Y así, mis queridos amigos, se acaba la historia de la batalla de Carinish.

AVENTURA DEL MES
LOS DOCE PICOS DE LAS CUILLIN NEGRAS EN SKYE

SAM

Es posible que *An Teallach* (la Doncella) sea la Munro más alejada de las siete que dominan esta zona. Me gustaría decir que está cerca de algún lugar, pero no es verdad. Si llegas en ferri a Ullapool, al oeste de Escocia, quizá percibas a la familia vecina de la Doncella. El loco (explorador) más intrépido, al trepar por su parte sur, a lo mejor se encuentra con una enorme cascada oculta y ve que el agua desaparece en un vasto abismo negro. Es una cima para los exploradores más valientes (locos) y atrevidos.

[Graham: Tengo una pregunta. ¿Hay alguna cafetería cerca?].

¡GRANDES ESCOCESES!
NACIMIENTOS, MUERTES Y OTROS ACONTECIMIENTOS SIGNIFICATIVOS

1 de mayo de 1707 – Se anuncia el Acta de Unión del Parlamento inglés con el escocés.

2 de mayo de 1933 – La historia del monstruo del lago Ness sale por vez primera en la prensa.

8 de mayo de 1945 – Día de la Victoria en Europa, final de la Segunda Guerra Mundial en Europa.

12 de mayo de 1725 – Otorgan el control de las Tierras Altas al regimiento de la Guardia Negra bajo el mando del general Wade.

14 de mayo de 1754 – Se constituye la Sociedad de Golfistas de St. Andrews. En 1834 se convierte en el Real y Antiguo Club de Golf.

22 de mayo de 1859 – Nace en Edimburgo Arthur Conan Doyle, autor de Sherlock Holmes.

JUNIO

«En Escocia hay dos estaciones: el invierno y junio».
Billy Connolly

Casa de Bruce
Lema: *Fuimus* ('Fuimos')
Territorio: Annandale, Clackmannan y Elgin

FECHAS CLAVE

Período meteorológico del verano: entre el 1 de junio y el 31 de agosto

1	**Comienzo del verano**
21	**Solsticio de verano y Litha, inicio astrológico del verano**
Mediados de junio:	**Royal Highland Show (Espectáculo Real de las Tierras Altas)**
Mediados de junio:	**Moray Walking Festival (Festival de Senderismo de Moray)**

MOMENTO DE COMPETICIÓN
DANZA ESCOCESA DE LAS ESPADAS

SAM

Otro reto deportivo en *Men in Kilts* fue la danza escocesa de las espadas. En un principio era la manera en la que los soldados se preparaban para la batalla. La bailarina de las Tierras Altas Cerys Jones tuvo la desafortunada misión de enseñarnos a *lady* McTavish y a mí algunos movimientos de danza con la daga, lo que no fue moco de pavo.

Hay diferentes danzas de las espadas, pero la regla básica es que cruzas dos espadas en el suelo formando una X y bailas en los cuartos. Muchos de los bailes se han perdido en los albores del tiempo, pero al parecer existía una gran variedad de danzas con armas en las que se utilizaban dagas, *targes,* espadas, hachas de Lochaber e incluso manguales, armas pesadas con pinchos al final de una cuerda o cadena que movías como un loco dirigiéndolas hacia la cabeza de alguien. Tiene pinta de ser justo lo que te gusta, Perro Gris. ¿No tendrás una colección de manguales en Nueva Zelanda? Venga, cuéntanoslo todo... ¡Este hombre está obsesionado con las cosas puntiagudas y afiladas!

Cuando Graham y yo tratamos de imitar los rápidos pasos de la hábil pero pequeña Cerys, vestidos con el traje formal de las Tierras Altas, el hombretón comenzó bien y colocó los pies como una bailarina. Me he dado cuenta de que lo hace cuando se pone los zapatos (sí, sus valiosas zapatillas azules). Incluso cuando se pone las botas de agua, coloca el dedo gordo y el ángulo del pie hacia abajo como si le hubieran enseñado en el Bolshoi o, en su caso, en el Bragazashoi.

Me sentía bastante confiado porque ya lo había hecho en *Outlander*, pero la manera perfecta de colocar los pies de *lady* McTavish me estaba aguando la fiesta. Sin embargo, no necesitaba preocuparme. Enseguida tuvo que dejarse la piel para mantener el ritmo (como siempre), con una acuciante desesperación por algo dulce (como siempre): el trozo de la galleta de mantequilla típica de las Tierras Altas que le había quitado y daba brincos en mi bolsillo. Entonces, comencé a pillarlo y, cuanto más rápido captaba los pasos, más se estropeaba la actuación de Graham, convirtiendo sus vivaces saltos a destiempo en la dudosa ilusión de un hombre con las dos piernas en una pernera del pantalón que trata de saltar hacia un lado a la vez que sufre un ataque de pánico.

Mientras continuábamos con el baile (que se volvía cada vez menos vigoroso), Cerys nos contó que, si los guerreros bailaban bien y no entraban en contacto con las espadas, ganaban la batalla. ¡Ese sería yo! Si tocaban las espadas, recibían una herida (ese sería Graham, definitivamente). Y, si les daban una patada, morían. En ese momento, Graham separó las espadas de una patada antes de echarse a reír horrorizado, como si el suelo se hubiera abierto ante él y un belcebú con cuernos estuviera ahí de pie, haciéndole señas para que entrara.

Le dije que debería sentirse agradecido de que le hubiera dado una patada a una espada, en vez de estirar la pata. Saltó un poco más y ¡clanc!, una y otra vez volvió a golpear la espada mientras se le desplomaba el azúcar hasta nuevos y peligrosos mínimos. ¡Me llevo los puntos de la danza con espadas!

GRAHAM

Qué puedo decir sobre la danza con espadas que Sam no haya mencionado ya. Bueno, supongo que podría intentar contar… la verdad.

Es cierto que le di una patada a las espadas, seguro que por pura frustración o un entusiasmo excesivo. Sospecho que Sam evitó golpear las suyas imaginándose que eran botellas del *whisky* Sassenach. Estoy bastante seguro de que al final le oí ofrecerle a la instructora, Cerys, una botella a mitad de precio.

Mi danza produjo gran cantidad de comentarios por parte de mi musculoso compañero. Recuerdo mostrarle mi manera de bailar en una convención de fans en Roma. Estaba horrorizado.

Lo único que puedo decir es que nunca he visto a Sam bailar, aparte de un taconeo en el *cèilidh* y su versión de los saltitos entre espadas. Quizá sea una maravilla en la pista de baile, el John Travolta de Galloway, el Nureyev de Cumbernauld, pero nunca lo sabremos. Prefiere mantener ocultos sus movimientos. Con suerte, algún día lo presenciaré totalmente entregado en la pista de baile. Si ocurre, me aseguraré de presionar el botón de grabar.

Cerys era increíble. Pronto vi con claridad que los pasos que ella hacía sin esfuerzo no eran nada fáciles. Se necesitan unos muslos como pistones para poder mantener el ritmo. En definitiva, me resulta vergonzoso que me costara tanto un baile que, sin duda alguna, está diseñado para niños de seis años.

El baile de las Tierras Altas sigue unas reglas y una forma estricta mientras que el mío siempre tiende a ser más «libre», espontáneo y sin cadenas. Básicamente como un orangután borracho y fugitivo que se ha tomado ocho cafés negros. El mío siempre incluye muchos movimientos de cadera, como un bailarín de hula-hop lleno de testosterona. Definitivamente no es para todo el mundo.

He bailado con Lacroix en varias ocasiones. Su estilo quizá sea el favorito de los exdelincuentes violentos en libertad condicional. Se lanza como una bola de *pinball*, abriendo espacio en torno a él con pasos de baile que constituyen un acto de guerra.

Sin embargo, es cierto que, después de mis vanos intentos con la danza escocesa, Heughan evitó darles una paliza a las espadas con los pies, por lo que, a regañadientes, acepto que esta ronda es suya. Si pudieras oírme ahora, percibirías el sonido de los dientes rechinando por la rabia.

BATALLA DEL MES
LA BATALLA DE BANNOCKBURN
23-24 DE JUNIO DE 1314

GRAHAM

Si hay algo que todo escocés conoce es Bannockburn. Es un pueblo bastante infravalorado al sur de Stirling, cuyo nombre proviene de un afluente del río Forth llamado Bannock Burn que atraviesa la localidad. Mi abuela de Glasgow, cuando conoció en persona a un pariente inglés, le saludó con las agradables palabras: «Os vencimos en Bannockburn». Como he dicho muchas veces, los escoceses tenemos una memoria muuuy extensa. Saludar a un invitado que acabas de conocer hablando de una victoria en una batalla que ocurrió hace 700 años es la definición de «guardar rencor».

Sin embargo, no fue una victoria clara en su época, para nada. Roberto I Bruce consiguió enfadar a Eduardo II con una serie de peticiones que incluían las palabras «rendirse» y «renunciar». Son términos que nunca entran en la cabeza de un rey. De este modo, Eduardo II hizo lo más lógico: invadir Escocia.

Sin embargo, Eduardo II no era su padre. Su fin llegaría por la noche en el castillo de Berkeley, donde se supone que le asesinaron introduciéndole un atizador al rojo vivo por sus partes traseras (a través de un cuerno de vaca para no dejar marcas externas…, ¡qué ingenioso!). Se dijo que se le había oído gritar desde kilómetro y medio, como en una noche movida con Jack el Negro Randall.

Sin embargo, no debía saber aquello cuando movilizó 2000 guardias a caballo y 25 000 soldados de infantería, el ejército más grande jamás creado para invadir Escocia. Los escoceses eran unos 6000 hombres con una pequeña cantidad de jinetes, que iban sobre criaturas del tamaño de un poni, pequeñas y ágiles, que superaron a los caballos de guerra ingleses. Roberto I Bruce separó su ejército en tres divisiones o *schiltrones* (formaciones masivas con lanzas), guiadas por el propio Bruce, su hermano Edward y su sobrino, el señor Thomas Randolph, conde de Moray.

Tras años haciendo redadas al estilo de las guerrillas y arrasando con todo lo que no estuviera sujeto al suelo en el norte de Inglaterra, el ejército con tartanes de Bruce era tan duro como una roca.

Mientras Eduardo II cruzaba la frontera, se encontró con los escoceses, que le bloqueaban el paso en Stirling, en un lugar cuidadosamente elegido justo al sur del castillo de Stirling. Al este se encontraban los obstáculos naturales de dos *burns* o ríos, Bannockburn y Pelstream, junto a gran cantidad de terreno blando y pantanoso. Habían llenado la carretera de hoyos para que se les rompieran las patas a los caballos que llegaran. Jugaban a la defensiva.

Sin embargo, antes de que ocurriera, uno de los caballeros que guiaban el ejército de Eduardo, el señor Henry de Bohun, descubrió a Bruce. Roberto montaba un caballo pequeño, armado solo con un hacha de guerra. El señor Henry tenía una armadura completa, con espada y lanza, y un caballo que era el equivalente equino a un tanque Abrams. Aquella era la oportunidad de Bohun. La victoria estaba al alcance de su puño blindado. Es probable que se imaginara desfiles, cantidades infinitas de alcohol y más doncellas de las que podría agitar con su espada.

El señor Henry de Bohun cargó con la lanza inclinada. Debía sentirse eufórico al pensar que iba a decidir el final de la batalla sin ayuda de nadie. Era un enorme y famoso guerrero que iba sentado a horcajadas sobre un descomunal caballo con una colosal lanza en la mano.

Bruce se quedó quieto mientras Henry cargaba contra él. Casi se podía sentir la falta de aliento colectivo en ambos bandos. Los ingleses permanecieron ahí sentados sabiendo que el señor Henry le iba a dar una lección a ese engreído escocés, preferiblemente una que incluyera empalarlo con la lanza a 56 kilómetros por hora.

Sin embargo, en un momento que recuerda al encuentro de Indiana Jones con el árabe de la cimitarra en la película *En busca del arca perdida,* Bruce dio un paso hacia un lado con el caballo en el último segundo y, con toda su fuerza, le dio en la cabeza a Bohun con el hacha de guerra. Lo mató al instante. Roberto ni siquiera sudó. Casi se puede oír todavía el rugido colectivo de la victoria que emitieron los escoceses, acompañados de frases como «¡¡¡Dale duro, hijo!!!» o «¡¡¡Chúpate esa, puto inglés!!!».

Los escoceses arremetieron contra los ingleses. En un momento dado, parecía que estos últimos podían vencer, pero el *schiltron* de Randolph cayó sobre ellos desde un bosque cercano y pilló a la caballería inglesa totalmente desprevenida.

A continuación, se produjo un caos despiadado, pero la fuerte concentración de los lanceros detuvo el avance de los ingleses. Entonces, optaron por arrojarles espadas y cetros como si fueran unos niños malhumorados en el patio del colegio.

1-0 para Bruce.

Los ingleses se sentían deprimidos, pero pensaron que podrían atraer a los escoceses hasta una batalla planificada al día siguiente y utilizar el poder de los arqueros galeses para ganarlos. Sin embargo, por suerte para Roberto y desgracia para

Eduardo, uno de sus comandantes superiores decidió desertar e irse de la lengua sobre todo lo que Eduardo tenía planeado. A eso se le añadió que el ejército inglés estuviera tan triste como yo al encontrar una cafetería que cierra pronto.

De este modo, Bruce decidió enfrentarse a Eduardo en una batalla en campo abierto. Se tomó un copioso desayuno de avena cocinada, sin duda, con la sangre de los ingleses muertos. Después, los escoceses se unieron al líder religioso en una oración masiva que Eduardo II consideró una plegaria de piedad.

Se dice que uno de los comandantes le explicó: «Piden piedad, pero no la suya. Piden piedad a Dios por sus pecados. Le aseguro que sus hombres tendrán que ganar o morir. Nadie se escapará por miedo a la muerte».

Creo que Eduardo tragó saliva con fuerza como respuesta a esta alegre valoración. A continuación, vino la victoria de un genio táctico. Bruce empleó sus *schiltrons* móviles y consiguió grandes resultados, ya que llevó a los ingleses de un sitio a otro y los dejó atrapados en un suelo pantanoso mientras otros trataban de huir en vano.

Mientras los ingleses escapaban, el grito de: «¡A por ellos! ¡A por ellos! Van a caer» retumbaba por todo el campo de batalla. Del ejército que había invadido Escocia, solo 3000 llegaron a casa. O como dice la canción *Flower of Scotland:*

Que resistió contra él,
el ejército del orgulloso Eduardo,
y lo envió a casa,
a pensárselo de nuevo.

Resultado final: 2-0 para Escocia.

FAMILIA DE BRUCE

SAM

La Casa de Bruce, que parece un club privado del Soho, era una importante familia de las Tierras Bajas, en vez de un clan de las Tierras Altas. En contra de la creencia popular, muchos escoceses no tenían un clan, sino que pertenecían a familias. Los clanes se basaban en el poder y la protección, y a menudo incluían muchos miembros sin lazos de sangre. El Viejo Zorro, lord Lovat, ofreció un «fardo de comida» a cualquiera que cambiara su nombre por el de Fraser.

[Graham: Ahora tienes que pagarles tú para que te acepten].

Por otra parte, los Bruce eran una familia aristocrática con importantes contactos. Como los Fraser, la Familia de Brus (o de Bruis) era parte de la nobleza francesa de Normandía. Se dieron una vuelta por el canal de la Mancha en 1066, guiados por Guillermo el Conquistador, y les dieron una paliza a los desprevenidos británicos. Lo más divertido es que los normandos eran descendientes de los vikingos o los nórdicos que se instalaron en el norte de Francia, por lo que fue en esencia otra redada vikinga…, aunque más sofisticada.

Tras el éxito de la conquista de Inglaterra, que incluyó el asesinato del rey Harold por una flecha en el ojo en la batalla de Hastings (lo que al parecer es un mito; le dieron hachazos hasta morir), se produjo la apropiación de tierras. Guillermo el Conquistador declaró que todo ese territorio pertenecía a la Corona y recompensó a sus caballeros y barones concediéndoles extensas porciones de este, gran parte del cual aún pertenece a los descendientes de las familias normandas. De hecho, la 22.ª bisnieta de Guillermo, la reina Isabel II, aún es la propietaria legal de Inglaterra y de todas las casas, por lo que los ingleses solo son arrendatarios de Betty Windsor. Por suerte, ese no es el caso en Escocia. ¡Uf!

Hoy en día, la mayoría de los miembros ingleses y escoceses de la dinastía Bruce proceden de Robert de Brus, primer señor de Annandale, quien llegó a Inglaterra en 1106 (Guillermo también les dio títulos a sus compis normandos como hago yo con las barritas de proteínas para Graham).

Seis señores después, llegamos a Roberto I Bruce, séptimo señor de Annandale y conde de Carrick, título que heredó de su madre, Marjorie, condesa de Carrick. Me encanta el nombre de Marjorie y está claro que a Bruce también, porque se lo puso a su hija mayor. Por entonces, la Familia de Bruce lo había hecho todo bastante bien y había reunido extensos terrenos en Aberdeenshire, el condado de Antrim, Durham, Essex, Middlesex y Yorkshire. La Familia Bruce aún vive en Broomhall House, en Fife, regentada hoy en día por el 37.º jefe de la Casa de Bruce y cabeza de la Familia de Bruce, Andrew Bruce, conde de Elgin.

Lo conocí en una reunión secreta de Masters of the Malt (Maestros de la Malta), un encuentro anual de los participantes más poderosos del negocio del *whisky*. Andrew Bruce, un hombre bajito y encantador con una singular voz aguda, nos invitó a subir a la mesa mientras cantaba una oda al *whisky*. En el último y conmovedor estribillo, tras mucho *whisky* de primera, lo hicimos de forma voluntaria. Gracias a Dios, el señor Elgin no se cayó de la mesa y terminó la canción de forma espectacular. Broomhall House es una de las casas más grandes de Escocia y puedes ponerte en contacto con el conde de Elgin directamente para reservar un *tour* privado a través de la página web. ¿Uno para *Men in Kilts 2,* Graham?

Para los escoceses, Roberto I Bruce es una figura similar a William Wallace, Sean Connery y Billy Connolly, una leyenda absoluta. Fue un temible guerrero, un luchador por la libertad y un rey. Su linaje normando por parte de padre le dio derecho a exigir el trono escocés. En 1290, cuando la presunta heredera, Margaret, dama de Noruega, murió a los siete años, el abuelo de Bruce, Bob (todos se llamaban Robert) ejerció su derecho a demandarlo también, pero, por desgracia, no era el único, ya que John Balliol, señor de Galloway, también pensó que tenía la oportunidad de conseguir el título.

Eduardo I apoyó a Balliol y John fue coronado rey… Solo durante unos años, hasta 1296, cuando Eduardo decidió invadir Escocia. La Familia de Bruce vio su oportunidad y secundó el plan, lo que aseguraría la expulsión del rey John Balliol del trono y su destierro a Francia. Yo veo ahí un patrón, ¿verdad? La terrible amenaza de devolver a los franceses.

Eduardo I se hizo entonces cargo de Escocia y fue ahí cuando la Familia de Bruce decidió cambiar su alianza de nuevo. Esta vez, Roberto I Bruce se unió a William Wallace, un caballero escocés (interpretado por Mel Gibson), con quien llevó a cabo una revuelta contra los ingleses que dio lugar a las guerras de la Independencia Escocesa que duraron hasta Bannockburn en 1314. La rebelión no tuvo éxito y a Bruce le expropiaron todas las tierras.

Sin embargo, en 1298, Teflon Bruce, junto a John III «el Rojo» Comyn de Badenoch (sobrino de Balliol) fue nombrado protector de Escocia. Comyn el Rojo era el rival principal de Bruce al trono, por lo que, en 1306, Roberto lo apuñaló ante el altar del cementerio de Greyfriars en Dumfries. Misión cumplida.

El Papa estaba muy enfadado por el asesinato de Comyn el Rojo, por lo que excomulgó a Roberto, el equivalente papal a «habla con mi mano». Eduardo I fue más allá y lo declaró proscrito *(ghosting* a un nivel regio). Sin embargo, a Bruce no le importó. Se movió con rapidez para apoderarse del trono y fue coronado rey de los escoceses en Scone el 25 de marzo de 1306.

Por desgracia, fue derrocado un año después y se dio a la fuga; se ocultó en una isla de Irlanda del Norte. Capturaron y encarcelaron a su mujer y sus hijas, y ejecutaron a tres de sus hermanos. El camino hasta el poder absoluto nunca fue fácil. *[Comentario de Graham: ¿Y el de vuelta?].*

Cuando le llegó el momento de regresar a Escocia, Roberto I Bruce se volvió más listo y fuerte que Rocky y les dio una paliza a los ingleses con una táctica de guerrilla que ayudó a garantizarle la victoria en Bannockburn.

Un dato poco conocido es que el señor Alexander Fraser de Touchfraser y Cowie, un héroe de Bannockburn, se casó en 1316 con la hermana viuda de Roberto I Bruce, *lady* Mary, quien había estado en una jaula como prisionera de Eduardo I. ¡Menudo cretino! De este modo, soy prácticamente familiar de Roberto I Bruce.

[Graham: ¡No eres un Fraser!].

7 de junio de 1329 – Muere Roberto I Bruce

Roberto I Bruce murió en su casa señorial en Cardross, en la ribera occidental del río Leven en Dunbartonshire. Lo enterraron en la abadía de Dunfermline, pero su corazón se encuentra en la abadía de Melrose tras un intento fallido de llevarlo a Tierra Santa a través de España.

Hay un monumento de piedra tallada erigido para Bruce cerca del espectacular y fortificado castillo de Stirling. Mira hacia el sur, hacia Bannockburn. Diseñado entre 1876 y 1877 por George Cruikshank y esculpido por Andrew Currie, la estatua representa al rey de pie, vestido con una cota de malla, con la mano sobre la espada y un hacha y un escudo a sus pies. Nunca deberías posar para un retrato o una estatua sin un hacha. No sería lo bastante impresionante.

[Graham: Si te hicieran una estatua, algo que dudo, seguramente tendría un Audi al fondo como emplazamiento de producto, las dos manos llenas de botellas de tu marca de alcohol, una pierna ladeada y el ceño fruncido mientras miras a la distancia con expresión de estar cuestionándote si llegarás a tiempo al baño].

[Sam: La tuya sería con un latte *en la mano, una bufanda en torno al cuello, rodeado de envoltorios de galletas, sentado sobre tu baúl del tesoro lleno de dinero, con las piernas separadas dentro de tu* kilt, *aún sin perfeccionar el arte de ocultar tus partes pudendas].*

REGIÓN DEL MES
STIRLING Y DUNBARTONSHIRE

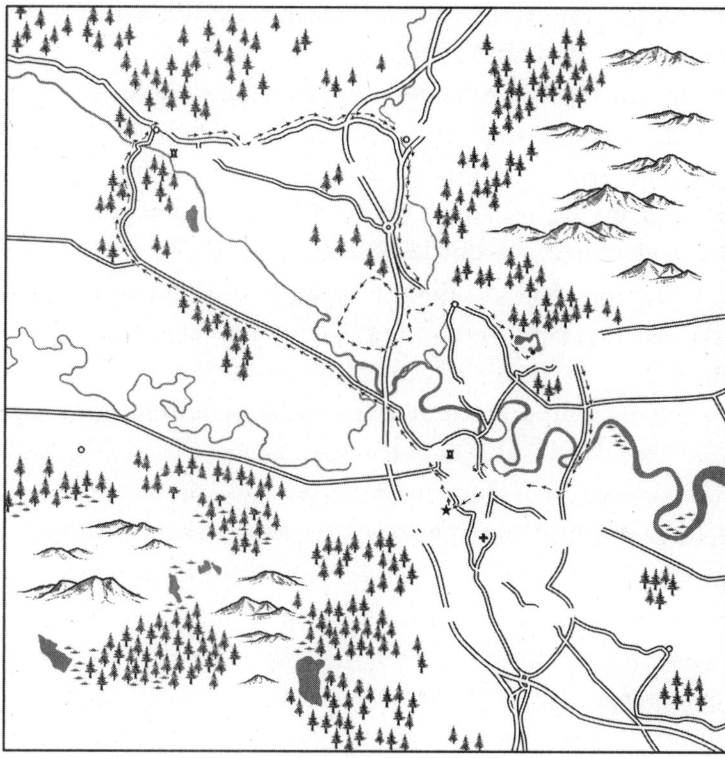

SAM

Me encanta Stirling y, como sabes, corrí una maratón allí *[Graham: ¿Dónde no has corrido una maratón?]*. Además, recibí mi primer *honoris causa* en la universidad de la ciudad. Me hicieron una visita guiada por el castillo cuando estaba trabajando en *Outlander* y, por extraño que parezca, me traje a un entrenador personal americano que hizo el tonto durante todo el *tour* sin disfrutar de la experiencia ni de la historia. Incluso se quejó de que había demasiadas escaleras. ¡No era Graham, sino un gurú del *fitness* quejándose de las escaleras!

El castillo está muy cerca de donde rodamos *Outlander* y el cerro Fraser está solo a diez minutos en una... localización secreta. Cuando estábamos grabando la cuarta temporada, a uno de los nativos americanos del reparto le dispararon con una flecha en la pierna, por lo que tuvieron que llevarle al hospital de Stirling, aún vestido con el disfraz. No estoy seguro de que alguien creyera a la enfermera cuando les contó a sus amigos y familiares que había intervenido a un nativo americano al que le habían disparado una flecha, pero seguro que cerraron el mueble bar.

El mismo grupo de entusiastas nativos americanos, tras probar durante una noche la hospitalidad escocesa, trató de escalar los muros del castillo de Stirling y uno incluso se subió a la parte trasera de un coche de policía para volver a casa, como un jinete de rodeo, sin que los agentes se enteraran. Una vez los veinte hicieron una pelea de almohadas gigantesca en George Square, en Glasgow, hasta que apareció la policía. Son salvajes, apasionados, generosos e inteligentes, están conectados con la tierra y la cultura; son muy buenos amigos míos y un grupo brillante.

AVENTURA DEL MES
BEN LOMOND

SAM

El lago Lomond y el parque nacional de los Trossachs se encuentran a poca distancia al oeste de Stirling. Si no has estado, ¡tienes que ir! Puedes incluso llegar en bicicleta desde Glasgow siguiendo el río Kelvin y el sistema de canales. Está el majestuoso escenario de los Alpes de Arrochar, el Ben Lomond, las islas del lago Lomond y las cataratas de Dochart. El parque alberga veintiuna montañas Munro, diecinueve Corbett, veintidós lagos enormes y siete cascadas. Hay mucho por ver y hacer. El bosque autóctono del parque incluye algunos de los robledales del Atlántico más importantes de Europa, selvas templadas poco frecuentes en Escocia, un paraíso para las plantas, los líquenes y los hongos poco comunes, además de para un gran número de animales inusuales.

En esta zona se encuentra la isla de Inchcailloch en el lago Lomond. Inchcailloch significa «isla de las mujeres ancianas» como referencia al convento fundado en la isla por san Kentigerna. Puedes navegar por el lago en barca y en abril hay un mar de campanillas entre los robles antiguos de esta encantadora isla. Debo decir que fui a mirar otra isla que estaba en venta en el lago Lomond. En el pasado fue el hogar de la condesa de Arran, una entusiasta de los barcos a motor, ya que tiene el récord femenino de velocidad sobre el agua (164 kilómetros por hora). Me la imagino volando por el agua desde la isla para recoger su botella diaria de leche y el periódico.

En la zona también habitaban ualabís salvajes, sí, pequeños canguros, aunque seguro que odiaban que se les llamara así. «Por favor, ¿puedes dejar de llamarme canguro, tío? Soy un ualabí escocés, ¿vale?». Se trajeron a la isla en los años veinte, pero parece que todos han desaparecido. Es posible que fueran los primeros ualabís (escoceses) en nadar hasta Australia, donde suelen vivir. La isla era preciosa, con restos de una vieja edificación situada en la orilla sur. Soñé con hacerme con ella, pero entonces recordé los ataques anuales de mosquitos cada verano y no pude culpar a los ualabís por escapar a un clima más cálido. Además, el precio estaba fuera de mi alcance, aunque fue divertido soñar: señor de la Isla de los Ualabís.

Por aquel entonces, me encontraba en el primer año de rodaje de *Outlander* y estaba, digamos, un poco verde, porque nunca había sido el protagonista de una serie de televisión. Supuse que no duraría más de un año o dos..., pero, casi una década después, ahí sigo. No obstante, hubo un momento en aquel año en el que todo estuvo a punto de acabarse. ¡Completa la información más adelante!

Como he dicho, no tenía mucha experiencia, ni dentro ni fuera del plató. Por eso, cuando mi compi Marina me sugirió encaramarme a una Munro por primera vez, acepté entusiasmado. Marina era y es una gran amiga y me inculcó el amor por las Munro, aunque también es cierto que la única vez (dos en realidad) que he estado a punto de caerme de una montaña, me encontraba con ella. ¡Está claro que no he aprendido la lección!

Era principios de abril y hacía el típico día escocés primaveral (soleado, lluvioso, nevado, nublado, con aguanieve y los demás fenómenos meteorológicos que se te ocurran). El cielo cambiaba en de un minuto a otro (cuatro estaciones en un día) y, aun así, cuando llenamos de gasolina el maltratado y viejo coche de Marina y nos tomamos el segundo americano extralargo del ajado termo, murmuró: «Hace un tiempo perfecto para una pequeña caminata». Entonces, puso el coche en primera y se dirigió a las colinas.

Mientras conducíamos hacia el norte, hacia el lago Lomond, a solo cuarenta y cinco minutos (treinta a su velocidad), pasamos por Dumbarton Rock y el puente de Erskine antes de dirigirnos a la base del Ben Lomond, con su cima torcida, la Ptarmigan Ridge. El pico cubierto de nieve desaparecía entre las nubes a más de novecientos metros.

«¿Crees que necesitaremos zapatos para la nieve?», pregunté sin tener ni idea de qué eran, pero sabiendo que los había visto en alguna grabación en blanco y negro de montañistas en la nieve, algo parecido a raquetas de tenis en los pies.

«No, todo va a ir bien, colega», contestó Marina, feliz.

Por lo general, en un día despejado, la cima del Ben Lomond se puede ver desde la parte más alta de Glasgow y a través de Strathclyde, con la autovía occidental de las Tierras Altas en la parte oeste de la base de la montaña, cerca del lago, el más grande de Reino Unido (en cuanto a superficie). En días soleados, las aguas grises del lago atraen a lugareños y a la gente de Glasgow por igual en busca de una experiencia en el campo. Es habitual hacer deporte, avistamientos, pasear al perro o sentarte en la orilla para comer pescado. Aquel día, sin embargo, incluso los más valientes habían decidido quedarse en casa debido a las pesadas y ominosas nubes de tormenta de nieve que nos amenazaban como un escocés pendenciero de las Tierras Altas.

«Volved a casa», gruñían. «Volved a ese precioso bar al final de la carretera... con una estufa. Cerveza fría. Comida caliente... Y *whisky*».

Recorrimos el irregular sendero entre los árboles. Cuando por fin los superamos, nos encontramos con una vista espectacular del lago y todo lo que había más allá. Ambos le dimos un largo sorbo al *whisky* ahumado de la petaca de *tweed* de Marina y al instante nos sentimos más valientes, lo que era importante porque el camino desaparecía en la parte superior bajo la nieve.

«Bueno, sigamos ascendiendo», dijo con alegría mientras yo me subía el cuello de mi fino cortavientos y le dedicaba un último vistazo a Glasgow y a mi hogar. Pensé que no íbamos vestidos para la ocasión. Hasta entonces, el sol había estado brillando y las vistas eran espectaculares. Ahora las densas nubes se amontonaban sobre nosotros y un viento ululante me impedía escuchar los gritos de Marina.

No aflojamos el paso mientras buscábamos en vano cualquier signo del camino cubierto de nieve. Entonces, comenzamos a trepar, usando las manos y los pies para subir por los sedimentos empinados de la montaña. Algunas piedras sueltas caían mientras nos aferrábamos a largos trozos de hierba. No parecía una caminata, sino que estábamos escalando la montaña. Unos minutos después, mientras nos deteníamos en un enorme saliente para buscar la manera de rodearlo, las nubes se abrieron en parte y nos mostraron que en realidad estábamos al borde de un escarpado precipicio. La montaña caía por detrás.

«¡Creoquenoshemosequivocadodecamino!», grité antes de que el viento me metiera de nuevo las palabras en la boca con tanta fuerza que casi me ahogué. Marina parecía estar pensando lo mismo a juzgar por sus rudimentarias señales con las manos y el ceño fruncido. Bordeamos el saliente y mira por dónde, ¡ahí estaba el camino! O, al menos, algunas piedras que sobresalían sobre la nieve más profunda y señalaban una especie de sendero.

Continuamos pensando que estábamos cerca de la cima. Podíamos vislumbrar el estrecho cono de la montaña quizá a 100 metros. Con ganas de alcanzar nuestro objetivo y ahora totalmente empapados, comenzamos a escalar haciendo agujeros con los pies en el duro hielo, congelados por el punzante viento del norte. Era muy escarpado. Continuamos en línea recta (hay una manera más fácil de subir esta montaña, lo prometo, pero estábamos desesperados y perdidos). Unos tres o seis metros más allá, oí un ligero «ups» detrás de mí.

Me di la vuelta y observé a Marina deslizándose pendiente abajo, cogiendo velocidad, intentando desesperadamente hundir los dedos en el hielo y la nieve, pero sin poder agarrarse. A medida que se precipitaba hacia abajo, sentía el corazón en la garganta porque el borde del acantilado estaba solo a una corta distancia a la derecha y, en ese momento, yo también me resbalé de espaldas y caí tras ella como en un tobogán. Por fin nos detuvimos unos cuatro metros después, ambos boca arriba, respirando con dificultad.

«Quizá deberíamos volver en verano, con el equipo correcto», propuse al mirar el beligerante cielo. «¿Con zapatos de nieve?».

«Y más *whisky*», contestó entre risas.

BEBIDA DEL MES
DEANSTON DE 12 AÑOS

SAM

El pueblo de Doune en el distrito de Stirling, en el centro de Escocia, es bastante modesto. Se trata de un tranquilo pueblo con una sola calle principal, una tienda de alimentos, otras de regalos, una o dos cafeterías, varios *bed and breakfast* y un parque de caravanas cercano (ideal para McTavish y sus amigos). Esta villa histórica se conocía en el pasado por la fabricación de revólveres y su castillo fortificado, que alguna serie escocesa de viajes en el tiempo ha utilizado para ambientar muchas épocas. En realidad, solemos grabar muchas partes de *Outlander* en Doune y los alrededores.

Un lugar en particular que me gusta mucho es la destilería de Deanston. Para la segunda temporada de *Outlander,* rodamos en el depósito, lugar principal donde guardan sus encantadoras barricas de *whisky*. Hizo las veces de bodega parisina y de negocio de contrabando de Jamie. Una muerte «accidental» causada por Claire y Jamie, ejem, les obliga a esconder el cuerpo en un barril de *crème de menthe* de dicha bodega. ¿Quizá para mantener los restos frescos y mentolados?

Esa tarde, mientras el equipo de grabación descendía al depósito, percibí el fuerte olor a *whisky*. No, esta vez no era yo, sino «la parte de los ángeles» o el *whisky* que se evapora de la barrica dentro del depósito. Durante horas, respiré hondo para tratar de absorber toda la fragancia a cebada dulce y roble que inundaba el espeso aire. Algunas personas del equipo se sentían mareadas. Yo me sentía genial. Grabamos otra toma mientras hacía rodar un enorme barril por décima vez hasta John Bell (que interpretaba al joven Ian).

«¡Aaahhh!». La barrica de *bourbon* de más de 100 litros aterrizó sobre el pie de John. ¡Pobre!

«Respira hondo. El vapor te hará olvidar el dolor», dije.

Horas más tarde, la destilería, de manera generosa, nos regaló una botella de *whisky* y, cada vez que huelo esa bebida, me recuerda a Doune y al pie del pobre John. El *whisky* no huele a pies, me apresuro a añadir.

El Deanston de 12 años, envejecido en barricas de *bourbon* (como la que yo empujaba... Bueno, era una falsa, pero es lo mismo), procede de las riberas del río Teith.

CASTILLO GUAY DEL MES
CASTILLO DE DOUNE

GRAHAM

El castillo de Doune, cerca del pueblo del mismo nombre, fue el hogar de los MacKenzie en *Outlander* (castillo Leoch) y el escenario de muchos y extraordinarios días de rodaje en exteriores. Volvimos para grabar *Men in Kilts* y reunirnos con Iain MacGillivray y Charlie Allan. Fue maravilloso regresar.

Recuerdo visitarlo unas semanas antes de empezar *Outlander,* con mi hija mayor, Honor, para mostrarle dónde iba a trabajar su papá. Estaba totalmente desierto. Éramos los únicos allí. Creo que quizá fuera la última vez que el castillo de Doune estuvo tan silencioso.

También es la sede de uno de los momentos más divertidos de *Los caballeros de la mesa cuadrada,* cuando nuestros héroes llegan a un castillo francés y exigen que les dejen entrar. Para aquellos que no la hayáis visto, hacedlo cuanto antes. Quizá sea mi película favorita de los Monty Phyton.

Tuve la suerte de hacerme amigo de Terry Jones, miembro del grupo cómico Phyton y codirector de *Los caballeros de la mesa cuadrada,* cuando estaba en la universidad. No solo era una de las personas más divertidas que he conocido, sino también el alma más inteligente y generosa que puedas encontrar.

Trabajé con él en *Erik, el vikingo* y *El viento en los sauces,* escrito por el maravilloso escocés Kenneth Grahame. Era un hombre encantador que me explicó la razón por la que utilizaban cocos para imitar el sonido de los cascos de los caballos (porque no se podían permitir animales de verdad).

SAM

Como ha dicho Graham, el castillo de Doune ha albergado multitud de series de televisión y películas. Desde los Monty Phyton, *Juego de tronos, Outlander* (por supuesto) a la más icónica, *Men in Kilts.*

En la parte frontal, en los jardines de Doune, Graham McTavish fingió, de manera sorprendente, un tirón en el tendón de la corva durante un juego bastante brutal de *shinty* en la primera temporada de *Outlander,* diciendo que necesitaba sentarse y descansar durante unas horas mientras el pobre y fatigado doble debía hacer todo el trabajo sucio.

También fue donde, en la primera temporada, Graham McTavish se comió él solo el contenido de la bolsa de tentempiés del Tesco destinada a todos los actores (barritas de frutas y frutos secos, paquetes de Kit Kat y una extraña galleta empapada). Además, fue donde exigió de manera constante e irracional que le trajeran batidos de proteínas (tras verme beberlos). Poco sabía él que el ayudante de dirección se había quedado sin proteínas, por lo que McTavish le estaba dando sorbos a vasos de agua turbia.

Cerca del castillo de Doune se encuentra Old Newton, un pequeño castillo casi tan antiguo como el propio Doune construido en el siglo xv. Fue donde nuestro productor ejecutivo original, Ron Moore, y su esposa Terry se alojaron durante la producción. Tiene gruesas paredes como las de una fortaleza, hendiduras de flecha por ventanas y ha vivido épocas como la del príncipe Carlos Eduardo Estuardo, *sir* Walter Scott y el filósofo David Hume. Muchos de los muebles y adornos proceden de ese período e incluso contiene algo que solo podría describirse como «baño de la época». El sonido que produce al tirar de la cadena despierta a todo el castillo.

Una noche, tras arrasar con la famosa colección de *whiskies* de Ron, decidí tumbarme en un sofá de la torre para mirar el antiguo cuadro de un bufón. Por la noche, me desperté sobresaltado, quizá debido a la cantidad de *whisky* caro o a la deliciosa comida que Terry me había cocinado. La única luz que brillaba era una tenue lámpara de noche que desprendía una extraña sombra dorada sobre la pared y caía sobre la cara del bufón, lo que hacía que su irónica sonrisa y sus ojos empequeñecidos se rieran de mí. Sentí que el cuadro me observaba mientras bajaba a trompicones la escalera para ir al baño con la esperanza de que la cisterna gritona no despertara a todo el mundo.

Por suerte, conseguí no caerme por las oscuras escaleras y regresé a la torre para pasar una tortuosa e interminable noche mientras el bufón me observaba y yo rezaba para que no se moviera o me guiñara un ojo. No dormí mucho, si es que lo hice, y tuve que irme a trabajar supertemprano (¡qué novedad!). Estoy convencido de que McTavish estaba en una de esas múltiples habitaciones, roncando profundamente, aunque no sé cómo consiguió una cama. Sin embargo, es cierto que, conociendo a McTavish, seguro que se agenció la mejor habitación del castillo con mayordomo incorporado.

6 de junio de 1944 – El desembarco de Normandía

SAM

En *Men in Kilts,* además de ponernos al día con Charlie Allan y su colección de espadas y hachas de Lochaber en el castillo de Doune, conocimos a Iain MacGillivray, granjero, gaitero y el jefe más joven de un clan en Escocia. Iain nos habló de la historia de las gaitas, una de las modalidades más antiguas de música en Europa, un hermoso instrumento, pero también un arma de guerra. Las gaitas se utilizaron para aterrar a los enemigos en múltiples batallas, como en Culloden. Iain nos explicó que, en la época del Imperio británico, los escoceses estaban en primera línea. ¡Una orquesta de escoceses con faldas, gaitas y tambores!

En la Segunda Guerra Mundial, hay una historia maravillosa sobre Bill Millin, el gaitero personal de nada más y nada menos que Simon Fraser, el 15.º lord Lovat. Simon Fraser era un hombre que hacía las cosas de forma diferente y a su manera, igual que su ancestro, el Viejo Zorro, 11.º lord Lovat, de quien hemos hablado en abril.

Ante la petición de Simon Fraser, Bill Millin, de solo veintiún años, irrumpió en las playas de Normandía el Día D tocando la gaita. Cuando Millin le dijo que el reglamento del Ejército británico indicaba que las gaitas solo podían ir en la parte trasera, lord Lovat contestó: «Ah, pero eso es del Ministerio de Guerra inglés. Tú y yo somos escoceses, por lo que no se nos aplica».

De este modo, vistiendo el mismo *kilt* de tartán de los Cameron que llevó su padre en Flandes durante la Primera Guerra Mundial y, armado solo con la gaita y el *sgian-dubh,* siguiendo las órdenes de Fraser, el joven Bill marchó de un lado a otro por las playas normandas tocando *Highland laddie, The road of the isles* y *All the blue bonnets are over the border*. Durante media hora, tocó mientras sus camaradas descendían a su lado. Bill supo después que, al parecer, los alemanes habían dejado de dispararle porque no podían creerse que alguien estuviera tan loco. ¡Una auténtica leyenda!

Sin embargo, la mejor parte de nuestro encuentro con Iain fue la sorpresa que le tenía preparada al Perro Gris. Informó a Graham de que uno de sus familiares, un tal Simon McTavish de la Compañía Noroccidental de Canadá (comerciantes de pieles), era el sobrino de William MacGillivray, lo que convertía a Iain y a él en familiares lejanos. Graham estaba encantado y, para celebrar este momento de oro de la televisión, Iain tocó «The Black Bear» con la gaita, una de las marchas favoritas de McTavish.

NOTAS DE LA NATURALEZA
FLORES DE *OUTLANDER*

SAM

Hay tres flores que brotan este mes y que tienen un gran significado para *Outlander* por diferentes motivos: la hierba de San Juan, la nomeolvides y, redoble de tambores…, la lavanda (¡me estremezco!).

La hierba de San Juan *(Hypericum perforatum)* florece de junio a septiembre. Fue la primera hierba que apareció en la serie de *Outlander* y la primera en aliviar el dolor de Jamie Fraser. La planta se sigue usando en la actualidad para combatir la depresión y en el siglo XVIII se colocaba un puñado bajo las axilas (o sobacos) de las personas poseídas por el demonio. ¿Te has lavado los sobacos, Perro Gris?

La nomeolvides *(Myosotis)* es una flor silvestre nativa de las islas británicas. Durante el día, las diminutas flores azules desprenden poco olor, pero por la noche son mucho más aromáticas. Se pueden encontrar en el área suroeste de Escocia y en la costa este. Sin embargo, no aparecen en las Tierras Altas, las Hébridas Exteriores, las Shetland o las Orcadas. Por eso Claire se sorprendió tanto al ver una nomeolvides en el círculo de piedras de Craigh na Dun.

Como había sido incapaz de acercarse más a las piedras porque los paganos estaban llegando para hacer los rituales de Samhain (en el libro se habla de Beltane, que está más relacionado con el florecimiento de las nomeolvides), Claire regresó luego para buscar la flor y, por supuesto, traspasó las piedras y el resto lo componen seis temporadas de *Outlander*. Mi compañera de reparto, Caitriona, colaboró con los chicos de la compañía Garden Shed Gin para crear una ginebra del mismo nombre. Estoy esperando una botella, ojalá no se le olvide…

A diferencia de las nomeolvides, la lavanda inglesa *(Lavandula angustifolia)* no es nativa de Gran Bretaña, sino de la región mediterránea, crece en jardines de Escocia y florece de junio a agosto. Hay 450 variedades y 45 especies, de las cuales Jack el Negro Randall tendrá sus preferidas porque, como sabemos, es un gran fan de estas cosas. Por lo general, se asocia a los bolsos de las abuelas o el relax, pero la conexión con *Outlander* es mucho más oscura.

El aire en la habitación de Geillis Duncan sigue siendo denso por el aroma a lavanda *(Outlander,* noveno capítulo) y, por supuesto, el malvado Jack el Negro siempre lleva un frasco de aceite de lavanda consigo para propósitos lubricantes, por lo que es la flor que menos le gusta a Jamie. Sin embargo, a mí me encanta el aroma y siempre tengo una botella en la caravana para que huela bien.

¡GRANDES ESCOCESES!
NACIMIENTOS, MUERTES Y OTROS ACONTECIMIENTOS SIGNIFICATIVOS

1 de junio de 1946 – Nace en Dundee Brian Denis Cox CBE.
1 de junio de 1991 – Delacorte Press publica por primera vez *Forastera,* escrito por Diana Gabaldon. La colección de *Outlander* ha vendido desde entonces más de 25 millones de copias.
3 de junio de 1945 – Nace en Glasgow el actor William «Bill» Paterson. LBP, como le llamamos en el set, interpretó al brillante Ned Gowan, el abogado de las estrellas.
8 de junio de 1772 – Nace en Glasgow el ingeniero Robert Stevenson, quien construyó 18 faros en la costa escocesa.
9 de junio de 1942 – Las primeras tropas estadounidenses (más de 10 000 hombres) desembarcan del Queen Mary en el río Clyde.
10 de junio de 1688 – Nace Jacobo Francisco Eduardo Estuardo. En honor al Viejo Pretendiente, se conoce como Día de la Rosa Blanca en los círculos jacobitas.
10 de junio de 1719 – La batalla de Glenshiel.

GRAHAM

El 10 de junio de 1719, la única batalla campal de la primera rebelión jacobita se llevó a cabo en el precioso desfiladero de Glenshiel. Los dos bandos aparecieron con un número de hombres similar, unos mil soldados.

Entre ellos estaba un personaje del que ya hemos hablado, lord George Murray, quien apoyaría al príncipe Carlos en Culloden. En Glenshiel, Murray era un alegre joven de solo veinticinco años. También estaba allí el legendario Rob Roy MacGregor, quien era bastante mayor, ya que tenía cuarenta y ocho años cuando se produjo la batalla.

El resto de las fuerzas jacobitas estaban compuestas por el clan MacKenzie *(Tulach Ard),* los Cameron y los MacDougall.

También se unieron a ellos (antes de que decidieran que lo mejor era ponerse de parte del Gobierno) los Campbell y unos 200 soldados españoles de Galicia.

Por extraño que parezca, la semana antes de la batalla uno de los españoles murió por un golpe de calor, tal era la temperatura inusual de aquel verano en Escocia. Cualquiera que haya visitado Glen Shiel sabrá lo difícil que es morir de otra cosa que no sea una hipotermia.

Allí hay una colina que, hasta el día de hoy, se conoce como *Sgùrr nan Spàinteach* (la cima de los españoles). Quizá cerca haya otro pequeño cerro llamado «la colina del español que debería haberse puesto a la sombra y tapado con un sombrero».

En el bando del Gobierno se encontraban, entre otros, los Munro, los Sutherland, los MacKay y, sí, lo has adivinado, los Fraser. Las tropas del Gobierno contaban con un nuevo tipo de pequeño lanzagranadas que utilizaron para bombardearles el culo a los jacobitas. Gracias a sus técnicas avanzadas y a dejar caer grandes explosivos desde cierta distancia sobre los sufridos seguidores del rey Jacobo, las fuerzas del Gobierno se impusieron.

Los jacobitas, junto a un tal Rob Roy MacGregor, herido de gravedad, se retiraron al valle mientras, sin duda, los abucheos burlones de los ancestros de James Alexander Malcolm MacKenzie Fraser retumbaban por todo el lugar.

18 de junio de 1746 – Flora MacDonald se reúne con el príncipe Carlos Eduardo Estuardo y le convence para vestir ropas de mujer como parte de la estrategia de huida desde las Hébridas Exteriores a Skye.

19 de junio de 1937 – Muere J. M. Barrie, autor de *Peter Pan*.

GRAHAM

Peter Pan fue la primera película que vi en el cine local Odeon, cuando tenía cinco años. Me produjo una impresión imborrable que he evocado cada vez que mis hijas han visto alguna película de animación.

Verás, creía que era de verdad. No veía un dibujo, sino una aventura de la vida real. La mente de un niño no distingue entre vida real y fantasía. El camino entre los dos mundos se abre de manera increíble ante lo críos. Es más que imaginación: es la capacidad de vivir en mundos paralelos. ¡Menudo regalo! Y qué triste es cuando esa vía abierta se bloquea.

Como adultos, seguimos disfrutando de la ficción e invertimos emociones en ella como si fuera real usando la suspensión de la incredulidad. Siempre me sorprende, tanto al actuar como al formar parte del público, que, sobre todo en el teatro, exista un contrato no apalabrado entre esas dos partes del escenario que permite que nos creamos lo que está pasando. A pesar de que nuestra mente racional sabe que está viendo una obra en un teatro, con utilería y escenarios falsos, con actores que están interpretando un diálogo guionizado (en su mayoría) y que, como miembros del público, damos fe de esto, aún permitimos que nuestra imaginación se precipite de cabeza en la historia. Nos dejamos llevar por el dramatismo, reímos por la comedia y lloramos por la tragedia.

Como he dicho, a los cinco años vi *Peter Pan,* no como ficción, para nada. Peter era real. De hecho, lo era tanto que cuando el cine dejó de emitir la película y quitaron los carteles, recuerdo con total claridad preguntarles a mis padres: «¿A dónde ha ido Peter?». Porque, para mí, Peter Pan vivía en el cine. Es uno de los primeros recuerdos que tengo como niño, tal fue el poder de Pan.

Treinta años después, me dieron la oportunidad de interpretar al capitán Garfio en la versión de *Peter Pan* de la compañía de teatro TAG. Era una versión muy creativa. Como era Garfio, llevaba una levita de terciopelo rojo, pantalones blancos y unas botas de Doctor Marten hasta las rodillas, con una larga peluca negra y rizada y, por supuesto, un enorme garfio de plata. Mi primera entrada era en un carrito de la compra con el pie al frente, como la proa de un barco, mientras me empujaba Smee, interpretado por Thane Bettany (padre de Paul). Es una de las mejores entradas que he hecho nunca.

[Sam se reprime].

Es una obra extraordinaria y, como el camino abierto del que he hablado antes, examina lo que es ser un niño, no crecer nunca y la maldición de la edad adulta que representa en cierta manera el capitán Garfio.

Una noche, estaba interpretando la obra. Los niños solían venir vestidos de sus personajes favoritos: Peter, Wendy, Smee y algunos incluso de Garfio. Durante mi discurso en el que me refería de manera brillante a un «holocausto de niños», de entre la negra oscuridad surgió la clara voz de un niño que dijo: «Me encanta este hombre».

Creo de verdad que *Peter Pan* es una de las razones más poderosas por las que me he pasado la vida, de una u otra manera, intentando no crecer.

29 de junio de 1946 – Mis padres, Alexander Graham McTavish y Ellen Patricia Alexander, se casan seis meses después de verse por vez primera.

[Sam: Graham no estaba aún ni en el pensamiento de ninguno de los Alex].

JULIO

Clan MacNeil de Barra
Lema: *Buaidhi no bas* ('Conquistar o morir')
Territorio: Barra

FECHAS CLAVE

Mediados de julio: Abierto Británico de Golf
Mediados de julio: Eilean Dorcha Festival (EDF), isla de Benbecula en las Hébridas Exteriores

REGIÓN DEL MES
HÉBRIDAS EXTERIORES (O ISLAS OCCIDENTALES)

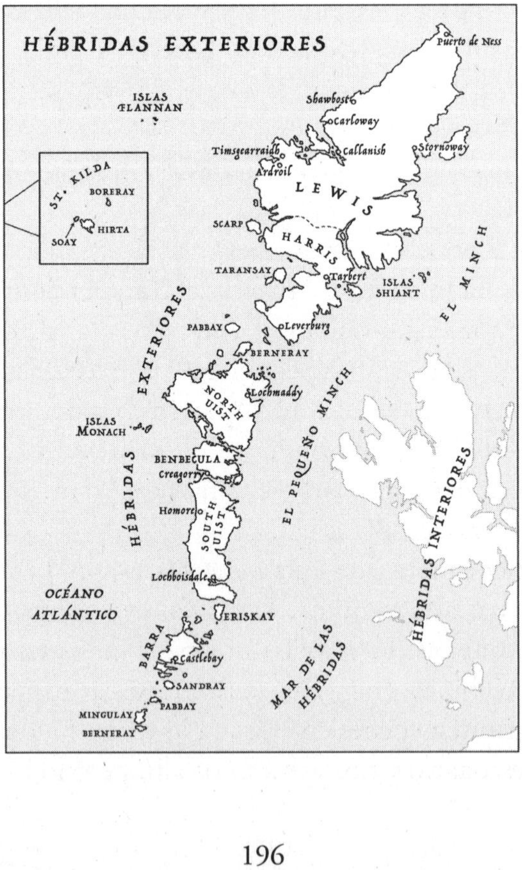

SAM

Mientras estaba de gira con el teatro Traverse, tuve la suerte de visitar muchas localizaciones remotas de las Tierras Altas y las islas. Fue un viaje mágico, aunque no tan glamuroso como el período anterior en el festival de Edimburgo y el Royal Court de Londres, donde me nominaron al premio Laurence Olivier como mejor actor revelación. Recuerdo estar en la ceremonia bebiendo champán gratis y pensar: «¡Ay, por Dios, por favor, que no gane, el champán se me ha subido a la cabeza!», ya que no me había preparado el discurso de aceptación. Por suerte, no gané y agradecí las copas gratis.

A medianoche, me cambié el *kilt* de alquiler en un baño público sin que nadie me hiciera proposición alguna y me subí al bus nocturno de vuelta a Escocia. Ocho horas después, salí a trompicones del bus y arrastré los pies medio dormido hasta el edificio de al lado para mi clase de las 9 de la mañana en la escuela de interpretación. La fiesta y el champán de la noche anterior eran meras manchas en mi falda de alquiler y un dolor punzante en la cabeza. Pensaba que el champán caro no producía resaca.

[Graham: ¿Ese es el sonido de Laurence Olivier removiéndose en su tumba?].

Durante la gira de la obra *Outlying Islands,* con todo el reparto amontonado en un miniván y el director como conductor en todo momento, visitamos entre otras la isla de Easdale. Eilean Eisdeal es la isla más pequeña de las Hébridas Interiores y parece estar hecha de pizarra. También ha albergado competiciones mundiales de lanzamiento de piedras, dada la abundancia de rocas perfectas para esta práctica. Lo intenté, pero no creo que hubiera llegado al podio.

Easdale tiene menos de sesenta hectáreas, por lo que se recorre en unos cuarenta minutos. Está a solo veinte metros de tierra firme, así que puedes alquilar una pequeña barca para llegar a la isla. De hecho, es obligatorio utilizar una barca pequeña, ya que no se permiten coches en la isla. No tengo ni idea de cómo llevamos el escenario y nos asentamos allí, pero lo hicimos.

En el centro comunitario local, los habitantes (unos sesenta) más algunos visitantes procedentes de tierra firme se apiñaron frente a nuestro pequeño escenario. La obra, desarrollada en la lejana isla de North Rona, trata sobre dos jóvenes ornitólogos que van a la isla a estudiar la fauna salvaje y acaban matando por error a un granjero local (¡ups!), quien resulta tener una hija de la que se enamoran los muchachos mientras toman una deliciosa comida consistente en un frailecillo guisado.

Es una obra sombría y preciosa sobre la pérdida de la inocencia, que predice la oscuridad de la futura Segunda Guerra Mundial con unos cuantos fragmentos similares a El Gordo y el Flaco para echarse unas risas. Nuestro escenario, un oscuro *bothy* (un apartado refugio de montaña), era como una pequeña cueva. En el centro comunitario, todos los habitantes de la isla contenían el aliento mientras mi personaje luchaba por el amor de la hija del granjero local. La muerte, las gaviotas anidando en el tejado del edificio y las olas del exterior chocando contra la isla de pizarra proporcionaban auténticos efectos de sonido y una atmósfera fascinante.

En el punto álgido de la obra, mi compañero de reparto se suicidaba saltando de un acantilado en mitad de una tormenta, mientras una de verdad comenzaba a formarse en el exterior. A pesar de la corta distancia hasta tierra firme, se hizo peligroso que el público regresara a casa porque, además, estaba bien lubricado gracias al *whisky* puro de malta, por lo que, cuando el espectáculo terminó, la isla entera, actores, equipo y «extranjeros de tierra firme» se reunieron en la casa del barquero donde se cantó, bebió y rio hasta por la mañana mientras los lugareños tocaban la tradicional música *cèilidh* con un cantante y un violín. No recuerdo dónde dormí, pero por suerte crucé la corta distancia hasta la tierra firme al día siguiente sin tener que nadar.

En esa misma gira, visitamos las Hébridas Exteriores y la isla de Lewis, donde comimos con el poeta y dramaturgo gaélico Iain MacLeod, amigo mío. Más adelante, escribió una obra en la que participé llamada *The Pearlfisher*, sobre los últimos viajeros y pescadores escoceses de perlas de agua dulce. Por eso, invité a Iain al primer episodio de *Men in Kilts,* donde hablamos de la antigua rivalidad y el resentimiento amargo entre los MacLeod y los MacDonald.

En Port of Ness, en el extremo noroeste de Lewis, mientras las enormes olas chocan contra los acantilados negros que se erigen sobre el mar del Norte, su padre aún teje el Harris Tweed® tradicional. Nos mostró su sencillo telar, que funcionaba a mano, de la misma manera en la que se hacía cientos de años atrás.

Quisimos visitar la isla mencionada en *Outlying Islands,* North Rona, que se encuentra a más de setenta kilómetros al noreste de Lewis, la isla habitada más remota de Reino Unido. Sus vecinos pertenecen a las islas Feroe.

Es tan distante que se suele omitir en los mapas de Reino Unido. Pequeña y ventosa, su única compañía es el mar del Norte, los fuertes vientos y los chillidos de los pájaros. En nórdico antiguo significa «isla adusta», que se adecúa bastante bien. En la Edad Oscura, san Ronan estableció allí una pequeña comunidad cristiana y debió sentirse como si estuviera en los confines del mundo.

Saltamos sobre una enorme lancha motora con chalecos salvavidas de color naranja fosforito para mantener el calor y nos preparamos para un irregular viaje por el feroz mar. Durante varias horas, nuestra barca naranja dio felices saltitos por el agua, con la única compañía de alguna extraña foca o algún alcatraz (lo llaman guga. Los lugareños de Lewis se lo comen y, al parecer, sabe tan mal como suena).

Por fin, nuestros ojos, nublados por el exceso de sol, mar y viento, percibieron una diminuta roca en el vasto océano. Una vez a salvo en tierra firme, mientras caminábamos por la ventosa isla, vimos los restos del asentamiento sagrado, habitado hace siglos. De verdad, es una isla en los confines del mundo en la que solo un grupo reducido de personas ha estado o estará. Es mágica, pero no planificaría allí mis próximas vacaciones. Definitivamente, es mejor dejársela a las gaviotas y focas grises.

Otro viaje épico en barca fue el recorrido a través del Minch, el canal que separa la tierra firme de las Islas Occidentales. Lo grabamos para *Men in Kilts* mientras trataba de impartir algunas píldoras de conocimiento mitológico a mi compañero, regado con *prosecco*. Los clanes que dominaron la costa y las islas eran muy poderosos porque controlaban el acceso al mar y en esos días era la manera más rápida de viajar. Sin embargo, también era la más peligrosa y la cultura marinera escocesa está llena de criaturas folclóricas y mitológicas como los *kelpies* (en gaélico escocés, *na fir gorma)*.

Conocidos como los «hombres azules del Minch», buscaban barcos para hundirlos y marineros a los que ahogar. Con un tamaño similar al de los humanos, pero de color azul, formaban tormentas cuando lo deseaban. No me extraña que el Minch también se conozca por *Sruth nam Fear Gorm,* «la corriente de los hombres azules». Supongo que todos tenían largas barbas blancas, eran calvos y les encantaba el café espumoso.

En *Supersticiones de las Tierras Altas e Islas de Escocia* (1900), John Gregorson Campbell sugirió el origen de los extraños hombres azules: «Los ángeles caídos salían del paraíso en tres grupos: unos se convertían en las hadas de la tierra, otros en los hombres azules del mar y otros... en los *Northern Streamers* o *Merry Dancers* (bailarines felices) del cielo». *Merry Dancers* fue el nombre otorgado a las auroras boreales, de las que hablaremos en octubre.

Otra criatura mítica era el nuckelavee, un demonio equino que aterrorizaba tanto a los isleños que no lo nombraban sin decir después una plegaria. Se encontraba cerca de la playa, pero es gracioso que no apareciera cuando llovía, por lo que no se le veía muy a menudo. El aliento de la bestia marchitaba los cadáveres y extendía enfermedades entre el ganado. Sin embargo, como muchos otros monstruos marinos escalofriantes, no podía sobrevivir en agua dulce, por lo que lanzarse a un río o lago era un método seguro de escapar de él si te perseguía.

Sin embargo, quizá te encontraras cara a cara con el shellycoat... ¡Aaahhh! Esta criatura relativamente inofensiva vivía en ríos y arroyos y era más traviesa que maliciosa. Sobre todo, disfrutaban desorientando a los paseantes.

EL MEJOR FOLKLORE DE LOS PESCADORES

- Nunca hables sobre el salmón en un barco. No sé por qué, pero no lo hagas.
- Ni de un cerdo ni de un conejo.
- Nunca te lleves a bordo un plátano. Nunca jamás. Ni siquiera hoy en día (a menos que estés en una barca en forma de plátano).
- No silbes contra el viento porque crearás una tormenta (de todas maneras, es imposible hacerlo).
- Si ves a un párroco o a una mujer de camino a tu barco, ¡vete a casa!
- Ponte un solo pendiente de oro. (¿¡Graham!?).
- Lleva una ramita de espino.
- Gira siempre a la derecha al salir del puerto.
- Métete una moneda en el calcetín.
- Y, hagas lo que hagas, no salves a nadie que se esté ahogando…

…porque hace cientos de años, en las Shetland, las Orcadas y algunas partes del noreste, se prohibió salvar a nadie del mar, puesto que la gente pensaba que esa vida era un sacrificio necesario para el espíritu del mar. De ahí la razón por la que muchos isleños y pescadores nunca aprendieron a nadar. Según un dicho del siglo XIX de Peterhead, Aberdeenshire, «El mar se lleva la vida del salvador en lugar de la del salvado. Los números del mar deben ser exactos».

MOMENTO DE COMPETICIÓN
SURF, ¡ALLÁ VAMOS!

GRAHAM

Otro de los eventos «deportivos» que Sam puso en la lista era el surf. Siempre he sentido gran admiración por los surfistas. Su cuerpo atlético, equilibrio y pelo rubio playero.

[Sam: Pelo... Si es que me lo está poniendo a huevo].

Recuerdo *Los vigilantes de la playa*. ¿Quién no? Bueno, para ser sincero, supongo que cualquiera con menos de treinta y cinco años. Sin embargo, para mí, la visión de mujeres con poca ropa corriendo por la arena dorada bajo el sol de California es un recuerdo inolvidable de los ochenta.

Siempre pensé que algún día probaría el surf. Los amigos que lo practican a menudo dicen que se vuelve adictivo y los lleva a mirar la previsión de olas y, a veces, viajar durante horas a una playa solo para atrapar una ola al atardecer.

Mi sueño de surfear siempre se ha atemperado por el respeto que me inspira el mar. He visto *Tiburón*. La vi en cuanto se estrenó. Creo que todos los que vimos la película en los setenta siempre pensamos en eso cuando estamos en el océano. Yo sí lo hago. En realidad, no sabes lo que hay debajo de ti. Además, los surfistas deben de parecer focas tentadoras para un tiburón y esto se une a una profunda reticencia a nadar demasiado lejos en el mar.

Sin embargo, cuando me imaginaba surfeando, nunca se me ocurrió que sucedería en el extremo gélido de la isla de Lewis ni en el Atlántico Norte. Te puedo asegurar que los Beach Boys no pensaban en las playas de Uig de Lewis cuando cantaban *Catch a wave*. En cuanto a los tiburones, dudo que Lewis tenga un gran problema con los tiburones blancos porque antes morirían de hipotermia.

Cuando Heughan me sugirió surfear, estaba preparado, pero nunca me imaginé que también convertiría aquello en una competición. Al recordarlo, me doy cuenta de lo inocente que fui. Para Sam todo es una competición: hervir un huevo, vestirse o hacer una taza de té. Si dormir se convirtiera en un deporte de competición, Sam entrenaría para él.

[Sam: ¡Me apunto! Zzzzzz].

De este modo, en nuestro día libre de aquella semana, Sam fue a practicar surf solo para poder ganarme al día siguiente. No me da vergüenza admitir que así fue. Apenas pude meter la tabla en el agua, mucho menos ponerme de pie sobre ella.

Tuvimos suerte con el tiempo cuando grabamos la primera temporada de *Men in Kilts,* pero los dioses del clima decidieron compensar los días de sol con una lluvia horizontal, viento y un frío de pelotas para nuestro día de surf.

Nos dieron los trajes de neopreno. Creo que me puse uno encima de otro. Definitivamente llevaba guantes y sombrero. El efecto final fue que tenía un aspecto similar a un bebé gigante con un pelele mientras me peleaba con la tabla de surf para llegar al agua.

[Sam: Pregunta seria, ¿te measte encima?].

Cualquier intento de dignidad me abandonó tras unos metros. La tabla de surf cobró vida. Fue como pelearse con Duncan Lacroix después de tomarse muchos *whiskies* y de haber oído que quizá haya un bar abierto hasta tarde al final de la calle. Cuando por fin llegué al agua, fue un alivio. Remé sobre la tabla y conseguí engañarme pensando que era parte de la comunidad surfera. Entre sorbos de agua salada y la sensación de que las olas me abofeteaban la cara, le eché un vistazo a Heughan, que trataba de ponerse en pie sobre la tabla.

Esperé a que una ola me ayudara a deslizarme sin esfuerzo hasta la orilla. Cuando por fin ocurrió, cuando dejé de pelearme con la tabla, luchar y jadear como una cría de ñu, fue una sensación increíble. Tras permanecer en la tabla durante más de diez segundos, me di cuenta de por qué la gente disfrutaba del surf. ¡Era divertido! ¡No había que esforzarse! Entonces, lo intenté de nuevo antes de que Poseidón me diera una lección mientras batallaba para batirme de nuevo con las olas.

De mis 15 o 20 intentos, creo que me sostuve una o dos veces, seguro que por casualidad. Perdí la noción del tiempo y, por extraño que parezca, no tenía frío. Bueno, estaba envuelto como un hombre en un saco de dormir, cubierto con un edredón y una manta del espacio. Mientras tanto, le eché un vistazo furtivo a mi competitivo compatriota. Por supuesto, él estaba de pie sobre la tabla. A decir verdad, era como un niño en pañales gigante que da los primeros pasos en la guardería, pero estaba de pie. Bien por él, pensé. Bueno, eso no es verdad. Fue más bien: «¡Por Dios, ojalá se caiga!».

Al final, me di cuenta de que era probable que me quedara en el agua durante todo el día, quizá toda mi vida natural, antes de poder ponerme en pie sobre la tabla, por lo que lo di por terminado y comencé el alocado camino de vuelta a la orilla, como si fuera un hombre llevando un animal salvaje y rebelde bajo el brazo.

El surf pudo estar bien aquel día, pero McTavish no. Uno de los mejores artesanos de tablas de surf en el mundo se llama McTavish. Es obvio que no somos familia.

SAM

McTavish, el mar no estaba frío, solo templado. Tanto que me sorprendió. Sin embargo, el baño en las piscinas naturales de Sligachan en la isla de Skye… ¡ooohhh, eso sí que te encoge los huevecillos! Estuve hablando con voz aguda hasta una hora después.

Sin embargo, cuando surfeamos, el mar estaba a unos moderados trece grados gracias a las corrientes cálidas procedentes del golfo de México, lo que mantiene las aguas de la costa oeste más templadas que las de la costa este de Gran Bretaña. El mar nunca baja de los 9 grados, ni siquiera en invierno, pero ya sabemos lo tiquismiquis que es Graham. En cuanto a los tiburones, los peregrinos son inofensivos. Sin embargo, bueno, los galludos, Perro Gris, son mortales. ¡No sé cómo has sobrevivido!

La primera vez que surfeé me acompañaba mi amigo Taylor Chapple, biólogo marino. El día antes me llevó en una barca de poco más de tres metros y medio por la costa de la bahía de Monterrey para identificar grandes tiburones blancos. De camino, vimos delfines, un par de orcas y, ¡ay!, ¿he mencionado los grandes tiburones blancos?

Menos de dos minutos después de que pusiéramos (él) el señuelo en el agua (un trozo de la alfombra de su madre), siete tiburones blancos daban vueltas alrededor de la barca. Me sujeté con fuerza a la barandilla y observé cómo Taylor identificaba los tiburones uno a uno. Por supuesto, uno había visto *Tiburón* e hizo un esfuerzo increíble para recrear una escena memorable de la película. Nadó lejos, se giró y vino directo hacia la barca, saltó fuera del agua y comenzó a morder el motor fueraborda. Justo cuando pensaba que no podía soportarlo más, de repente todos desaparecieron.

«¿A dónde han ido?», dije con voz temblorosa.

«Debe de haber alguno grande», contestó Taylor feliz mientras se inclinaba sobre el agua.

Examiné el horizonte con el corazón en la garganta. Uf, nada, solo una enorme ola que venía hacia nosotros. No, espera, esa ola la ha causado algo… Un gran tiburón blanco de casi cinco metros, tan ancho como largo (casi), se deslizaba bajo nuestra pequeña barca y me di cuenta de que no éramos nosotros quienes lo estudiábamos a él, sino al revés. ¡Qué peces tan inteligentes!

Sin embargo, volvamos a las Hébridas Exteriores y al cálido día en la playa mientras enseñaban al perro viejo nuevos trucos. Os pondré en contexto…

Graham estaba vestido con un neopreno doble, supergrueso, para una protección extra, pero lo más ridículo fue el gorrito. A ver, nadie lo lleva, ¿verdad? Por eso me aseguré de que nuestra brillante estilista Laura le propusiera ponérselo con la esperanza de que se negara, pero nada, ni un berrinche, ni una muestra de malhumor ni un rechazo. Graham se puso voluntariamente el enorme condón en la cabeza y tenía un aspecto divertidísimo, fue maravilloso. Quizá era agradable tener algo en la cabeza para variar.

Hacía viento. En realidad, mucho viento, por lo que, cuando ambos íbamos con las tablas de surf por la playa, a Graham lo arrastraba el vendaval con violencia mientras trataba de mantenerse agarrado a la tabla y su dignidad. Llegamos al borde del agua y, ah, qué dulce bendición cuando empujé la tabla sobre las olas y comencé a nadar, dejando al estirado e insatisfecho Graham en la orilla tras de mí, peleándose aún con la suya para mantenerla recta frente al viento.

Remé un poco más y disfruté de la inmensa libertad que te da el surf. El agua era tan cristalina que podía ver, a través de las olas color verde esmeralda, la arena dorada. ¡Eso sí es Escocia, no los trópicos!

Volví a mirar a Graham y le vi metido en el agua hasta la cintura, tratando todavía de hacerse con la tabla. Para entonces, estaba gritando algo que parecía gaélico, aunque probablemente se tratara de tacos aleatorios. Sonreí para mí mismo y seguí remando mientras intentaba recordar lo que me había enseñado mi instructor en Hawái.

[Graham: Ah, sí, se me había olvidado que habías dado lecciones allí, por lo que eres prácticamente un profesional].

[Sam: Vale, lo admito, surfeé en Hawái, América, y recibí lecciones prácticas secretas el día anterior].

[Graham: Claro que sí].

[Sam: En realidad, te invitamos a que vinieras con nosotros, pero recibiste la idea de trabajar en tu día libre con una mirada de incredulidad y una carcajada de desprecio].

Mientras yo disfrutaba de las olas a pesar del fuerte viento, Graham tragó tanta agua marina como le fue posible durante los diez minutos que permaneció dentro. Las pequeñas olas le habían hecho caer incontables veces en esas aguas poco profundas.

Seamos sinceros, el resultado siempre habría sido el mismo porque aquí tenemos a un hombre más preparado para tumbarse sobre una colchoneta hinchable en una piscina infinita, con un vaso frío de Whispering Angel en una mano y su agente al teléfono en la oreja, a la vez que alguien se ocupa de hacerle un almuerzo *gourmet* de tres platos dentro de una villa de lujo (que alguien le ha dejado).

Eso fue lo que ocurrió con el pobre George, su chófer y mayordomo, quien aquel día tuvo que esperar paciente a su señor en la playa de Uig, con una suave bata azul, unas alpargatas con sus iniciales, una botella de agua caliente, una petaca de *latte* con un patrón de tartán y una barrita de proteínas de emergencia, todo como él lo había pedido. A ver, para rematar la faena, diría que McTavish hace que incluso los caprichos legendarios de Mariah Carey parezcan razonables.

CLAN MACNEIL

GRAHAM
Me encanta este clan. Pequeño pero imponente, conocido por contar con unos piratas maravillosos. ¿A quién no le gustan los piratas?

La sede principal de los MacNeil se encuentra en Barra, aunque también destacan en las islas de Colonsay y Gigha. Los MacNeil de Colonsay en realidad tuvieron una larga disputa sobre qué isla había pertenecido a los MacNeil durante más tiempo. Ganó Barra. A veces creo que los escoceses debaten sobre cualquier cosa.

Hasta hace poco, se creía que los MacNeil descendían de irlandeses, en concreto de un hombre, Niall de los Nueve Rehenes. Tengo que detenerme aquí y tomarme un momento para reflexionar sobre el nombre. Niall de los Nueve Rehenes es similar a Duncan de los Siete Castillos. ¿Comenzó siendo Niall de un Par de Rehenes, pasó por Niall de la Media Docena de Rehenes y acabó deteniéndose en los nueve?

«¡¡¡Necesito más rehenes!!!».

«Pero, señor, ya tiene cinco. Eso es más de los dos que tiene Billy al final de la calle».

«¡Nooo! Quiero mis malditos nueve rehenes. ¡Nueeeve! Encuéntrame cuatro de esos cabrones. ¡¡¡Tú!!! ¡¡¡Tú puedes ser un rehén!!!».

«Pero soy tu hermana».

«No importa, ahora eres una maldita rehén. ¡¡¡Y tú!!!».

«¿Sí, papá?».

«¡¡¡Rehén también!!!».

¿Hacía una marca en los muros del castillo por cada rehén?

«Señor, se va a quedar pronto sin espacio».

«Cállate si no quieres ser otro rehén».

Me pregunto si Niall alguna vez dejó marchar a sus rehenes o fue como en mis viajes con Heughan y los rehenes desarrollaron una especie de síndrome de Estocolmo medieval.

El lema de los MacNeil es *Baidh No Bas,* que se traduce como «Conquista o muere». Unas opciones bastante extremas, ¿verdad? No hay posibilidad de equivocarse ni peligro de confusión por parte de los enemigos.

Sin embargo, una prueba de ADN reciente ha descubierto que en realidad los MacNeil provienen de los vikingos. Una mirada al barco pirata de su elección, el *burliss,* lo confirma. Básicamente es una réplica de una lancha de remos vikinga. Fue en estos barcos en los que los MacNeil recorrieron el mar al estilo John Silver el Largo.

Uno de los piratas MacNeil robó varios barcos isabelinos durante el reinado de Jacobo VI. Cuando lo arrastraron ante el rey en Edimburgo para que diera explicaciones, MacNeil solo dijo que pensó que Jacobo estaría encantado de que hubiera asaltado los barcos de la mujer que mató a María I de Escocia. El rey quedó tan sorprendido por la respuesta que dejó que se marchara.

El primer vikingo en Barra, según la saga nórdica, fue una persona con el maravilloso nombre de Omund, el de la Pata de Palo. No es sorprendente que, como buen pirata, solo tuviera una pierna. Quizá también contara con un loro, pero no podemos estar seguros. ¿Se conocerían Omund y Niall? Una pata de palo y nueve rehenes... ¡Qué noche tan divertida!

Los MacNeil eran acérrimos jacobitas y, en 1689, en Killiecrankie, al vizconde «Bonnie» Dundee lo apoyó ni más ni menos que Black Roderick MacNeil (Roderick el Negro MacNeil). Me imagino que se refiere a su reputación, más que a sus orígenes caribeños.

Por último, merece la pena mencionar la llamada diaria del leal sirviente del jefe del clan MacNeil al castillo de Kisimul. Todos los días se subía a las almenas y soplaba el cuerno antes de dar la siguiente noticia: «Oíd, oh, pueblo, y escuchad, oh, naciones. Los grandes MacNeil de Barra han terminado de comer y los príncipes de la Tierra pueden cenar». Creo que voy a usar esta frase cada vez que salga a comer con Heughan a partir de ahora.

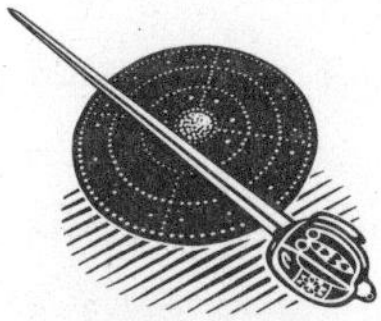

BATALLA DEL MES

LA BATALLA DE LAS ISLAS OCCIDENTALES, 1585-1586

GRAHAM

Es un poco engañoso llamar a esto batalla. Una batalla implica dos ejércitos que se reúnen para luchar en un día concreto y el botín es para el ganador. Esto fue más bien una serie de traiciones, mentiras, atrocidades y asesinatos. Las islas en las que ocurrieron este tipo de acontecimientos son preciosas, por lo que es difícil imaginárselas albergando tanta enemistad; ¡pero, ay, chaval, sí que la hubo!

La «batalla» se concentró en las islas de Jura, Islay, Mull, Tiree y en partes de Kintyre. Aunque se llama la batalla de las Islas Occidentales, lo que suele significar las Hébridas Exteriores, en este caso son todas Hébridas Interiores.

Entre 1585 y 1586, dos ramas del clan MacDonald (Sleat y Dunnyveg) se enfrentaron a los MacLean. Todo comenzó cuando un grupo de MacDonald hizo lo que los escoceses de las Tierras Altas hacían mejor: robar ganado. Sin embargo, lo que marcó la diferencia en este caso es que fingieron que había sido otro MacDonald el que lo había hecho, un muchacho llamado Donald Gorm Mor. ¡Menudos cabroncetes descarados!

El propietario del castillo era Lachlan Mor Maclean. No era conocido por su naturaleza pacífica y, al enterarse, los ladrones supusieron que la primera persona a la que Lachlan culparía sería al pobre de Donald Gorm Mor. Por supuesto, Lachlan se subió a un barco con algunos vengativos MacLean y fue directamente a hacerle una visita a Donald. Antes de que este pudiera siquiera ofrecerles una taza de té (o lo que estuviera preparando en ese momento, ¿quizá un *latte?),* Lachlan mató a sesenta MacDonald. Donald Gorm Mor y alguno más consiguieron escapar.

No hace falta decir que Donald no era un muchachito alegre. Avisó a otros miembros del clan Donald para que se unieran a él y le dieran una buena paliza a cualquiera que tuviera la mala suerte de llamarse MacLean. Incluso se preparó para invadir Mull.

En ese momento se descubrió que en realidad habían sido un par de MacDonald los que habían robado en primer lugar…

«Oye, Donald, ¿tienes un momento para hablar?

Donald Gorm Mor está inclinado, afilando el hacha.

«Claro, ¿qué pasa?».

«Bueno, es bastante divertido en realidad, pero ¿sabes ese ganado que robaron?».

«Sí, ¿por el que me quieren culpar? Es una maldita mentira que se han inventado esos putos MacLean».

«Bueno, sobre eso…, resulta que fueron un par de MacDonald los que lo robaron».

«¿En serio?».

«Sí, intentaron cargarte el muerto. Es bastante divertido en realidad. ¿Eso significa que abortamos el ataque de cientos de nuestros hombres sobre los MacLean porque tienen razones para estar enfadados por el ganado robado por los MacDonald?».

«No, joder, claro que no. Voy a darles su merecido cuando el hacha esté lo bastante afilada».

Ahí lo tienes. Nunca dejes que la verdad se interponga en una buena venganza.

Entra el rey en escena. Jacobo VI de Escocia pidió a los MacDonald que detuvieran esta matanza sin sentido y llegaran a buen término con los MacLean. Como resultado, Angus MacDonald de Islay remó hasta Skye para hablar con Donald Gorm Mor del hacha muy afilada y persuadirle de que hablara pacíficamente con Lachlan Maclean.

De camino, se detuvo en el castillo de Duart, quizá a por uno de los famosos *latte* de Lachlan Maclean, para tratar de persuadirle de que eligiera el camino de la paz. Claro está, Lachlan, puesto hasta las cejas de café, decidió retener a Angus y a sus ayudantes e insistió en que le dieran las tierras de Islay. Para asegurarse de que así era, Lachlan tomó a sus hijos, James y Ranald, como rehenes. Para cuando Angus llegó a casa, se podría decir que se encontraba muy muy enfadado.

Lachlan Maclean fue entonces a Islay para tomar posesión de sus nuevas tierras y se alojó en el fuerte local, en lugar de en el hotel Holiday Inn del siglo XVI. Durante tres días, no dejó de insistir a Angus MacDonald y a sus hombres para que fueran al castillo de visita.

«Venga, vamos, tomémonos algo».

Finalmente, Angus accedió y, con ochenta y seis hombres, fue a pasar la noche al castillo. Lachlan les entretuvo a lo grande, pero, cuando le ofreció a Angus hospedaje para dormir, este dijo: «No, gracias» porque prefería quedarse con sus ochenta y seis compis en una dependencia externa. Angus también le indicó que: «Ah, sí, me voy a quedar con tu hijo James bajo custodia».

Más tarde aquella noche, Lachlan sintió la inexplicable urgencia de ir a la dependencia externa e invitar a Angus a otra copa. Sin embargo, fue extraño que le acompañaran 400 hombres para la invitación.

Resulta que Angus era un hombre que nunca aceptaba una copa sin sujetar una espada contra la garganta de un rehén.

Aquella fue la condición que aceptó Lachlan Maclean cuando Angus le abrió la puerta.

«Ah, Lachlan, veo que has traído algunos compañeros de juerga, a cuatrocientos».

«Sí, Angus, veo que tienes una espada muy puntiaguda contra la garganta de James, mi hijo pequeño».

En ese momento, Lachlan hizo lo más sensato y le dijo que, si Angus dejaba a su hijo, sus hombres y él estarían a salvo. Por increíble que parezca, Angus se lo creyó. Dos de los chicos de Angus dijeron: «No, gracias» (eran los que habían matado a una montaña de MacLean), por lo que es bastante entendible que les quemaran vivos dentro de la dependencia externa. Entonces, Lachlan cumplió su palabra y no mató a Angus, pero sí lo hizo con los demás prisioneros. Lachlan había mentido, ¿verdad?

De nuevo, entra el rey en escena. Le pidió a Archibald Campbell, conde de Argyll, que interviniera. Angus aceptó, con condición de que se le perdonaran sus crímenes, y Maclean le dio ocho rehenes y también aceptó dejar de matar a quien pareciera un MacDonald. Todo bien por el momento.

Angus entonces decidió tomarse unas pequeñas vacaciones en Irlanda y, mientras estaba lejos, Lachlan pensó que sería buena idea ignorar el hecho de que Angus tenía ocho rehenes. En lugar de eso, recorrió Islay y la devastó.

Cuando Angus volvió de sus vacaciones irlandesas, sorprendentemente les perdonó la vida a los rehenes porque decidió que prefería invadir Mull y Tiree y matar a cualquiera que estuviera allí y levantara la cabeza ante el nombre de MacLean. Me imagino que el censo debió ser divertido aquel año en las Hébridas Interiores. Y muy corto.

Entra el rey en escena… ¡de nuevo! Cansado de tanta travesura, Jacobo VI arrastró a ambos hombres al castillo de Edimburgo y los metió en prisión hasta que entraran en razón. Eso hicieron al final, sobre todo porque ya no quedaba nadie a quien matar en Islay, Tiree y Mull. De este modo acabó otro ajetreado año en las Tierras Altas entre los MacDonald y los MacLean.

APUNTES DE LA NATURALEZA
OVEJA

SAM

En todas las islas y la tierra firme de Escocia hay más ovejas que personas. De hecho, parte de la razón por la que se produjeron las *Highland Clearances* (1750-1860) fue para vaciar el terreno de personas y llenarlo de ovejas, lo que en el pasado era más valioso que los granjeros y los arrendatarios para los terratenientes sin escrúpulos. La primera limpieza de un municipio entero para dejar espacio a esos animales lanudos de granja fue en 1770.

Un caso extremo es el de la duquesa de Sutherland y su marido, el marqués de Stafford, quienes retiraron a 15 000 personas para hacer hueco a 200 000 cabezas de ganado en su finca de más de 600 000 hectáreas entre 1811 y 1821. Además, no solo hay que culpar a los británicos de las «limpiezas», sino que los mandamases nobles escoceses y los jefes de los clanes fueron todos culpables porque trataron de pasar de señores de guerra a terratenientes tras Culloden.

Igual que muchos jacobitas que se vieron forzados a marcharse a las lejanas tierras del Nuevo Mundo, el primer periodo de las *Clearances* en 1763 hizo que unos 10 000 escoceses de las Tierras Altas emigraran a Norteamérica, sobre todo los *tackmen,* que eran emprendedores y cultos. Se trataba de intermediarios que alquilaban la tierra a un señor, a menudo un familiar, y subalquilaban porciones a los arrendatarios de los que obtenían una renta. Tras el colapso del sistema de clanes, estos intermediarios fueron los primeros en volverse innecesarios.

Las siguientes personas en considerarse inútiles para los requerimientos fueron los granjeros y arrendatarios, puesto que los terratenientes ahora buscaban que el trabajo en sus fincas fuera más eficaz y se perfeccionara. Ahí es cuando las ovejas comenzaron a llegar en grandes cantidades. A menudo los escoceses se marchaban de manera voluntaria porque la alternativa era el hambre o ver cómo ardían sus pequeñas granjas.

Más de 150 000 escoceses de las Tierras Altas e isleños salieron de sus hogares y, dado que, según el censo de 1801, la población de Escocia era de 1 608 420 personas, nos deja un panorama muy duro. Los ciudadanos perdidos de las Tierras Altas se recuerdan a través de monumentos por toda Escocia, como la Estatua a los Emigrantes, de Helmsdale.

Graham y yo nos encontramos con nuestra ración de aterradoras ovejas escocesas en nuestra gira. Además, no debemos olvidar que a la oveja Dolly, no una ex de Graham, sino la primera oveja clonada del mundo, la crearon en Escocia científicos de la universidad de Edimburgo.

Nuestro momento más reciente en compañía de estos lanudos rumiantes fue en *Men in Kilts,* con nuestros invitados Alasdair MacLeod, Donald MacLeod y Calum MacInnes, que no son sangrientos jefes de guerra, sino benevolentes granjeros de la isla de Skye. Tres generaciones vivían en la granja: el padre Alasdair, su hijo Donald y el nieto pequeño, de uno o dos años.

Graham se quedó deslumbrado con el niño y se convirtió en «papi Graham» antes de montar un escándalo por querer cogerlo. Hizo que los ojos se me llenaran de lágrimas y estoy seguro de que el pobre niño quedó igual de traumatizado. Eran una familia muy feliz y agradable que vivía en un escenario precioso, pero a menudo cruel y despoblado. Su felicidad me recordó a la palabra gaélica *dulchas,* que evoca la sensación de pertenencia y conexión profunda con un lugar que muchos de nosotros hemos «perdido» hoy en día. Estaban remodelando la granja, por lo que vivían en una caravana estática, pero nos dejaron ocuparla, sobre todo como camerino de Graham. *[Graham: Te referirás a tu camerino para la sesión diaria de tres horas de maquillaje con tu maquilladora personal, Wendy].*

Pastoreaban sus ovejas por Quiraing, el deslizamiento de tierra de la parte este de *Meall na Suiramach,* donde Graham se quejó porque su bicicleta «no estaba hecha para eso» mientras subía y bajaba la colina. Donald explicó que criar a las ovejas en una elevación de más de 400 metros hacía que fuera bastante difícil encontrarlas. Tenía que subir a pie y cubrir una amplia zona, lo que a veces le llevaba todo el día.

En la granja nos mostraron cómo reunir a las ovejas en el redil con la ayuda de perros pastores. Graham estaba exultante y yo me sentía un poco receloso sobre la razón de su alegría. No paraba de hacer comentarios como si fuera un deporte.

«Ay, por favor, es increíble. Mira esos perros. ¡Míralos! Van detrás de las ovejas y ahora estas van hacia el redil». Temí que quizá siguiera borracho de la noche anterior y le imaginé siendo un bucólico guardián de ovejas.

Tenían siete perros pastores, incluido Spot, que estaba lleno de energía, entusiasmo y preparado para la acción. No paraba de rodear a las ovejas como si dijera: «Venga, vamos, vamos, vamos». También había un perro más viejo que traían de paseo, pero que todavía hacía su trabajo, aunque con muchísima lentitud, y tuvieron que subirlo a la parte trasera del camión entre jadeos, exhausto. Dejaré, querido lector, que saques tus propias conclusiones sobre a quién te recuerda ese perro.

Pronto nos tocó a Graham y a mí ser perros pastores y dar vueltas en torno a las bestias lanudas para meterlas en el redil. Es más, casi estuvimos a punto de conseguirlo…, hasta que escaparon corriendo hacia el tipo de sonido, Merlin, quien dejó caer el equipo de grabación al suelo y salió por patas, como si un rebaño de ñus en estampida corriera tras él y no solo un puñado de ovejitas. Observamos desesperados cómo saltaban sobre el equipo de Merlin, aterrizaban sobre él y lo cubrían de mierda de oveja. Graham estaba encantado.

Tras limpiar el equipo de sonido y reunirnos con su operador, nuestros huéspedes nos mostraron cómo esquilar una oveja. Graham se considera un hombre de campo, pero no del tipo rústico, no, en el idilio pastoril de su confusa mente es el terrateniente de todo lo que ve. Lo observé mientras miraba en silencio con el cayado en la mano, al mismo tiempo que Donald se giraba sobre la oveja y comenzaba de manera experta a quitarle la lana.

[Graham: Fue infantil sentirme complacido al contemplar cómo Sam tuvo que dejar de intentar que la oveja se girase. A diferencia de una roca, las ovejas se defienden].

Graham me miró y me susurró que deberíamos ponernos de rodillas para observar el extraordinario corte de pelo agrícola, lo que pensé que era muy extraño, yo estaba feliz de pie.

«Venga, ponte de rodillas. Tenemos que acercarnos mucho a la oveja».

«No tenemos por qué», dije.

«Me refiero a que estamos en el barbeeero».

[Graham: Este chiste me ha granjeado enemigos].

[Sam: Veeenga, yo no me ami-lana-ría].

GRAHAM

Como seguro que saben todos los lectores, las ovejas fueron unos de los primeros animales domesticados. Esto ocurrió, de forma sorprendente, como parte de múltiples episodios de domesticación por toda Europa y Asia. Distintas ovejas en diferentes momentos, pero con el mismo resultado: cuidarlas para que nos den leche, lana y carne.

La carne fue lo primero. Como humanos, nuestro primer pensamiento cuando algo tiene carne es: «¿Podemos cocinarlo?». Bueno, ese es mi primer pensamiento al menos. Sin embargo, la leche y la lana se unieron a la trifecta de las maravillas ovinas hace 4000 o 5000 años.

Hace 6000 años no había ovejas en Gran Bretaña (algo difícil de imaginar hoy en día), pero, por los restos encontrados en las excavaciones arqueológicas, sí existían unos animales con el rabo más corto, varios cuernos y mucho más pequeños. Debían ser duros para sobrevivir a las húmedas condiciones del norte de Europa, ya que no hay nada más húmedo que las Hébridas.

[Sam: Graham ha leído un libro «fascinante» sobre ovejas. Preparaos para que desvaríe. O contad ovejas mientras saltan sobre una valla, con caritas diminutas y esponjosas, tan felices y alegres. Zzz].

Hay una clara diferencia genética entre las esponjosas ovejas de lana blanca a las que estamos acostumbrados y las «exteriores». Se encuentran en las Hébridas, la Isla de Man, Islandia y Escandinavia, y son una raza bastante distinta. Incluso las hembras tienen cuernos.

Es curioso pensar qué haría una oveja normal ante una de esas bestias cornudas. También me pregunto si las ovejas de las Hébridas son las que comenzaron de alguna manera la actitud beligerante contra coches y personas, como a menudo ocurre en Escocia. Mientras que, en el sur de Inglaterra, la oveja correría kilómetro y medio si alguien se acercara, la escocesa se queda de pie y te fulmina con la mirada de manera agresiva, retándote a pasar.

Recuerdo un día concreto de verano en el que, tras escalar una montaña en Perthshire, me encontré rodeado de ovejas guiadas por un carnero muy agresivo. Mientras bajaba la montaña, me siguieron y se aseguraron de que me marchaba.

«Muy bien, hijo. ¡¡¡Esta montaña es nuestra!!!».

La especie más pequeña de pelo oscuro y cuernos de la parte norte más alejada fue, en el pasado, incluso utilizada como oveja ornamental por la aristocracia. Por suerte, estas maravillosas criaturas cada vez se pueden encontrar más a menudo por toda Gran Bretaña, erguidas y orgullosas, asemejándose al equivalente ovino de una banda de motoristas. Es interesante decir que, además de utilizar la palabra *flock* (rebaño), el otro nombre colectivo para las ovejas es *mob* (multitud o mafia). ¿Coincidencia? No lo creo.

SAM

Si alguna vez vas a Harris (espero que sí), una cosa que no te puedes perder es el trabajo de los tejedores, que utilizan el humilde tejido y lo convierten en el Harris Tweed®, una icónica tela de lana hecha a mano. Solo se produce aquí y su historia se remonta a cientos de años atrás. El éxito de la empresa se debe en gran medida a una mujer llamada *lady* Catherine Murray, condesa de Dunmore (cuyo nombre de soltera era *lady* Catherine Herbert), que heredó la isla de Harris al morir su marido, quien la dejó sola con cuatro hijos. Mejoró las condiciones sociales de la isla, construyó iglesias y animó de manera crucial a que las empresas de la zona se desarrollaran, por lo que patrocinó que las mujeres aprendieran a hilar, tejer y bordar, con lo que conseguían un salario desde casa.

Catherine se dedicó en cuerpo y alma al crecimiento de la empresa de Harris Tweed® y promocionó esta tela de lana entre sus amigos aristócratas, al igual que en los mercados en tierra firme como Londres o Edimburgo. Sus esfuerzos se vieron recompensados y el tejido tuvo mucho éxito. Hoy en día sigue siendo una de las industrias principales de las Hébridas Exteriores y actualmente hay tres telares de Harris Tweed® en producción.

Identificada con la histórica marca registrada, es el único tejido en el mundo protegido por un acta del Parlamento y la Harris Tweed Authority. Los tejedores de las Hébridas aún lo siguen elaborando en sus casas.

GRAHAM

Debo mencionar mi épico viaje en bici por las Hébridas Exteriores en 1995.

Aquí os dejo el itinerario:

En ferri desde Oban a Barra (seguro que borracho)
Castlebay – Lochboisdale, South Uist
Lochboisdale – Benbecula
Benbecula – Lochmaddy, North Uist
Lochmaddy – Tarbert, Harris
Tarbert – Callanish (quizá me detuviera para un tentempié y una comida de cinco platos)
Callanish – Stornoway
Stornoway – Ullapool

Ullapool – Lochinver
Lochinver – Scourie
Scourie – Cabo Wrath
Cabo Wrath – Lairg
Lairg – tren hasta casa

[Sam: No me lo puedo imaginar haciendo esto sin comer a todas horas, lattes *espumosos ni un séquito al completo siguiéndolo para apoyarle. Menos Tour de Francia y más Tour de los Abuelos].*

Uno de los puntos álgidos del viaje fue la visita a las piedras de Callanish y me pareció genial volver a verlas en *Men in Kilts*. Este lugar es la definición del sentido de la maravilla y sirvió de inspiración para Craigh na Dun en *Outlander*. Al permanecer de pie entre ellas en un sorprendente silencio, sientes su enormidad y solemne presencia. Es increíble que hayan sobrevivido, erigidas en un lugar remoto sin cambio alguno durante milenios, en una esquina oscura de esta isla escocesa.

Se necesita recorrer un largo trayecto para visitarlas. Tienes que tomar el ferri desde Skye a Lewis y, luego, hacer un viaje por carretera bastante largo hasta una parte remota en una isla ya remota de por sí. Sin embargo, merece la pena. De hecho, el viaje las ayuda a ser mucho más especiales.

Cuando fuimos Sam y yo, el día nos sonrió con un bonito clima. El sol brillaba sobre estas antiguas piedras y no se puede negar la potente sensación que desprenden cuando te quedas de pie junto a ellas.

Las piedras son viejas. Muy muy muy viejas. Están compuestas de gneis de Lewis, la roca más antigua de Gran Bretaña, que data de hace 3000 millones de años. Cuando tocas la roca, es fácil creer que has viajado en el tiempo. De hecho, si te quedas en el centro del círculo, puedes volver al momento en el que se construyeron. Esta zona no tiene ningún edificio a la vista y la panorámica no ha cambiado mucho con los siglos.

Las piedras están colocadas en una especie de cruz celta torcida. Conocidas como «el Stonehenge de Escocia», son anteriores a Stonehenge, entre el 2900 y el 2600 antes de Cristo. Comparado con Callanish, Stonehenge es una construcción moderna y presuntuosa. Las personas que erigieron estos sorprendentes monolitos no tenían los recursos utilizados para crear Stonehenge.

La piedra central, la más grande, la que Claire toca y provoca todo el embrollo de *Outlander*, sobre todo mi brutal asesinato a manos de mi traicionero sobrino y su monstruosa cómplice (¿Resentido? ¡Yo no!), mide más de cinco metros y medio y pesa unas cinco toneladas y media. ¿Te puedes imaginar colocarlas así de rectas hace 5000 años?

Tiene trece piedras más pequeñas en torno a ella con un sendero formado por diecinueve piedras que llevan hasta allí. En el centro hay una pira funeraria donde se han encontrado restos humanos. No sabemos por qué se construyó ni para qué se usaba. Se cree que era una especie de enorme observatorio astronómico para seguir los movimientos de la luna.

Se han descubierto más círculos en los últimos años a través de investigaciones arqueológicas, escondidos bajo la turba, incluido uno que muestra el gigantesco golpe de un rayo. ¡Es difícil imaginar qué pensarían esas personas de los rayos hace 5000 años!

Cuesta creer que sea una construcción. Callanish no se construyó en un fin de semana. Me pregunto a qué miembro popular de la tribu se le ocurrió la idea.

«Creo que deberíamos construir un círculo de piedra».

«Buena idea. Iré y recogeré unas rocas para hacer el círculo».

«No, creo que la piedra principal debería medir cinco metros y medio y pesar cinco toneladas y media».

«¿Cóóómooo?».

«Sí, y debería haber muchas piedras un poco más pequeñas alrededor. Si empezamos ahora, lo terminaremos dentro de un par de años».

Los mitos locales dicen que las piedras son los restos congelados de gigantes, malditos por no convertirse al cristianismo. Sin embargo, sea cual sea la razón por la que se construyó el círculo, se cree que se abandonó en torno al 800 antes de Cristo… y no tenemos ni idea de por qué.

No obstante, es la misma razón por la que no podemos explicar por qué a un infantil Sam Heughan le gusta atormentar a sus amigos y está obsesionado con traficar con su propio *whisky*. Algunas cosas es mejor no explicarlas.

SAM

Volvamos un momento a tu viaje épico en bicicleta, Bradley McTavish. Tengo que decir que para ser un hombre que ha recorrido Escocia en bici, nunca te he visto practicar demasiado ciclismo. De hecho, no me creo que hayas montado en bicicleta, me da la impresión de que solo has estado comiendo por todo el país, subido a un coche con un grupo de pobres y desgraciados acompañantes, con la bicicleta en el portabicicletas de la parte trasera. ¿Os suena, gente?

A ver, supongo que es cierto que recorriste en bici las islas e Irlanda y todo lo demás, pero cada vez que le he mostrado a Graham una bicicleta, se ha quejado con amargura. Ya gruñó acerca de ellas en *Tierra de clanes*. Se quejó también en *Men in Kilts,* no solo del tándem, sino también de las individuales. Nunca está contento, no son ni lo bastante rápidas ni lo bastante cómodas y gime porque le duele el culo. Jamás son suficientes para él. En Skye nos subimos a dos fantásticas bicicletas y bajamos por Quiraing, entonces se quejó de que no funcionaban los frenos. Luego, hicimos una carrera subiendo Quiraing y le dejé para el arrastre (como siempre), por lo que se quejó de que los engranajes eran una basura.

Para Graham, el ciclismo es ir muy lento y, por lo tanto, pensé que estas viejas bicicletas estaban hechas para él, porque se han creado para eso. Sin embargo, quizá para la próxima vez deba elegir la mejor bicicleta de carreras, una de fibra de carbono al estilo Chris Hoy con un traje completo de licra y un casco que le haga parecer un espermatozoide. Graeme Obree, es decir «el escocés volador», se construyó su propia bicicleta con una lavadora, ganó todas las carreras, rompió el récord mundial dos veces y nunca protestó porque su bici medio lavadora no fuese lo bastante rápida ni cómoda.

GRAHAM

Siento que corregir las alocadas afirmaciones de Heughan se está convirtiendo en un deber recurrente. Me da la impresión de que su experiencia en bicicleta es ir desde Londres hasta Brighton en un día.

«¿A cuánto está?», pregunté.

«A unos ciento treinta kilómetros», dijo confiado.

En realidad, está a ochenta y siete.

[Sam: Eso fue después de mi accidental desvío..., ejem. Me perdí en algún lugar cerca de Gatwick].

Me pregunto si los completó sobre un trozo de hierro rescatado de la Inquisición española, como el que nos hizo usar en *Men in Kilts*. Me da la impresión de que no fue así.

También sospecho que Sam es uno de esos ciclistas que va totalmente vestido de licra con una camiseta engalanada con patrocinadores y marcas de los que se aprovecha para sacar dinero. Es más, creo que piensa que North Coast 500 es solo un viaje bastante largo por las destilerías de *whisky*.

Cuando tenía diecisiete años, hice mi primer viaje en bici de larga distancia, desde Welshpool a través de las montañas galesas hasta el sur de Inglaterra. Al año siguiente, mi amigo y yo fuimos desde Edimburgo a la costa sur. Las bicicletas tenían cinco velocidades y ningún trozo de fibra de carbono a la vista. Desde entonces, he pedaleado por las costas este y oeste de Irlanda, las Hébridas Exteriores a través de Ullapool y Cabo Wrath, desde Arran a Kintyre, Gigha y por el norte a Mallaig.

Quizá Sam pueda proporcionarnos una foto de su falso conjunto del Tour de Francia, junto a una bicicleta de fibra de carbono con dieciocho velocidades.

[Sam: ¡Es verdad que tengo un traje de licra para hacer ciclismo con un logo de whisky! *Además, he competido en un triatlón en el palacio de Blenheim, por lo que yo también he hecho mi parte de pedaleo].*

En cuanto a llegar a la parte superior de Quiraing, odio recordarle, y pido disculpas a los fans que creyeron que íbamos colina arriba, que nuestro viaje a la cima consistió en cuarenta y cinco metros antes de que gritaran «¡Corten!». Es cierto, sin embargo, que quizá para ese entonces necesitara un *latte*.

Mi experiencia con el ciclismo no solo se concentró en las vacaciones. Mi primer trabajo en la universidad, entre llamada y llamada a las puertas de los teatros para tratar de demostrar que era actor, fue como mensajero en bici.

[Sam: ¿He mencionado que yo también repartí sándwiches por Londres con la bicicleta? En invierno]. [Graham: ¡Sam, ir a por comida para ti mismo no cuenta como un trabajo].

Me uní a la primera compañía de este tipo que usaba ciclistas como mensajeros y se llamaba *On Yer Bike,* «En tu bici». Se encontraba en una calle secundaria cerca del mercado de carne de Smithfield en Londres. De alguna manera, era perfecto por ser el lugar donde colgaron, retiraron y despedazaron a William Wallace. Me dieron un *walkie-talkie,* un saco con una correa (lo que después pasaría a llamarse «bolsa de mensajero») y me mandaron a buscarme la vida. Recorría todo Londres en bici entregando paquetes, cartas, de todo. Me sorprendía que una bicicleta pudiera recorrer la distancia entre West End y la Ciudad de Londres más rápido que una caravana e incluso una moto.

Creo que en parte por esta razón los conductores de caravanas y taxis se esforzaban por matarme. Aún no consigo ver una caravana blanca sin pensar que es «el enemigo», conductores que miran a los ciclistas con un desdén apenas disimulado y una rabia homicida.

Solía terminar el día con el aspecto de un minero. En los ochenta no llevábamos ni máscaras ni cascos. De hecho, una de las razones por las que dejé de hacerlo tras dieciocho meses fue porque NO había tenido ningún accidente.

Con anterioridad, cuando terminé el instituto y antes de entrar en la universidad, fui cartero y, sí, iba en bicicleta. Todo lo que has oído sobre carteros y perros es cierto. La persona que me formó me sugirió que llevara un trozo de madera de 10 x 5 cm atado al manillar.

«Atácalos antes de que lo hagan ellos», me dijo. Se guiaba en la vida por esas palabras.

No podíamos entregar las cartas a algunas direcciones por los perros. Había una bestia similar a Cujo, el perro San Bernardo rabioso de Stephen King, que me miraba de manera perversa desde la ventana. Debía fingir que no tenía ningún encargo para esa casa antes de saltar en el último momento de la bici y correr por el camino de entrada para meter el correo en el buzón mientras oía las mandíbulas del sabueso de los Baskerville deslizándose por el suelo de madera para arrasar la puerta y romper en mil trozos las cartas con esos demoledores dientes.

También viví un momento especial en el que una joven salió a recoger la leche justo cuando iba caminando hacia su casa. Vestida con nada más que un camisón transparente y una amplia sonrisa, se inclinó para recoger las botellas mientras este humilde servidor, un tímido adolescente de dieciocho años, le tendía las cartas con una mano temblorosa. Incluso una vez una mujer desnuda me abrió la puerta. Por suerte, no había ningún perro presente.

En general, fui en bici a todas partes hasta los cuarenta y pico. No tuve coche hasta los cuarenta y seis. *[Sam: Porque siempre habría alguien que te llevara a cualquier sitio. Seguro que tu madre también te hacía la colada].* Sin embargo, me encantaba. Ir en bici es y será siempre mi manera favorita de moverme, excepto en un tándem con Sam Heughan.

Con tanto hablar de pedalear me ha entrado hambre. ¡Estoy famélico!

SAM

Bueno, una receta que deberías pedirle a tu mayordomo o a tus queridos amigos para que te hagan es langosta masala. Ya sabes, la que recreamos en *Men in Kilts*.

[Graham: Ah, sí, se me hace la boca agua].

La langosta está de temporada en Escocia entre abril y diciembre y muchas se pescan en la costa de las Hébridas Exteriores. Aquí tenéis una maravillosa receta de Tony. ¡Sí, de nada!

LANGOSTA MASALA DE TONY SINGH

Ingredientes

250 g de puré de tomates frescos locales
2 langostas muertas (con la cola y las pinzas separadas)
150 g de mantequilla sin sal
25 dientes de ajo finamente cortados
4 chiles haba finamente cortados (también conocidos como chile tagalo)
50 g de jengibre finamente cortado
50 ml de *whisky* Sassenach
150 ml de caldo de pescado
100 ml de aceite de colza
½ cucharadita de cúrcuma
1 cucharadita de garam masala
1 cucharadita de sal
150 ml de agua

Elaboración

Calienta el aceite en una sartén. Añade el ajo y cocínalo hasta que adquiera un poco de color (aproximadamente 1 minuto).

Incorpora el jengibre y sigue cocinando durante 1 minuto más.

Luego, añade todas las especias y continúa así durante 1 minuto.

Flambéalo con *whisky,* añade el tomate y cocina hasta que el aceite se separe de la salsa.

Añade la langosta, el caldo de pescado y el agua y cocina hasta que esté hecha. Luego, sazónala con sal y sírvela.

AVENTURA DEL MES
BEN MORE

SAM

Las islas al norte de Skye y las Cullins no tienen montañas Munro. Sin embargo, Mull tiene una enorme, Ben More. Partí desde el colorido y pintoresco pueblo pesquero de Tobermory, donde cada casa está pintada de un luminoso color diferente, desde rojo a azul, pasando por verde y amarillo. Conduje por toda la isla, lo que no es mucha distancia, aunque lleva un poco de tiempo dado que la carretera es de un solo carril y nunca sabes cuándo te vas a encontrar con la mirada intimidante de una de las amigables ovejas locales en la siguiente curva. El sol resplandecía y el océano era de un verde esmeralda.

Aparqué cerca de la playa y, con unos pantalones cortos y una camiseta, supe que la ruta sería bastante directa. El sendero discurre paralelo a un arroyo con varias pequeñas cascadas y un enorme lago natural en el que no pude resistir meterme en el camino de vuelta. Tras una escarpada subida, llegas al pico, donde te saluda una brisa suave y unas vistas impresionantes de la tierra firme y, al oeste, Iona. Quizá no sea la subida más espectacular, pero las vistas merecen la pena.

BEBIDA DEL MES
LEDAIG DE 10 AÑOS

SAM

Tras subir a la única Munro de Mull, me encontré en las orillas del lago Scridain. Era verano y la cima del Ben More parecía mucho más alta que mientras la escalaba horas antes. Monté la tienda e hice fuego en la playa de arena antes de abrir una botella del *whisky* puro de malta local, Ledaig. Mientras el sol se ponía, una familia de focas nadaba en una isla cercana, a unos 200 metros de distancia. Me miraban de manera inquisitiva con enormes ojos como los de un personaje de Disney, casi humanos, mientras el sol desaparecía y se veía reemplazado por el crepúsculo.

Puedo entender por qué las llaman *selkies* y en algunas tradiciones celtas se dice que pueden adoptar forma humana al mudar la piel. ¡O quizá sea cosa del *whisky!* Cada sorbo de Ledaig me calentaba con un toque ahumado, una recompensa por la escarpada subida de aquel día. Alguna pequeña mota de arena se había posado sobre la boquilla de la botella (¿quién necesita un vaso?) y el fuego hecho con madera a la deriva añadía una pizca más de calor y humo. Me quedé así hasta tarde, escuchando cómo las olas rompían contra la playa y cantaban para mi familia de focas.

Me desperté medio grogui a la mañana siguiente ante la radiante luz solar. Mis amigas, las focas, se habían ido hacía tiempo a pescar cuando salí a trompicones de la tienda. ¡Qué *whisky* tan maravilloso! ¡Qué isla tan bonita! ¡Menuda resaca! La pasé durmiendo y observando cómo la luz del sol jugaba sobre el agua y la cordillera distante en tierra firme, tumbado bajo la calidez veraniega y la sombra de los árboles. ¡Magia!

Creo en las hadas y las *selkies* que viven en las aguas verdes que rodean la isla.

Ledaig es un *whisky* de diez años, dulce, medicinal y especiado. Bébetelo con amigos íntimos antes de que se conviertan en focas.

¡GRANDES ESCOCESES!
NACIMIENTOS, MUERTES Y OTROS ACONTECIMIENTOS SIGNIFICATIVOS

1 de julio de 1782 – Se deroga la Ley de Proscripción, lo que permitió de nuevo llevar tartán y portar armas.

2 de julio de 1266 – Tratado de Perth, Noruega renuncia a las Hébridas.

11 de julio de 1274 – Roberto I Bruce nace en el castillo de Turnberry.

21 de julio de 1796 – Robert Burns muere en Dumfries a la edad de treinta y siete años.

23 de julio de 1745 – Carlos Eduardo Estuardo desembarca en Eriskay para comenzar la campaña de 1745.

24 de julio de 1411 – La batalla de Harlaw.

31 de julio de 1965 – J. K. Rowling, autora y filántropa británica, residente en Edimburgo, nace en Yate, Inglaterra.

AGOSTO

Clan Douglas

Lema: *Jamais Arriere* ('Nunca detrás')

[Graham: Está claro que no es el lema de Jack el Negro Randall].

Territorio: Lanarkshire, Galloway, Dumfriesshire y Angus

FECHAS CLAVE

1 **Lammas/Lugnasad**
6-30 **Festival Internacional de Edimburgo**
Edinburgh Fringe Festival (Festival de Teatro Alternativo de Edimburgo)
Royal Edinburgh Military Tattoo (Real Desfile Militar de Edimburgo)
Último fin de semana: Cowal Gathering, los juegos escoceses más importantes del mundo
Finales de agosto-principios de septiembre: Largs Viking Festival, North Ayrshire

1 de agosto de 1746 – Se aprueba la Ley de Proscripción

SAM

Tras la batalla de Culloden, se creó la Ley de Proscripción para cortarle la cabeza al jacobismo y neutralizar a los clanes al obligarles a entregar las armas y prohibir los trajes tradicionales de las Tierras Altas, el símbolo de identidad y pertenencia a un clan. Los *kilts* se reemplazaron por pantalones y, dado que ya no podían llevar la conocida tela, muchas de las habilidades utilizadas para teñir y tejer se perdieron tras una generación, incluidos algunos patrones antiguos.

Este es un extracto de la ley de Abolición y Proscripción de los Trajes de las Tierras Altas de 1746:

> Que, desde y después del primer día de agosto de mil setecientos cuarenta y seis, ningún hombre ni joven de esa parte de Gran Bretaña llamada Escocia, a excepción

> de aquellos empleados como oficiales y soldados de las Fuerzas de Su Majestad, deberá llevar bajo ningún pretexto las prendas conocidas como propias de las Tierras Altas (es decir) las telas de cuadros escoceses, las faldas largas o cortas, los pantalones de tartán, las bandas y cualquier otra prenda que pertenezca en especial a la vestimenta de las Tierras Altas y no se usará ningún tartán ni tela de colores llamativos para las gabardinas o chaquetones y, si alguna persona se atreviera a llevar dichas prendas o una parte de estas tras el mencionado día uno de agosto se le considerará un infractor... Por la primera infracción, irá a prisión durante 6 meses y, por la segunda, se le enviará a las plantaciones de Su Majestad al otro lado del océano y allí permanecerá durante un período de siete años.

La ley se abolió el 1 de julio de 1782, pero fue el principio del fin de la cultura de las Tierras Altas, aunque no de *Men in Kilts*...

MOMENTO DE COMPETICIÓN
RUGBY EN MURRAYFIELD

SAM

En agosto de 2020, Graham y yo estábamos destinados a competir entre nosotros en otro gran deporte escocés, si no el más grande de todos, el rey de los deportes y mi juego favorito del mundo entero: el *rugby.* He intentado ver todos los partidos en los que juega Escocia, ya sea en directo o en la televisión. En América me he quedado en la cama despierto hasta las cinco de la mañana para verlo, he ido a un abarrotado bar de deportes en Sudáfrica y lo he disfrutado en la capital de la propia Escocia mientras el viento gélido del norte soplaba en la fortaleza Murrayfield. Incluso fui al primer partido del Torneo de las Seis Naciones contra Italia, en Roma, donde perdimos, pero lo celebramos como si hubiéramos ganado.

En el avión hacia Italia, un amigo y yo llevábamos camisetas de *rugby* y tomamos múltiples latas de Peroni, la fuerte *lager* italiana que compramos en la sala de espera del aeropuerto para fingir que éramos cultos e intentar «aclimatarnos» a la gastronomía italiana. La azafata de vuelo estaba confusa porque íbamos en el mismo vuelo que el equipo, por lo que fue al entrenador y le preguntó si podía servirnos alcohol.

«No son de los nuestros». El entrenador negó con la cabeza, horrorizado, mientras brindábamos por él y su equipo en la parte trasera del avión: «*Salute!* Esta va por vosotros, chicos».

No obstante, el regreso fue muy distinto. Tras un largo fin de semana que culminó enseñando a los romanos nativos cómo bailar *cèilidh,* el baile escocés tradicional, en la Piazza del Popolo y perdiendo la bandera de San Andrés en la Fontana de Trevi, apenas conseguimos llegar a tiempo para nuestro vuelo de vuelta. Los Azzurri, conocidos por ser seguidores insaciables, estaban, digamos, sorprendidos e impresionados por nuestra «energía y entusiasmo» a la hora de celebrar la derrota inaugural del Seis Naciones con todo el chianti que podíamos beber. «*Non tranquilo*»*,* nos animaban mientras nos daban palmaditas en la espalda y nos acomodaban en el bus al aeropuerto.

Mi amigo dejó caer la dolorida frente contra el asiento delantero mientras gemía en voz baja, con la cruz de San Andrés escocesa pintada en la cara y una bandera italiana empapada en torno a los hombros. Tenía la camiseta manchada de los *frutti di mare* de la noche anterior y trozos secos de tiramisú. Nuestro agradable entrenador de *rugby,* acompañado del legendario segunda línea Doddie Weir, se detuvo de camino al baño.

«¿Todo bien, chaval?». La figura de metro ochenta y dos de Doddie se inclinó sobre mi amigo y susurró: «¿Te apetece una partida de ajedrez?».

Mi compañero gimió porque su sufrimiento le había reducido la habilidad de hablar, levantó un agotado brazo y echó al gigante del deporte con la mano floja. Estaba demasiado resacoso como para darse cuenta de que uno de sus grandes ídolos le estaba invitando a pasar un rato con el equipo. Aunque es más probable que le estuviera tomando el pelo. En los últimos años, Doddie ha creado una fundación para concienciar y conseguir fondos y apoyo para los afectados por la enfermedad de la neurona motora (MND por sus siglas en inglés). Dirígete a www.myname5doddie.co.uk para conseguir más información.

Me encanta el *rugby* y viajo con gusto por todo el mundo para ver los partidos. Me gustaría ir a Nueva Zelanda para ver jugar a los legendarios All Blacks, además de visitar a McT en su hábitat natural.

[Graham: En realidad es bastante extraño, si consideramos que nunca has jugado. Ni siquiera has tocado un balón. Nunca. El rugby, *en sentido práctico, ha pasado de largo para ti. No eres una parte activa, sino un* voyeur…].

Bueno, grabar en el estadio Murrayfield para *Men in Kilts* iba más allá de ser un sueño…

GRAHAM

Sí, Murrayfield, el hogar del *rugby* escocés, el templo de las lágrimas, donde (como Sam ha dicho) Escocia se ha quedado con la miel en los labios con demasiada frecuencia. Para ayudarnos a Sam y a mí con el *rugby*, teníamos a dos leyendas del equipo escocés, Al Kellock y Chris Paterson.

Chris es el clásico jugador de *rugby* más bajito. Ágil, rápido y con una fantástica y útil patada. No es misión de Chris arrollar a los contrarios, el choque de cabezas y el cansancio en cada músculo de su cuerpo. Es un bombardero furtivo, el misil dirigido del equipo, mortal en su despliegue y con la cabeza fría bajo presión.

[Sam: Por no mencionar que es uno de mis ídolos. Chris Paterson es posiblemente el mejor pateador de la historia del rugby *15. Una leyenda. Sin ayuda ha ganado muchas victorias para Escocia,*

es el máximo anotador escocés y el jugador más elegido por su golpe con el pie derecho. Cuando lo conocí, estaba impresionado y avergonzado por tener que darle una patada a un balón de rugby, *algo que no había hecho en mi vida].*

Sin embargo, al echarle un vistazo a Al, sentí que no era un hombre ajeno a la violencia en el campo. Sus orejas parecían haber sido pisoteadas repetidas veces antes de que un perro agresivo las hubiera utilizado como mordedor. Después, cuando dicho perro hubiera dejado de mordisquearlas, alguien había cogido un pequeño martillo y tenacillas para golpearlas sobre un yunque y dejarles la forma de una *pizza calzone*. No obstante, ambos son unos tipos geniales y fueron muy pacientes con nosotros.

[Sam: Al es un caballero, además de una leyenda del deporte como capitán de Escocia. Incluso me invitó a jugar al touch rugby *con él y un grupo de exjugadores. Quizá fuera solo una excusa para abusar de un debilucho actor o atormentarme, pero al menos los chicos que jugaban eran profesionales, aunque ninguno tan viejo como McTavish].*

Cuando jugaba al *rugby* en el colegio, era winger. Básicamente es el corredor más rápido del campo y, en mi caso, el que menos jugaba y más aversión sentía hacia los placajes y a encontrarse bajo catorce tíos sudados mucho más grandes que yo.

[Sam: Exacto, ya tenías una ventaja clara. No tienes excusa...].

Mientras hablábamos con nuestros dos «entrenadores», me percaté del conjunto de Sam. Resplandeciente en colores escoceses, Sam parecía un jugador de *rugby* en cada centímetro de su cuerpo. Creo que incluso llevaba su nombre en la espalda en enormes letras blancas. Lo único que le faltaba era experiencia real practicando el deporte.

Sí, así es. Le encanta el *rugby*, ruge la letra de *Flower of Scotland* en los juegos internacionales y lleva con orgullo la camiseta cada vez que tiene oportunidad, pero nuuunca ha jugado. Cuando dejó caer ese dato en el campo de Murrayfield, casi me ahogo de asombro. ¿Nunca? ¿Ni siquiera en el colegio? Al parecer, Sam había conseguido pasar toda su infancia, adolescencia y edad adulta sin participar en ningún partido, así que ahí estaba yo, en ese campo sagrado con un *voyeur* del *rugby*, un falso jugador y un postureta del campo.

[Sam: Mi hermano jugó para el Lismore, el Boroughmuir y durante poco tiempo en Newcastle. Yo prefiero ser un hincha a un quarterback. *Deporte incorrecto, pero ya me entiendes].*

Se decidió que nuestra «competición» consistiría en una serie de ejercicios de *rugby*. Nos dieron una fila de conos para esprintar hacia ellos, hacer un solo *burpee* y esprintar de vuelta para «pasarle» el balón a un contenedor de basura.

[Sam: Hablé antes con los chicos y añadí el aspecto del burpee *al saber que a McTavish no le gustaría y haría que fuera más lento que yo. Solo para equilibrar la experiencia de juego… Ejem].*

«¡¡¡Vamos!!!».

Corrimos de un lado a otro mientras Sam se adelantaba siempre en los esprints, lo que me provocaba rabia y autodesprecio. Hicimos el pase y, tras tres balones, íbamos a la par. *[Sam: A pesar de terminar primero, me pareció que debía darle un punto extra].*

Luego nos centramos en dar patadas. Nuestra tarea era lanzar el balón a cierta distancia y hacer que cayera en un cuadrado marcado en el suelo. Entonces, Chris Paterson nos hizo una demostración donde todo parecía fácil. A continuación, le tocó a Sam. Le dio una patada al balón. Bueno, llamarlo patada sería estirar la definición de la palabra. Una parte de la pierna hizo contacto con el balón. Quizá fuera la espinilla, el tobillo o tal vez la rodilla. O Sam no sabía de verdad qué parte de su anatomía era el pie o no le ha dado una patada a un balón en su vida. A ningún balón.

Si la pelota de *rugby* hubiera pesado más de 90 kilos, Sam habría sido excelente en este deporte. Quizá la ligereza le pilló por sorpresa. No me extrañaría que no supiera que el balón está lleno de aire, en lugar de piedras. Voló por el aire y aterrizó… fuera del cuadrado.

[Sam: Le di la patada como me habían enseñado, con el balón angulado hacia atrás y al parecer de la manera en la que le daría con más precisión o eso me dijo Al…, el segunda línea que no ha

golpeado un balón en su vida. ¿Por qué no escuché a Chris? Sin embargo, Graham, solo «le dio un zambombazo» como si fuera un ariete. Sin precisión alguna, pura fuerza bruta].

Con el balón en las manos, supe que, si había un momento en la vida en el que necesitara canalizar la memoria muscular de mi infancia en una sola acción, era ahora. Usando la articulación que conecta el dedo gordo con el pie, golpeé el balón y me aseguré de marcar el movimiento completo. Hizo un arco en el aire y aterrizo con una satisfactoria bajada... justo... ¡en el centro del cuadrado!

La cámara grabó mi deleite infantil, pero no voy a pedir perdón. Fue un momento olímpico, como cruzar la meta el primero en un torneo mundial o saltar sobre la barra más alta y ganar. Fue algo bonito. Y lo hice yo.

Creo que, después de eso, Sam debió quedarse para practicar su patada hasta que cayó la noche, cuando ya no había suficiente luz para ver. Sin embargo, todo fue en vano.

La patada se había dado bajo presión. El balón debía aterrizar en el centro del cuadrado; y solo lo hizo el que llevaba la marca de mi bota.

[Sam: Es cierto que me pasé una hora o así corriendo por todo el campo como un loco. Practiqué cómo golpear el balón con precisión y me encantó cargar por el estadio nacional mientras me imaginaba que la multitud me vitoreaba. Por desgracia, solo me observaba un McTavish cansado y demasiado orgulloso, regodeándose en su pequeña victoria. Espera a que vea lo que tengo preparado a continuación].

Ejem... No puedo evitar fijarme en que la versión de Sam de los hechos se centra demasiado en excusas y en lo que podría haber hecho o en «se me dio mucho mejor cuando nadie miraba» mientras que en la mía solo se cuenta lo ocurrido. También conocido como... «la verdad».

SAM

La triste muy triste realidad de ese fatídico día en Murrayfield fue que mi tío gruñón en la pantalla me pateó el culo en el deporte que tanto apreciaba y, para añadir sal a la herida, me lo restregó por la cara delante de mis héroes del deporte, llevando su triunfo como si fuera una falda indecente, con la que hizo un movimiento de baile de abuelo, sacudiendo las caderas de un lado a otro y hacia delante y hacia atrás, para reírse de mi derrota. No es una imagen en la que quiera pensar durante demasiado tiempo. Para nada.

De este modo, la puntuación de nuestras competiciones de *Tierra de clanes* queda así:

Beber – Sam
Blandir hachas – Graham
Quejarse – Graham
Golf – Graham
Rápel – Sam
Surf – Sam
Danza de las espadas – Graham
Rugby – Graham

La realidad congelapelotas de meternos como nuestras madres nos trajeron al mundo en el Atlántico Norte se acercaba poquito a poco…

REGIÓN DEL MES
CAPITAL DE ESCOCIA: EDIMBURGO

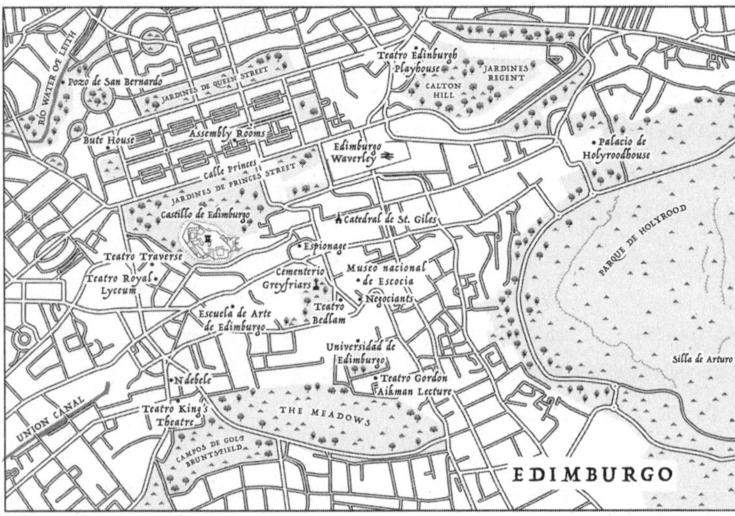

SAM

¡Te doy la bienvenida a la capital de Escocia! Sin embargo, lo más importante es que se trata de mi ciudad natal. Las ciudades Vieja y Nueva de Edimburgo ganaron el estatus de Patrimonio de la Humanidad de la UNESCO en 1995, que reconocía la extraordinaria arquitectura y el diseño de las calles, medieval en la Ciudad Vieja y georgiano en la Nueva.

El rey David I convirtió la ciudad en una villa real en el siglo XII. Desde entonces ha vivido muchos asedios, pero lo más sorprendente de Edimburgo hoy en día es su riqueza desde el punto de vista cultural. Teatros, museos, restaurantes, arquitectura, jardines, festivales…, la lista sigue y sigue. Desde mi época de adolescente en el colegio hasta las legendarias noches de fiesta y las increíbles experiencias en festivales, esta ciudad me ha dejado una profunda huella que nunca me abandona.

RECUERDOS DEL FESTIVAL DE EDIMBURGO

SAM

En Edimburgo empezó todo. En una de mis primeras experiencias en el Festival, tenía dieciséis años y trabajaba como chico de los carteles. En aquel momento, no los protagonizaba, sino que era un joven al que le pagaban muy poco y se encargaba de pegarlos por toda la ciudad. Solía tener que recorrerme todo Edimburgo en una bicicleta desvencijada (parecida a la que le di a Graham en el viaje de *Tierra de clanes,* pero más pequeña) con una enorme bolsa llena de pósteres. Iba a bares, restaurantes y teatros para colocarlos.

En ese momento del año, cualquier sitio se convierte en un lugar para el entretenimiento, incluso un sucio sótano o un apartamento con una habitación. Todo es un escenario en potencia. Era genial poder vislumbrar aquellos otros mundos, aunque, para ser sincero, no se me daba demasiado bien distribuir folletos, por lo que entregárselos a una papelera de reciclaje me parecía una buena opción en las raras ocasiones en las que no podía imaginarme dando otra vuelta en bici por el Montículo por centésima vez aquel día.

Rápidamente opté por un cambio de profesión y conseguí algo de experiencia, primero en el teatro Traverse y luego en el Lyceum, no en el escenario, sino detrás o debajo de él. Por aquel entonces, tenía la idea de que quería ser actor, pero no sabía si podía o incluso si era un trabajo de verdad. En ambos trabajos como tramoyista, debía ser muy práctico. El problema es que soy tan poco práctico como finolis es Graham. Un ejemplo actual de mi falta de practicidad es que hace poco compré una cámara. Me trajeron la funda equivocada, el mango equivocado y me di cuenta de que había tomado cientos de fotos sin una tarjeta de memoria.

Tras casi lisiar al director de escena cuando dejé caer parte del decorado sobre su mano, mis días como (poco) manitas en el escenario se acabaron y los directores a lo largo y ancho del país soltaron un suspiro de alivio colectivo.

En el Lyceum, sin saber qué hacer conmigo, me dieron lo que parecía una tarea bastante sencilla, preparar un sándwich de pepino para una escena de la obra *Rough Crossing,* de Tom Stoppard. Incluso en eso me equivoqué porque no lo hice como querían. Debía quitarle la corteza, utilizar menos mantequilla y cortar rodajas muy finas de pepino para evitar que el actor se atragantara (además, ni siquiera le gustaba el pepino). Recuerdo pensar en aquel momento: «Por Dios, esto es muy raro. A ver, es solo un sándwich de pepino, pero le dan muchas vueltas».

También tuve que hacer jarrones de papel maché que se rompieron durante la obra... Eran una desgracia de ejemplares, como mínimo, y, bueno, se me daba como el culo. No me despidieron, pero digamos que me movían de un sitio a otro constantemente.

Sin embargo, aunque me dedicaba a la especialización equivocada, estas experiencias entre bambalinas habían encendido una chispa en mi interior que acabaría convirtiéndose en una ardiente pasión por actuar. El actor responsable de echar combustible a la llama fue Tom McGovern. Admiraba a Tom y había seguido su carrera. Era atlético y se distinguía por su dominio del lenguaje muscular y su peculiaridad a la hora de actuar. Como aquellos que hayan leído *Tierra de clanes* recordaran, un día me encontré en la puerta de su camerino en el Traverse y le dije que me gustaría ser actor. Tom me recomendó que consiguiera toda la experiencia que pudiera, lo que hice, sobre todo al apuntarme a una sociedad de interpretación de Edimburgo. *[Graham: Acabo de hablar con Tom. Al parecer, tiene una orden de alejamiento contra ti. ¡Únete al club, Tom!].*

Durante mi época con ellos, hicimos un par de obras en el Festival, incluido un *Macbeth* itinerante que se interpretaba por la ciudad. Yo hacía de Macduff y fue genial salir del cementerio de Greyfriars (donde grabamos *Men in Kilts),* pasar por la calle principal y acabar cerca de Holyrood, con todo el público siguiéndonos a lo largo del camino. No fue mi mejor actuación y los disfraces eran improvisados, pero me pareció una experiencia pintoresca.

La siguiente vez que regresé al teatro Traverse fue para cumplir mi sueño, ahora sobre el escenario, en lugar de detrás de él. *Outlying Islands* comenzó como una obra para el Fringe que después se transfirió al teatro Royal Court de Londres.

La atmósfera durante el Festival es electrizante. Hay fuegos artificiales todas las noches por el Military Tattoo en el castillo y personas de todo el mundo nos visitan para ver este prestigioso acontecimiento militar, por no mencionar las obras y actuaciones musicales principales, las actividades del Fringe, la comedia y el ambiente en general. Los *pubs* y bares están abiertos hasta muy tarde. El formato es básicamente juntarte con un amigo a tomar algo, asistir a una actuación mientras alguien está viendo otra cosa en otro sitio, juntaros todos en un bar diferente, tomar una copa e ir a ver a otro comediante. Así durante toda la noche.

El Traverse era mi preferido porque veías a la gente entrar y salir, había mucho ajetreo. Luego, íbamos al Gilded Balloon para ver algo de comedia y después a una pringosa discoteca cutre como Espionage, a donde siempre me dirigía cuando era un adolescente borracho, al piso inferior, con música *dance,* y donde la noche se hacía larga y cometíamos errores.

Terminábamos en el Negociants, que era una especie de discoteca o bar que abría hasta tarde. Una noche recuerdo hacer un pequeño número de *Trainspotting* cuando se nos olvidó pagar la cuenta (quizá debido al exceso de copas). Los guardias de seguridad nos perseguían y por alguna razón alguien gritó «¡Corred!», así que comenzamos a hacerlo mientras cantábamos *Lust for life* (la melodía de *Trainspotting).* Todos nos sentimos como leyendas en aquel momento, aunque, por supuesto, regresamos y pagamos la cuenta. ¡Al final!

Vi una versión brillante de Charles Dickens interpretada por un solo hombre, Simon Callow, quien se unió a nosotros para hacer del duque de Sandringham en la segunda temporada de *Outlander*. También me encantaba ver comedia. Una actuación en concreto fue *The Flight of the Conchords,* el grupo más grande de Nueva Zelanda, un dúo cómico que tocaba canciones graciosas y contaba chistes. Ahora tienen su propio programa en HBO, pero fue genial verlos al principio en un pequeño local. Esa es la magia única del Festival, ver a grandes actores y futuras estrellas en mugrientos bares que nunca encontrarías sobrio.

Durante muchos Festivales, trabajé duro en restaurantes, bares y otros establecimientos. *[Graham: Lo único que puedo imaginarme con «establecimientos» es a ti vendiendo mercancías en los entreactos].*

De adolescente, trabajé en una cafetería africana llamada Ndebele. Era un lugar fantástico, lleno de sonidos, personas y olores de otro mundo. Aprendí a cocinar *boerewors,* carne de cerdo y salchichas condimentadas con cilantro, salsa de tomate dulce y mango, serví *chutney* de Ball's con ostras y saboreé *droëwors,* chili con carne y *kudu biltong.*

La dueña de la cafetería era una animada dama con una energía increíble llamada Jenny y a veces nos invitaba a *lagers* frías de la marca Castle o a una taza templada de malteada de chocolate Milo. La cafetería atraía a muchos clientes creativos y el personal estaba formado por comediantes, actores, escritores y músicos. Era muy divertido cocinar curry de Durban o, en mis ratos libres, bajar a la planta inferior para tocar el *djembe* (tambor africano) para la diversión o el horror de los comensales.

Incluso trabajé con un chef zulú que estaba de visita en Reino Unido y al que le habían pedido que fregara los platos. Me sentí avergonzado por tener que darle órdenes, por lo que me aseguré de que descansara todo lo posible y se tomara todos los tentempiés que deseara. Al final del turno, su amigo hizo de intérprete: «Al jefe le gustaría darte un nombre zulú, Sipho, que significa 'regalo' o 'joven'». Estaba encantado y quizá se convirtió en mi primer papel, el joven guerrero zulú Sipho de

Escocia, que servía sándwiches y tarta de zanahoria a los lugareños. Aunque no recuerdo servir nunca a un actor dramático de barba gris, aficionado a los cafés *latte* y al vino blanco.

Por la tarde, nos apiñábamos en el *pub* local cerca de King's Theatre, donde otros tipos creativos, actores y personal del teatro de enfrente se reunían con nosotros para hablar y compartir música (tenía la mejor máquina de discos de Escocia).

Fue ahí donde conocí por vez primera a Martyn Bennett, el increíble Dj y gaitero celta. Era un isleño de habla pausada, con largas rastas y una sonrisa pícara. Tranquilo y tímido en persona, se transformaba sobre el escenario. Famoso por su mezcla de canciones folk tradicionales y baladas con música *dance* moderna y ritmos rápidos, su música electrizaba. Además, tocaba la gaita en el escenario, con la falda puesta, mientras el público lo daba todo debajo.

Su música era una mezcla de canciones de los nómadas (romaníes) y las tradiciones gaélicas de las Hébridas, es decir, se inspiraba mucho en la cultura folk «auténtica» de Escocia. Sin tartanes ni galletas de mantequilla, hacía uso de la música y las canciones de un pueblo que ahora había desaparecido y que habían pasado de generación en generación de manera oral. Él mismo recibió gran parte de la música por estos canales y las pistas que usaba eran grabaciones de trabajos antiguos, incluso de los años cincuenta. Lizzie Higgins, una conocida nómada, cantó una de sus canciones, «Blackbird». Martyn había oído la canción tradicional cuando tenía doce años. Triste y afligida, la cantante llora la pérdida de su amante. Es un sonido que no se ha escuchado nunca y resulta sorprendente. Creo que Lizzie murió y Martyn utilizó una pista con su voz antes de añadirle una melodía preciosa.

¡Qué voz! ¡Qué voz! ¡Qué voz percibo!
Es como la voz de mi Willy querido.
Pero, si tuviera alas como esa golondrina,
entre los brazos de mi Billy me apretaría.

¡Qué voz! ¡Qué voz! ¡Qué voz percibo!
Es como la voz de mi Willy querido.
Pero, si tuviera alas como esa golondrina,
entre los brazos de mi Billy me apretaría.

Cuando caído llevaba el delantal,
por escarcha y nieve me seguía mi amor de verdad;
y, ahora que llevo el delantal hasta la barbilla,
nunca me pregunta y lejos de mí camina.

Un mirlo se posa en ese árbol de allí.
Es ciego y no puede ver, según dicen por ahí.
Es ciego y no puede ver, según dicen por ahí.
Y así es el verdadero amor para mí.

Perdimos a Martyn demasiado pronto, pero su música, genialidad y creatividad aún están vivas. Por suerte, pude presenciar a una orquesta, con Dj y gaita, tocando el álbum completo sobre el escenario del festival Celtic Connections (ver «Fechas Clave de enero»). Oír las cuerdas y el viento metal tradicionales, junto a la melodía de la mesa de mezclas y el sonido distintivo de las gaitas, fue algo precioso y poderoso. Estaba deseando que llegara la última canción, *Mackay's Memoirs,* y el momento final con el gaitero a solas tocando un *Pibroch, piobaireachd* o *ceol mor,* una pieza tradicional que no tiene un tempo o estructura concreta, tan técnica y antigua como la propia Escocia. La orquesta nacional de Escocia hace actuaciones regulares con su primer álbum, *Bothy culture,* como hizo en 2019.

Un año, en 1998, estaba trabajando como camarero en un bar de *sushi. [Graham: Pareces la prota de* Don't You Want Me *de The Human League].* Era el primero de este tipo en Edimburgo y seguro que también en Escocia. No sabía nada sobre la comida japonesa, pero, como todo en esta vida, eso no me supuso un obstáculo. Una noche, un puñado de actores neoyorkinos estaban cenando allí. Todos eran muy famosos y representaban una intensa obra con actuaciones oscuras e inquietantes. Recuerdo hablar con ellos sorprendido, un niño cualquiera fingiendo que sabía lo que era el *sushi*. Es otro de los momentos en los que recuerdos querer ser parte de ese mundo, en lugar de servir pescado frío.

Sin embargo, debí continuar siendo camarero, *barman*, mensajero en bici... hasta la madura edad de treinta y cuatro años, cuando aterricé en el papel de Jamie en *Outlander*, por lo que esos trabajos ocuparon una gran parte de mi vida.

Justo antes de *Outlander*, estaba trabajando como camarero en una compañía de cócteles (es cierto). El propietario era un actor, amigo mío, y se encontraba en Londres. Lo usábamos para hacer grandes eventos como las *soirées* del Museo de Historia Natural. Recuerdo abrir el champán y que el corcho saliera volando a través del esqueleto de una ballena azul. Pasamos grandes momentos porque podíamos conocer a invitados increíbles y disfrutar de bebida gratis. A veces nos daban entradas para fiestas exclusivas después del espectáculo. Eran muchas horas de arduo trabajo, pero nos divertíamos mucho.

En uno de los eventos, fui el supervisor de los camareros en la Fashion Week de Londres. Siempre debía haber una persona cerca de la puerta con una bandeja para sujetar las bebidas de aquellos que querían salir a fumarse un cigarro. Mientras hablaba con un amigo que hacía esa labor, apareció Richard Madden, a quien conocía de Escocia. En aquel momento estaba empezando en *Juego de tronos*. No me vio ni reconoció, solo me tendió la copa para salir a fumar, lo que hizo antes de regresar, recoger su cóctel y subir las escaleras sin darme la oportunidad siquiera de decir: «¡Hola, Richard, soy yo!».

Recuerdo ese momento con total claridad y el sentimiento profundo de tener que trabajar incluso más duro para llegar hasta allí. No me encontraba cerca de lo que había elegido como carrera, pero me prometí que algún día estaría en su situación. Algún día. Aquello me hizo ser consciente y apreciar al personal de restauración al saber lo duro que trabajan, pero también que pueden ser grandes estrellas.

¡Salud, Richard!

GRAHAM

La primera vez que actué en el festival de Edimburgo fue en 1983, más o menos cuando Sam estaba aprendiendo a usar el orinal. Me imagino deambulando por las calles de Edimburgo, entregando folletos a viandantes ignorantes, mientras Ricitos de Oro se chocaba con muebles y soltaba encantadores eructos (ahora que lo pienso, poco ha cambiado desde entonces).

[Sam: ¡Buuump!].

Me estaba graduando en la Universidad de Londres y formaba parte de la sociedad de teatro de dicha universidad. Me cogieron en una obra llamada *A puerta cerrada* (creo que era un aviso divino de la privacidad que no tendría cuando estuviera con Heughan), escrita por Jean Paul Sartre.

Interpretaba al personaje de Garcin en una obra con cuatro actores, todos en una misma sala. La habitación era literalmente el infierno y la obra contenía la famosa frase: «El infierno son los otros» (nunca se han dicho palabras más ciertas).

Es una gran obra de teatro que interpretamos en la escuela de arte de Edimburgo a las 10:15 de la mañana. El Festival de Edimburgo de 1983 fue muy diferente al actual. Entonces había un total de 875 actuaciones, interpretadas durante las cuatro semanas del Fringe. En la actualidad, hay casi 3500. Siempre ha habido un ambiente increíble y, para cualquiera que no haya asistido, debe añadirlo a su lista de deseos. Además, es el bautizo para muchos jóvenes intérpretes.

Para mí, era la primera vez en un festival. Nadie me preparó para el número de personas que vendría, pero tampoco para la camaradería y el apoyo de las otras compañías. Por la noche, de manera invariable, nos dirigíamos al Fringe Club, que se encontraba en la Universidad de Edimburgo.

Las salas llenas de humo, la música estridente y las conversaciones, el suelo pegajoso por la cerveza derramada y lleno hasta los topes de actores, comediantes, bailarines, cantantes, circenses, todos descargando adrenalina y regalando a los demás historias de los viejos tiempos mientras se emborrachaban. Sin embargo, con veintidós años, ni siquiera recuerdo tener resaca a la mañana siguiente. Ay, sí que eran buenos tiempos...

Por suerte, conseguimos buenas críticas, por lo que incluso a las 10:15 de la mañana el local estaba hasta arriba. Recuerdo a todos sentados en el bar, mirando el periódico, recién salido de imprenta, para buscar las críticas y ver cuál era el veredicto. Cuando descubrimos la buena reseña en *The Scotsman,* supe que todo iría bien. Creo recordar que ni nos pagaron los gastos y mucho menos un salario, pero aquella experiencia marcó el momento en el que supe con claridad qué quería ser.

Me encantó tanto que regresé al año siguiente con un actor con el que trabajé en *A puerta cerrada,* Nick Pace. Nos volvimos buenos amigos y decidimos volver con otra obra, esta vez solos, *La historia del zoológico,* de Edward Albee. Otra gran obra y una exhibición aún mayor para los dos actores.

Nick y yo acabamos yéndonos de gira por Londres, con la obra de dos intérpretes, *La última cinta de Krapp* de Samuel Beckett, que había utilizado para conseguir mi carné de actor. Fue *La historia del zoológico* lo que nos impulsó a Nick y a mí a escribir nuestra obra a cuatro manos *Letters from the yellow chair* sobre Vincent y Theo Van Gogh, con la que acabamos haciendo una gira por todo el mundo (más información sobre el tema en otro momento).

En 1984 actuamos en el, por aquel entonces, hotel Roxburgh en Charlotte Square, en un espacio cubierto que, con exquisita ironía, después se convirtió en el departamento de producción de *Men in Kilts*. Es cierto que la vida es extraña.

Aparte de la actuación, que se nos dio bastante bien (tanto que volvimos con ella al año siguiente), recuerdo caminar de un lado a otro por las calles de Edimburgo con un bote de pegamento y un rodillo para pegar carteles sobre el espectáculo. Ahora es probable que se necesite una licencia, pero en 1984 era un negocio despiadado en el que ponías tu cartel sobre el de otra persona. En el mundo competitivo del teatro de Fringe, no había sitio para el sentimentalismo.

Mi cuarta y más reciente actuación en el Festival fue en el Royal Lyceum en 1994 con *Armstrong's Last Goodnight,* de John Arden, esta vez como parte del Festival «Oficial». Entonces no pegamos carteles, sino que tuvimos que ir a múltiples y monótonos eventos del festival donde practiqué lo de aspirar canapés y tragar champán.

Me encanta el Festival. La verdad es que es único, incluso con 3500 espectáculos, y me siento privilegiado por haber podido formar parte de él en muchas ocasiones y con tantos disfraces. Quizá algún día Sam y yo hagamos un *Men in Kilts* en directo allí, durante el cual, sin duda, saldré disparado de un cañón como parte del horrendo final.

CEMENTERIO DE GREYFRIARS

GRAHAM

Mientras grabábamos nuestra aventura de *Men in Kilts,* Greyfriars fue uno de los lugares a los que me arrastró Sam para someterme a algún tipo de calvario. En este caso, fue una prueba dirigida por él. Por supuesto, haré referencia a muchos aspectos de mi segundo viaje por Escocia con el de la falda, pero supe desde el principio que ese día iba a hacer lo imposible para aterrorizarme.

Desde el final del segundo viaje (sí, me temo que habrá un tercero, quizá un cuarto…, lo que dure el flunitrazepam), a menudo me he imaginado lo que piensa cuando se despierta por la mañana. No, eso no. ¿Se despertará, se lavará los dientes, conseguirá un gran logro en el baño y después se preguntará: «¿Cómo puedo arruinarle el día a Graham hoy?»? Si tuviera un diario (lo que dudo, dado que nunca he visto prueba alguna de que sepa escribir a mano, incluso su firma parece hecha por un chimpancé bonobo), todas las entradas empezarían con: «Otro gran día torturando al de la barba gris».

[Sam: Total].

En Greyfriars sabía que estaba preparando algo. En todo momento veía esa sonrisa diabólica cosquilleándole los labios.

Nuestra guía, una «historiadora de la muerte», según se describió a sí misma (seguro que es una tía genial rompiendo el hielo en las fiestas), nos llevó a la prisión de los covenants. Se trataba de una zona del terreno al aire libre donde retuvieron prisioneros a 1000 covenants en 1679 durante cuatro meses, expuestos al clima, con cuatro hogazas de pan al día. La mayoría, aunque no os sorprenderá, murieron de manera miserable por la exposición al mal tiempo y por hambre.

A los 247 que sobrevivieron debían llevarlos a las Indias Orientales (no era un destino muy popular de vacaciones en 1679, más bien era un agujero infernal de enfermedades, miseria y escuadrones de mosquitos). Sin embargo, el barco se hundió cerca de las islas de las Orcadas, donde se ahogaron todos menos cuarenta y siete personas, quienes, dada su terrible suerte, es posible que murieran al caerles un rayo unos días después.

La prisión es un lugar aterrador. Sabía que allí era donde Heughan iba a poner su monstruoso plan en marcha para aterrorizarme hasta las entrañas. Si veis el episodio, no paro de mirar de izquierda a derecha. Hasta entonces, todo bien.

[Sam: Muajajaja…].

Entonces, llegamos al mausoleo negro. Era una estructura húmeda, oscura y cavernosa donde estaba enterrado un hombre bastante desagradable llamado George Mackenzie (sí, es probable que fuera antecesor de Dougal). Imaginaos la escena. La entrada cubierta con una cancela de hierro bloqueada. Nuestra «historiadora de la muerte» estaba encantada contándonos que allí se producían fenómenos poltergeist. Incluso nos enseñó una encantadora prueba fotográfica de la poltergeistación de Mackenzie (lo sé, esa palabra no existe). Cuando abrió la cancela (que crujió intensamente, por supuesto), Sam sugirió que entrara yo primero.

Ahí era donde iba a ocurrir, estaba seguro. Sam casi temblaba por un placer malvado, como un granuja a lo grande. Entré… con lentitud. ¡Nada! Caminamos por el interior mientras tratábamos de parecer valientes (en realidad, no me molesté en intentarlo, mi miedo era demasiado obvio). Entonces, nuestra guía nos encerró dentro, a la vez que nos contaba cuentos atroces y yo miraba horrorizado una enorme mancha oscura en el techo.

Por fin salimos. Volví a comprobar si había algo allí que Samsagaz hubiera pensado para hacer que me cagara patas abajo. ¡Todo bien! Lo había conseguido. Se había acabado la grabación. Lo único que teníamos que hacer Sam y yo era identificarnos ante la cámara (lo hacíamos en cada lugar) mientras intentábamos tener una conversación ingeniosa. Nuestra guía se quedó de pie a un lado, sonriente.

¡Entonces, atacó! Mientras yo sonreía como un imbécil, seguro de que había sobrevivido, Heughan había contratado a un tipo con un disfraz inventado por H. P. Lovecraft para que viniera y me agarrara por detrás.

Aquellos que lo hayan visto saben que literalmente doy un brinco en el aire y maldigo como un camionero antes de amenazar de muerte al pelirrojo. Mi asaltante iba vestido con un abrigo de cuero hasta los tobillos y una máscara de doctor de la peste. Ya sabéis, de esas que llevan un enorme pico de ave. Creo que también llevaba anteojos. Al parecer, estos elementos eran de su colección personal. Dado que era la pareja de la «guía de la muerte», nos podemos imaginar lo extraña que será su vida privada. Decir que estuve a punto de cagarme encima no es una exageración. Para colmo, Heughan siguió saltando sobre mí a intervalos regulares durante el resto del día, e incluso del mes. Como he dicho, un monstruo.

[Sam: Ah, venganza. ¡Qué alegría! ¡Qué euforia! Es cierto que me encantó ver al barbudo saltando. Se olvida de su pose de macho alfa y se convierte en un animal asustadizo o en una dama de pantomima. Salta varios metros en el aire y se agarra a cualquiera que se encuentre cerca para buscar consuelo. Por desgracia, suelo ser yo. Entonces, comienza con la perorata de los insultos. Usa palabras que no creo ni que existan. Ni siquiera en gaélico. Graham es muy creativo].

CASTILLO GUAY DEL MES

CASTILLO DE EDIMBURGO

SAM

No es solo la sede del increíble Military Tattoo, sino también el castillo del siglo XI que domina el horizonte de nuestra capital desde su prominente posición en Castle Rock, lugar que ha ocupado desde la Edad del Hierro.

Como fortaleza, guarnición militar, residencia real y prisión, el castillo ha sufrido gran cantidad de asedios. El último intento por invadirlo fue en 1745 por parte del ejército jacobita. Guiados por el príncipe Carlos Eduardo Estuardo, conquistaron la ciudad, pero no el castillo, y, tras verse obligados a retirarse de Edimburgo, más tarde ese año se marcharon hacia Culloden Moor. Y ya sabemos cómo acabó aquello.

Con los siglos, la fortaleza se ha fortificado con un número cada vez mayor de cañones, incluido el Mons Meg, un arma de asedio de seis toneladas capaz de disparar una bala de casi ciento cincuenta kilos a una distancia de más de tres kilómetros. Me pregunto si alguien habrá intentado levantarlo. Con un diámetro de 510 milímetros, Mons Meg (llamado así por la ciudad belga en la que se forjó) es uno de los cañones más grandes del mundo en cuanto a calibre y fue un regalo para Jacobo II en 1457.

Otra arma famosa del castillo es el cañón de la una en punto, disparado a dicha hora de la tarde todos los días excepto los domingos. Data de 1861, cuando un hombre de negocios trajo la idea de París. El arma original de veintinueve kilos ayudaba a los barcos del fiordo de Forth a poner en hora sus relojes. Desde 2001, un modesto cañón de campaña de 105 milímetros se dispara desde Mills Mount Battery, en el exterior de la Redcoat Café.

En 2006, la bombardera Alison Jones fue la primera mujer en la historia en disparar el cañón de la una en punto. Me gustaría meter mi nombre en el sombrero para tener la oportunidad de dispararlo también. O incluso mejor, hacerlo con Mons Meg...

¡BUUUUUUUUUUUUUUUUUUUUUUUUUUUM!

AVENTURA DEL MES
SILLA DE ARTURO

SAM

No es una Munro. De hecho, mide una tercera parte, pero la Silla de Arturo se erige orgullosa y protectora sobre la ciudad de granito de Edimburgo. Es genial para montar a trineo o esquiar si nieva lo suficiente. Cuando era adolescente, viví cerca de las puertas del parque de Holyrood, el acceso a la Silla de Arturo y Salisbury Crags. El parque real de más de 2,5 kilómetros cuadrados ofrece un corto camino desde la calle principal de Edimburgo, contiguo al palacio de Holyrood. El punto más alto es la Silla de Arturo, un antiguo volcán, que se encuentra a 251 metros sobre el nivel del mar y presenta una vista sorprendente de la ciudad. En un día despejado, puedes ver hasta el reino de Fife.

Cuando era un joven perezoso, la escalada hasta la cima me parecía difícil e interminable, pero es bastante simple. Se puede trepar para recorrer el camino más directo o dar un tranquilo paseo por el sendero que rodea el parque, una pequeña caminata hasta el pico. En la parte superior también se encuentra un enorme fuerte bien conservado. Es uno de los cuatro fortines que se construyeron hace unos 2000 años.

Fue a esta excursión a la que invitamos a los Peakers (miembros de My Peak Challenge) en 2019 como parte del fin de semana de nuestra gala anual. Yo iba delante de varios miles de Peakers que llevaban ondeantes banderas y di la orden de empezar el paseo en torno a la colina. Delante de nosotros iba la banda de Glencorse, con gaitas y tambores tocando contra el viento y estableciendo el ritmo con el bombo (esta vez sin McTavish).

Unos cien metros después, me di cuenta de que nunca había «guiado» a una banda de música, por lo que observé que necesitaban mucho espacio para girarse y dar la vuelta. Nos acercábamos a un grupo de retorcidos árboles que amenazaban con interrumpir nuestra marcha musical, por lo que les hice una señal a la banda y a los varios miles de Peakers apasionados para que cambiaran de dirección y por los pelos evitamos un caos completo.

Continuamos y pasamos cerca de Salisbury Crags, una serie de acantilados de 45 metros de altura que están tallados en la roca y son de arenisca roja o naranja bajo el sol poniente. Es un lugar interesante en el que vivir cuando eres pequeño y actualmente me encanta visitarlo y escalar hasta lo alto para recordarme de dónde vengo (y lo fácil que es la subida ahora que no me importa hacer un poco de ejercicio). Sin embargo, te recomiendo que no te lleves a una enorme banda de músicos, porque te verás obligado a perder al del bombo.

BEBIDA DEL MES
EL QUE TE MÁS GUSTE... ¡VAMOS DE BARES POR EDIMBURGO!

SAM

Por sorprendente que parezca, hasta hace poco, la capital de Escocia no tenía una destilería de *whisky*. Estoy seguro de que antaño había muchas, legales o no, pero en la última década han aparecido algunas que se han establecido, como la de Holyrood y Port O'Leith. No obstante, ambas solo han presentado su primera remesa y la nueva descansa aún en barricas de roble a la espera de que pase el mínimo de cuatro años para que se pueda clasificar como *whisky*.

Siempre ha habido mucho comercio en Edimburgo, sobre todo en torno a Leith y al puerto. Se vendía ginebra y ron, que viajaba desde aquí al sur de Inglaterra, Europa y más allá, al Nuevo Mundo. Como he mencionado, me pasé los años de juventud en los oscuros callejones y callejuelas de Auld Reekie, por lo que te puedo sugerir varios lugares interesantes en los que tomarte alguna bebida refrescante o chupito:

- **The Bow Bar** – un sencillo bar en el que sirven una gran selección de *whiskies* y cervezas en la pintoresca calle empedrada Bow Street, pasado el Grassmarket y a una pequeña tiradita de **The Last Drop** (sede de la horca del verdugo).
- **The Meadows Bar** – una taberna habitual en mis años de adolescente, junto al parque The Meadows.
- **The Black Cat** – abre hasta las 3 de la madrugada y es uno de los muchos bares de Rose Street. El reto es beber media pinta en cada bar de la calle… ¡Imposible!

- **Bennets Bar** – establecido en la década de los treinta del siglo XIX, es como viajar en el tiempo. Solía pasarme a tomar algo tras el trabajo en una cafetería cercana.
- **SMWS** – en Queen Street, se trata de un bar para miembros, pero tiene una pequeña sección para el visitante y acceso a un número infinito de botellas especiales. Me podría pasar la vida aquí.
- **Voodoo Rooms** – una decoración y servicio sorprendentes.
- **The Devil's Advocate** – un espeluznante lugar cerca de la calle principal con una gran selección de *whiskies*.
- **The Sheep Heid Inn** – tras una estimulante caminata hasta la Silla de Arturo, tomar una pinta en este garito del siglo XVI es la manera perfecta de refrescarte.
- **Hector's** – en la clásica Stockbridge. Solía ir allí a tomar un Bloody Mary durante la pereza de los domingos de resaca o a impresionar a un amigo con un cóctel frío entrada la noche. Más del estilo de McTavish.
- **Cask and Barrel** – trabajé aquí durante un tiempo, en Broughton Street, y me encantaban los días de partido porque los clientes venían antes de que empezara el fútbol a tomar pintas frías y platos caseros.
- **The Cumberland Bar** – un área pija y un bar aún más bonito. Merece la pena visitarlo. *[Graham: Me parece increíble que no hayas nombrado The Blue Brazer. Es sinónimo de bar para actores y personal procedentes del Royal Lyceum después de las actuaciones. Es un establecimiento sencillo, pero fantástico, con una maravillosa colección de* ales *de grifo y una pequeña, pero impresionante, selección de* whiskies].

CLAN DOUGLAS

GRAHAM

Justo cuando has acabado con los clanes escoceses más violentos, te topas con una banda como el clan Douglas y buscas nuevos adjetivos incluso más extremos para describir su historia. El miembro más famoso del clan fue el señor James Douglas. Conocido por los escoceses como el «buen señor James», sus enemigos (básicamente toda Inglaterra) lo llamaban de otra manera: «Douglas el Negro».

Al parecer, esto se debía a dos cosas: el pelo negro (como llamar a Sam «Heughan el Pelirrojo») y a su aterradora reputación. Los ingleses creían, de hecho, que era un demonio enviado del infierno (las comparaciones con Sam cada vez son más acertadas).

Comenzó a tener esa reputación con unos dieciocho años, cuando decidió recuperar la sede de su familia, el castillo de Douglas, desde el fortín ocupado por los ingleses. Optó por hacerlo el Domingo de Ramos al saber que la mayoría de la guarnición estaría en la iglesia oyendo misa. ¡Mocoso inteligente!

Como no era de los que se levantaba en las celebraciones religiosas, Douglas el Negro entró con su grupo en la iglesia vociferando un grito de guerra fácil de memorizar «¡Douglas! ¡Douglas!». Imagínate lo vergonzoso que sería que a alguno se le olvidara el grito de guerra. «Eh, comienza con D… No me lo digas, lo tengo en la punta de la lengua».

La masacre se conoció como «La alacena de Douglas» porque a los supervivientes se les llevó al sótano donde se los decapitó. No contento con toda esa matanza indiscriminada, Douglas el Negro ordenó que las cabezas seccionadas se pusieran sobre una pila de barriles rotos de vino. Solo por si acaso, les prendió fuego. Luego, quemó el castillo. Es evidente que tenía mucha rabia contenido.

«¿Qué hacemos con los prisioneros, jefe?».

«Córtales la cabeza».

«Perfecto».

«¡Un segundo! ¿Ves esos barriles de vino? Destrózalos y pon las cabezas seccionadas encima».

«Genial, jefe».

«Préndeles fuego a todas».

«¿Prenderles fuego? Oído cocina».

«Ah, y quema el castillo hasta los cimientos».

Había una pequeña nana popular en aquel momento entre los ingleses del norte que decía:

Cállate, cállate, pequeño mío.
Cállate, cállate, no seas tan asustadizo.
Douglas el Negro no puede acabar contigo.

Una leyenda popular dice que, en una ocasión, justo cuando la nana acabó, una mano callosa agarró a la madre del hombro y una voz como la grava dijo: «¡No estés tan segura!».

Douglas el Negro una vez invadió el castillo de Roxburgh arrastrándose junto a sus hombres, cubiertos con pieles de vaca, hasta irrumpir dentro y asesinar a sus habitantes. Algunos aseguran que habría vencido a Wallace si se hubieran peleado, lo que es decir algo muy fuerte.

Tenía una lista impresionante de victorias: 57 contra 13 derrotas (que fueron básicamente retiradas tácticas, en lugar de fracasos como tal). Era un poco como el Lionel Messi de los asesinos, el Tom Brady de los carniceros.

Cuando estaba ocupado asediando el castillo de Berwick upon Tweed, el papa intervino y le dijo que se detuviera de una vez porque se arriesgaba a que lo excomulgaran y se viera condenado durante toda la eternidad. La respuesta de Douglas el Negro te da alguna idea de con quién estamos tratando: «Prefiero entrar en Berwick que en el paraíso». Ahora que lo pienso, creo que podríamos iniciar una campaña para que este sea el nuevo lema oficial de la ciudad de Berwick.

Por último, murió de camino a Oriente Medio mientras llevaba el corazón de Roberto I Bruce en un cofre en torno al cuello (por supuesto). Rodeado y solo, decidió luchar sin ayuda, armado con una espada, un hacha y unos huevos de acero, contra 200 enemigos.

El poder del clan Douglas creció más y más gracias a su hijo Archibald el Sombrío (lo sé, lo sé, ¿dónde estaban los escoceses con nombres como Sean Al Que Le Gustan Las Buenas Canciones o Alastair El Extremadamente Tímido?). Al hijo de el Sombrío también se le conocía de manera encantadora como James el Bruto (de verdad, no me estoy inventando nada). Pasaron a convertirse en Douglas de los Seis Castillos, por desgracia uno menos que nuestro querido amigo Duncan de los Siete Castillos.

Su poder se volvió amenazador para el rey Jacobo II, por lo que decidió invitarlos a cenar al castillo de Edimburgo. El señor William Crichton hizo los preparativos y aquello persuadió al sobrino del Bruto, William, sexto conde de Douglas, y a su hermano de ir y disfrutar de una copiosa comida.

«¡Venid a cenar! No necesitaréis traer vino».

En mitad de la cena, llevaron ante ellos una cabeza de toro negro. Willy y su hermano seguro que esperaban comer algo de pollo, quizá un buen pavo, y sabían a la perfección lo que significaba aquello. Simbolizaba la muerte.

Por supuesto, los llevaron a rastras a Castle Hill y les hicieron un juicio falso antes de decapitarlos. Ah, por cierto, Jacobo II solo tenía diez años en aquel momento.

La moraleja de esta historia es que hay que fijarse por si en el menú hay una cabeza de toro y nunca aceptar la invitación de un niño a cenar.

Este incidente se convirtió en la inspiración de George R. R. Martin para la escena de la «Boda Roja» de *Juego de tronos,* lo que le llevó a decir al propio Martin: «Da igual lo que me invente, hay cosas igual de malas o peores en la historia». Y, seamos sinceros, la mayor parte son escocesas.

APUNTES DE LA NATURALEZA
EL MOSQUITO

GRAHAM

Pertenece a la familia *Ceratopogonidae* (intenta decir eso tras unas copas de *whisky* de barrica). Para los que no sepan qué es un mosquito o qué forma tiene, aquí dejo un dibujo:

Por suerte, no son así de grandes en la vida real.

Los mosquitos son diminutos, en serio, pero lo único que les gusta es chuparles la sangre a los humanos. Eso hace que parezcan un albatros. Encontrar un solo mosquito es bastante difícil, pero, por suerte (o desgracia), suelen viajar en enjambres del tamaño de un ejército. Aparecen como una nube en movimiento de motitas voladoras y han arruinado a muchos las vacaciones veraniegas escocesas.

A ver, no todos somos iguales ante los ojos de un mosquito (ojos diminutos, minúsculos). Definitivamente prefieren a ciertas personas y, como para muchos de los seguidores de *Outlander,* una de sus favoritas es Sam Heughan. Quizá todos se sienten frente a un televisor del tamaño de un mosquito y no puedan resistirse a los rizos pelirrojos y los trozos de carne que forman al Rey de los Hombres. A lo mejor han visto también mis interpretaciones como Dougal MacKenzie y han pensado: «¡Vamos a mantenernos bien alejados del calvito!», porque no les gusto a los mosquitos. Me dejan en paz. Me dan espacio. Solo me saludan con una de sus diminutas alas mientras descienden como escuadrones de *Ceratopogonidae* obsesionados hacia Jamie Alexander Malcolm MacKenzie... (bueno, y ya conocéis el resto).

Aquellos que hayan visto *Men in Kilts* sabrán que hay una escena en la que estamos sentados para una lección de gaélico. Dicha escena nos presenta a nuestro encantador profesor, a Sam y a mí mismo junto a unos ocho mil mosquitos que no dejan de orbitar en torno a la cabeza de Sam. ¡Pobre! Se quedó ahí sentado como alguien al que le estuviera dando un ataque continuo, con espasmos y sobresaltos, mientras movía los brazos a su alrededor en un intento vano por alejar a esos fanáticos en miniatura.

Sam pensó que yo había creado una especie de granja para mosquitos diabólicos con el único fin de atormentarlo. Ni confirmo ni desmiento. Lo único que puedo decir es que, si ves la escena, los mosquitos me dejan en paz. Mientras Sam practica el baile de san Vito y se mueve desesperado, yo estoy relajado, con las piernas cruzadas y una pequeña sonrisa en los labios, al mismo tiempo que me peleo con el gaélico y por el rabillo del ojo presencio a un fortachón reducido a un desastre balbuceante. Un hombre que puede levantar una roca de más de noventa kilos, correr una maratón y escalar muchas Munro se ve capado por insectos más pequeños que un grano de sal.

Lo admito, esperaba que la lección de gaélico no se acabara nunca. Después de todo lo que se ha reído a mis expensas en *Men in Kilts,* verlo poniéndose literalmente una bolsa en la cabeza mientras se golpeaba con furia de repente hizo que el mundo fuera un lugar más agradable. Cuando por fin huyó de la entrevista, tenía la cara como una masa burbujeante de desesperación (en cierta medida, me recordaba al cuadro de

Edward Munch, *El grito)* y la nube furiosa de leales mosquitos lo seguía en tropel.

Si cierro los ojos casi me puedo imaginar las pequeñas voces de mosquitos diciendo al unísono: «¡No te vayas, Sam, no te vayas! ¡Te queremos…!».

¡GRANDES ESCOCESES!

NACIMIENTOS, MUERTES Y OTROS ACONTECIMIENTOS SIGNIFICATIVOS

6 de agosto de 1881 – Nace el señor Alexander Fleming, descubridor de la penicilina.

9 de agosto de 1757 – Nace en Dumfries el ingeniero civil Thomas Telford.

9 de agosto de 2014 – Starz estrena *Outlander*. El programa, ahora ya con seis temporadas, ha recibido más de 71 nominaciones y 31 premios en los Globos de Oro, los Emmys, los BAFTA escoceses y los Critics' Choice TV Awards. También es donde el señor Heughan conoció a su víctima, McTavish.

13 de agosto de 1888 – Nace el inventor de la televisión, John Logie Baird.

15 de agosto de 1771 – Nace el novelista y poeta *sir* Walter Scott.

16 de agosto de 1766 – Nace Carolina Oliphant, *lady* Nairne, una popular poetisa y autora de muchas canciones jacobitas, incluida *Charlie is my darling*.

17 de agosto de 1947 – Se inicia el primer Festival Internacional de Edimburgo.

19 de agosto de 1745 – Carlos Eduardo Estuardo levanta su estandarte en Glenfinnan, lo que señala el comienzo de la rebelión de 1745.

20 de agosto de 1897 – Ronald Ross disecciona un mosquito y establece su conexión con la malaria. Fue el primer escocés en ganar un Premio Nobel, en 1902.

[Sam: Me encantaría diseccionar varios de esos putos mosquitos. O reprogramarlos para que vayan a por Graham].

23 de agosto de 1305 – Ejecutan a William Wallace.

25 de agosto de 1930 – Nace el actor Sean Connery en Edimburgo. Muere el 31 de octubre de 2020.

SEPTIEMBRE

Clan Farquharson
Lema: *Fide Et Fortitudine* ('Fe y fortaleza')
Territorio: Invercauld, Aberdeenshire

FECHAS CLAVE

Período meteorológico del otoño: entre el 1 de septiembre y el 30 de noviembre

1	**Comienzo del otoño**
Principios de septiembre	**The Braemar Gathering (Juegos de las Tierras Altas)**
22	**Equinoccio de otoño (comienzo astrológico de otoño)** **Mabon – tiempo de cosecha, celebración pagana**
Mediados de septiembre	**Stranraer Oyster Festival**

REGIÓN DEL MES

ABERDEENSHIRE, BANFFSHIRE Y MORAYSHIRE

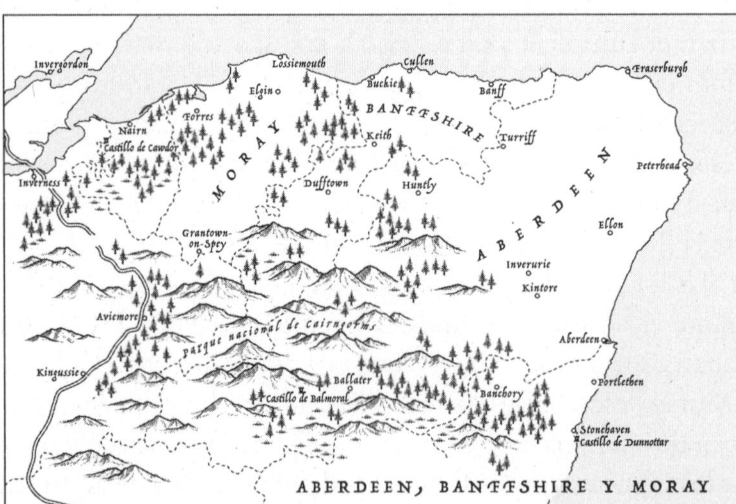

ABERDEEN, BANFFSHIRE Y MORAY

GRAHAM

Quizá tendría más sentido hablar sobre los Cairngorms en este capítulo, que se centra en gran medida en Braemar, pero Samsagaz declaró que el parque nacional de Cairngorms era sinónimo de amor, por sus historias románticas, y de pícnics en febrero, como los que pintaría Renoir. Aunque aplaudo su sensibilidad y sentimentalismo (palabras que no se suelen asociar al incontrolable galovidiano), ahora debemos ir más allá para este capítulo y buscar nueva inspiración natural. De este modo, partiremos hacia Aberdeenshire y Morayshire, centrándonos en especial en la maravillosa costa de Moray.

Es una parte de Escocia que se suele ignorar al encontrarse lejos de las pateadas vías de los exploradores de las Tierras Altas, pero merece la pena visitarla. En el norte de los Cairngorms se encuentra el pueblo de Nairn. Fue ahí donde las tropas del Gobierno, dirigidas por Cumberland, acamparon antes de Culloden. Este lugar era mucho mejor para una batalla campal que el cenagal pantanoso conocido como Drumossie Moor (es decir, Culloden). Tiene un microclima templado, además de ser uno de los lugares más secos de Escocia.

Merece la pena especular sobre cuál habría sido el resultado de la batalla si los jacobitas hubieran sorprendido al enemigo la noche anterior mientras Cumberland y, sus soldados celebraban el cumpleaños del duque, en lugar de marchar durante más de diecinueve kilómetros para acabar perdidos. Como consecuencia, terminaron exhaustos, empapados hasta los huesos y desmoralizados para luchar en una parte del terreno que, si hubiera tenido un microclima, habría sido el centro de toda la lluvia de Escocia durante el mes de abril.

Si hubieran tenido la suerte de estar en este rincón de Escocia durante el verano y sentirse lo bastante enérgicos, los jacobitas habrían disfrutado la ruta de setenta y dos kilómetros por la costa de Moray desde Forres hasta Cullen. Sin embargo, dado que acababan de ir a Inglaterra y volver, quizá habrían preferido contemplar los jugueteos de las focas y los delfines en una de las muchas playas de arena blanca escondidas que salpican la preciosa costa.

Es una idea maravillosa, ¿verdad? El ejército con tartanes del príncipe Carlos Eduardo Estuardo haciendo pícnics en la arena mientras vitoreaban a un grupo de delfines.

Principios de septiembre – The Braemar Gathering (Juegos de las Tierras Altas)

SAM

Los Juegos de las Tierras Altas son una celebración increíble de la cultura celta a través de competiciones deportivas, música y baile. Hay unas 100 pruebas repartidas a lo largo y ancho de Escocia e incluso más en el mundo entero.

Como invención victoriana que siguió a las *Clearances,* muchos de los deportes datan de antes de que se documentara la historia. La primera referencia procede del reinado del rey Malcolm III (1031-1093), cuando reunió a un grupo de hombres para que compitieran en una carrera hasta la cima de Creag Choinnich, cerca de Braemar, con la idea de seleccionar al corredor más rápido para que fuera el mensajero real.

También hay una carta del jefe del clan Grant en la que se ordenaba a los hombres reunirse con toda su artillería para celebrar unas competiciones en las que se seleccionaría a los mejores soldados.

Los Cowal Gathering de Dunoon son los juegos de las Tierras Altas más importantes de Escocia y, los Braemar Gathering, los más prestigiosos, puesto que acude la realeza, porque se celebran cerca del castillo de Balmoral, la residencia de la reina en Escocia. Sin embargo, Grandfather Mountain en Carolina del Norte es quizá la sede de los Juegos de las Tierras Altas más populares del mundo con 30 000 espectadores.

Eventos principales:

- Lanzamiento de troncos: levantar, correr y lanzar un poste de telégrafo.
- Lanzamiento de piedras: lanzamiento de peso con una roca.

- Lanzamiento de martillo: piensa en un mazo x2.
- Lanzamiento de peso: lanzar una bola con una cadena.
- Lanzamiento de peso sobre la barra: lanzar un peso de hierro sobre una barra a gran altura.
- Lanzamiento de fardo: lanzar en vertical un saco de más de nueve kilos de paja con una horqueta.
- Tira y afloja: ocho hombres intentan arrebatar una cuerda a otros ocho hombres.
- Toma de *whisky:* bueno, debería ser reconocido como deporte oficial.

Todo ambientado con gaitas, bandas celtas y bailes tradicionales.

MOMENTO DE COMPETICIÓN
MI TRONCO ES MÁS GRANDE QUE EL TUYO

SAM

Por supuesto, era de esperar que Graham y yo practicáramos alguna de las pruebas de los Juegos de las Tierras Altas, por lo que lo organicé para *Men in Kilts*. Aun así, Graham había olvidado por completo a lo que se enfrentaba…

Llegamos a Braemar tras un largo viaje desde Inverness a través de la estación de esquí de Lecht durante el cual tuvimos la oportunidad de hacernos una foto en grupo mientras pasábamos un frío que pelaba, a pesar de estar a mitad de verano, puesto que el viento del noreste soplaba con fuerza. En los meses de invierno, las colinas suelen estar cubiertas de nieve e incluso en verano se puede sentir el frío. Por supuesto, nos detuvimos a almorzar (para aplacar a McHambriento) lo que, según recuerdo, aquel día consistió en comer un sándwich, una empanada de cerdo, una manzana y un zumo. Aquello enfadó a Graham en exceso. Intentó incluir comidas de tres platos y vino en el contrato, pero me negué en redondo porque era el productor principal del programa.

Recorrimos un largo camino aquel día y recuerdo sentirme agarrotado por haber pasado tanto tiempo en la caravana. *[Graham: Ya estamos poniendo excusas, por lo que veo].* Tras un rápido refrigerio en el Fife Arms, un hotel increíble en Braemar, condujimos hasta el parque conmemorativo del duque de Fife, donde tienen lugar los Juegos de las Tierras Altas.

Llevábamos la vestimenta apropiada: chalecos blancos, *kilts* y calcetines con ligas. Recuerdo que Graham tenía los pezones erectos. Lo primero que dijo Kyle Randalls, el campeón de 28 años de los Juegos de las Tierras Altas, fue: «Nunca vayas sin ropa interior, por si acabas patas arriba».

Como no me asustaba la lección de aquel día, sentí ansiedad en mis partes íntimas. Kyle, quien nos contó que se pasaba la vida corriendo por las Tierras Altas de Escocia «lanzando mierda», continuó diciéndonos que se había desgarrado la parte izquierda del estómago lanzando el martillo y que ahora vivía «en un constante estado de dolor y tristeza durante las cuatro estaciones». El nerviosismo aumentó como una inundación.

Nuestra primera prueba fue el lanzamiento de martillo y, sí, supe que se me daría bien. A ver, muy muy bien. Al menos eso pensaba. Hay dos tipos de martillos: los escoceses, de más de siete kilos con mango flexible (sin dobles intenciones), y el que elegí, el de Braemar, un monstruo de diez kilos con un mango distinto, que es el que usaba Kyle.

[Graham: Creo que es justo mencionar, con ánimo de no ocultar nada, que Kyle y yo hemos sido amigos desde aquel día en Braemar. Yo: «Oye, Kyle, ¿cuánto pesaban los martillos que hemos lanzado Sam y yo?». Kyle: «Siete kilos». Mmm. Se cierra la sesión…].

No sé qué le ocurrió al mango, si fue Kyle o Graham el que me lo saboteó, pero estaba cubierto de una gruesa resina pegajosa. O incluso pegamento. Me tocó el turno de lanzar el martillo y, cuando comencé a dar vueltas y vueltas como Kyle nos había enseñado, intenté soltarlo, pero no podía porque se me había pegado a las manos. Di más y más vueltas (vertiginosas) hasta que se me revolvió el estómago, pero no pude deshacerme de él. Estaba unido a esa puta cosa y ¡aaahhh! Cinco, seis, siete vueltas di.

Por fin, voló por el cielo y cayó casi de inmediato al suelo como el plomo, llevándose mi ego consigo. Fue un lanzamiento decepcionante y corto. Internamente me regañé a mí mismo. Tendría que haber sido un buen día, pero me sabotearon aquella prueba, aunque no pueda probarlo. Un calor punzante ante la inminente derrota me recorrió el pecho mientras observaba cómo Graham agarraba el martillo ligero, no, de peso gallo, sin mango adhesivo, daba varias vueltas sobre la punta de los pies poniendo en práctica el entrenamiento para estas gilipolleces, lo soltaba y la cosa recorría varios kilómetros.

Todo mejoró con el lanzamiento de troncos. La palabra «tronco» en inglés, *caber,* deriva del gaélico *cabar,* que significa «viga de madera». Los competidores levantan por un extremo un enorme poste de telégrafo hecho de pesada madera de alerce, corren con él e intentan lanzarlo. Parece un auténtico tronco de árbol. De nuevo, hay dos tamaños: el intermedio y el de Braemar, que mide unos seis metros de alto y pesa 79 kilos.

Solo probé con el intermedio, pero conseguí lanzarlo. Graham lo intentó, pero no pudo siquiera levantarlo (ji, ji), mucho menos correr con él y lanzarlo. Traté de hacerlo con el de Braemar un par de veces y conseguí levantarlo, pero correr y lanzar ese robusto palo era demasiado para mí. Me pregunto si existirá la viagra para troncos.

Luego, practicamos el tira y afloja e hicimos que todo el equipo participara. Graham se enfadó por la distribución de la fuerza. Por eso, mientras yo estaba lanzando troncos, él compraba a Kyle con la promesa de que le conseguiría un papel en la próxima película de *El hobbit:* «Kyle, se te da genial estar ante la cámara, te sale natural. No es fácil. Heughan tuvo que trabajar mucho para conseguirlo, pero tú tienes un don. Podríamos tener nuestro propio programa, Kyle, si ayudaras a mi equipo en el tira y afloja. ¿Qué me dices?».

Por supuesto, dijo que sí y el equipo de Graham ganó, hecho que le resultó delicioso al de la barba gris, sobre todo porque sabía que había ganado la competición deportiva. Ahora me tocaba a mí nadar en bolas en el océano Atlántico, tras la carrera más larga hacia un baño salvaje nunca vista, porque Graham estableció el momento del chapuzón mientras la marea estaba baja. Tuve que correr kilómetro y medio para encontrar el mar, a la vez que contemplaba a algunas parejas escandinavas en sus caravanas. Nadie les echó ni siquiera un vistazo a mis bamboleantes partes pudendas porque, siendo sinceros, ellos se pasan la vida desnudos, en casa, en la tele y en las saunas. De hecho, me preocupaba que pensaran que era una invitación o una tradición escocesa y todos salieran corriendo detrás de mí.

Su majestad contempló el baño desde la orilla, cubierto con una manta como la reina madre, con un termo de té caliente servido por George y unos caros binóculos suizos en los ojos, mientras soltaba alegres carcajadas.

¡YA VERÁS LA PRÓXIMA VEZ, PERRO GRIS! ¡YA VERÁS...!

GRAHAM

Siempre me han fascinado los tradicionales Juegos de las Tierras Altas. He asistido a varios por todo el mundo y me he maravillado con las habilidades de hombres y mujeres a la hora de levantar y lanzar enormes objetos pesados.

El martillo, el tronco (un leño gigante), el paseo del granjero (con un enorme peso en cada mano, se debe caminar todo lo que se pueda hasta que se luxen las articulaciones), el tira y afloja, el lanzamiento de peso (básicamente sujetar una roca bestial de entre nueve y once kilos y enviarla lo más lejos posible con una sola mano) y el lanzamiento de peso sobre una barra (consiste en lanzar a gran altura sobre una barra horizontal un peso de veinticinco kilos con un mango corto. Con cada lanzamiento, la barra se coloca a mayor altura. El récord se encuentra en seis metros y dieciocho centímetros, casi el tamaño de una casa de tres pisos).

Los eventos más antiguos y tradicionales como el lanzamiento de *haggis* o de enanos (menos mal que así ha sido en el último caso) han acabado perdiéndose en la oscuridad. No hace falta decir que todos estos deportes llevan grabados el nombre de Sam (menos el lanzamiento de enanos). Siente una alegría inmensa cada vez que levanta algo pesado sea por la razón que sea y es uno de los motores principales en su vida. Cuando llega a la habitación de hotel por la noche, es probable que haga levantamiento de pesas con la cama o se relaje lanzando barriles llenos de *whisky* por la casa. Con todo esto en mente, participé nervioso en los Juegos.

No era un día cálido y Sam tiene razón con lo de que mis pezones sobresalían como una percha. Kyle Randalls era el hombre elegido para entrenarnos. A medida que avanzaba, no paraba de pensar que ya había llegado, como si fuera una ilusión óptica, hasta que por fin se detuvo ante nosotros, aunque siguió haciéndose cada vez más alto. Decía medir un metro noventa y ocho centímetros, pero aparentaba más. Era un mastodonte con manos como bandejas de carne y un apretón como el de una trituradora.

Además, llevaba un bigote inquietante. Nos habían dicho que no lo mencionáramos, por lo que lo hago aquí desde la seguridad del teclado del ordenador. Era negro y premonitorio, como si perteneciera al pasado, una decisión atrevida. Sonreía mucho, pero, de alguna manera, el bigote hacía que su figura desprendiera una amenaza silenciosa.

Cuando le pregunté a Kyle en qué trabajaba, se dedicó a dar evasivas y prefirió decir que solía ayudar a recoger cosas para otros... Creo que tragué saliva con fuerza de nuevo en ese momento, mientras me soltaba de su agarre de oso.

Comenzamos con el lanzamiento de martillo. Kyle nos presentó los dos martillos (el de siete y el de diez kilos). Luego, procedió a aplicarse resina en las manos para cogerlo mejor (solo Dios sabe de qué estaba hecha, quizá de las lágrimas saladas destiladas de sus competidores). Entonces, agarró el mango del martillo y comenzó a moverlo entre las manos. No pude evitar imaginármelo como un gigante practicando su técnica de estrangulamiento.

Tragué más saliva. Entonces, llegó la hora de lanzarlo. Practicamos varias veces el movimiento ondulante (yo estaba convencido de que me iba a herniar en cualquier momento) y luego Sam entró en el círculo.

Comenzó a balancearlo. Kyle y yo le dedicamos miradas de ánimo. Continuó con el movimiento. Kyle y yo comenzamos a preocuparnos. Siguió dando vueltas. El bigote de Kyle había crecido bastante por aquel entonces. Más… vueltas. Estaba oscureciendo. En ese instante… lo soltó. *[Sam: Mientras la piel de la palma de las manos acompañaba al martillo por el aire].* Formó un arco en el cielo y aterrizó, creando un satisfactorio agujero. Kyle y yo despertamos y vitoreamos a Sam.

Era mi turno. Me hice con el martillo de Sam y caminé hasta el círculo. Me estaba preparando para la humillación de quedarme muy atrás en comparación con el esfuerzo de Sam, pero, como un prisionero que asciende a la horca, agarré como era debido el martillo y comencé a dar vueltas.

¡Hostia puta! ¡Cómo pesaba!

Decidí no dar tantas vueltas como Sam (no fue difícil, porque ya había un claro agujero en el terreno por el número de veces que él había girado en aquel punto como un sacacorchos pelirrojo).

Lo solté (o, mejor dicho, el martillo me soltó a mí).

Formó un arco.

Y aterrizó.

Oí a Sam gritar sorprendido las siguientes palabras: «¡Están muy cerca!».

Medimos la distancia hasta el agujero de Sam y luego al mío. Basta decir que nos llevó un poco más de tiempo llegar al mío. ¡¡¡Sí!!! Lo había lanzado más lejos. Estaba sorprendido.

En ese momento, me dejé caer de rodillas, miré al cielo y solté toda mi alegría. *[Sam: Fue algo primitivo, como un animal salvaje. O un* hobbit *enfadado que recibe comida tras un año solo y muerto de hambre].* Sam permaneció de pie cerca de mí (bueno, donde estaba su agujero, a unos dos metros), con un mohín acompañado de una expresión estrábica de confusión.

Cuando por fin dejé de gritar y dar brincos como un loco, llegó la hora del lanzamiento de troncos. Aquello iba a ser duro. Ambos lo intentamos tras la demostración de Kyle, quien hacía que pareciera que estaba lanzando un palillo de dientes. Nuestras pruebas fueron un desastre, pero, como punto a favor de Sam, no estaba dispuesto a rendirse. Lo intentó de nuevo y ¡¡¡sí!!! Lo lanzó. Yo estaba muy impresionado (créeme, no es fácil) y pude ver lo mucho que significó para él. Además, tuvo la decencia de no restregármelo por la cara (bueno, al menos no de inmediato).

Nuestra prueba final era el tira y afloja. Nos separamos en grupos. Nuestro anfitrión, el maestro de ceremonias de los juegos, era el árbitro. Sujeté un extremo de la cuerda. Sam, el otro. Me encantan los tira y afloja. Me lo paso muy bien con ellos. Aquel no fue una excepción. Soportamos la tensión (como se suele decir)... ¡¡¡Y tiramos!!!

Estábamos muy igualados. Entonces, Sam convenció a Kyle (el mastodonte) Randalls para que se uniera a él. De repente, nos encontramos teniendo dificultades. «¡¡¡Nooo!!!», pensé.

Sin embargo, nuestro maestro de ceremonias vino al rescate. Saltó a nuestro lado y juntos tiramos de Sam y su equipo; les hicimos traspasar la línea. Tras otro día de ardiente competición, les dimos las gracias a nuestros musculosos anfitriones y me retiré a calentarme los pezones.

SAM

Después, nos quedamos hasta tarde en el Fife Arms y acabamos celebrando una fiesta enorme. Uno de nuestros ayudantes tocaba la gaita, por lo que nos pusimos a bailar *cèilidh* y otras danzas tradicionales en la calle hasta tarde y nos riñeron.

El Fife Arms es uno de los mejores hoteles en los que nos alojamos. Es increíble y lo recomiendo encarecidamente. Tiene famosas obras de arte, incluso un Picasso, además de fuertes cócteles escoceses contemporáneos y de buena calidad y una excelente comida. En realidad, no encontraba a Graham por ningún lado, por lo que es probable que estuviera escribiendo a la reina para que le dejara quedarse en el castillo de Balmoral.

CLAN FARQUHARSON

¡El beligerante clan Farquharson! Cuando descubres que el nombre del clan tiene delante la palabra «beligerante», sabes que estos tipos iban en serio. No es que a los otros clanes se les conociera como los «pacíficos» Mackintosh o los «prefieroquedarme-en-casa-leyendo-un-buen-libro» MacDonald, pero que se les conozca como «beligerantes» antes siquiera de haberse presentado dice mucho de ellos.

Todo comenzó cuando Donald Farquharson (pronunciado *faake-san,* por si te lo preguntabas) se casó con Isobel Stewart. Tuvieron un hijo, Finlay Mor (¡Finlay era un gran chico!), que pasó a ser el abanderado del rey en la batalla de Pinkie Cleugh (completa la información más adelante).

Finlay cayó en la batalla, pero no antes de concebir nueve hijos (en este caso sí que clavó banderas). Desde entonces, los Farquharson pasaron a conocerse como Clann Fhionnlaigh, descendientes de Finlay. Es tentador imaginar a Finlay llegando a casa tras otro día de luchas salvajes y poniéndose a hacer otro hijo de inmediato. Si no hubiera muerto en Pinkie Cleugh, quién sabe los hijos que hubiera podido tener. ¿Doce? ¿Por qué no veinticinco?

Resultó que los nueve chavales fueron suficientes para establecer la sede de los Farquharson en las tierras de Upper Deeside, donde disfrutaban de la protección de la fortaleza natural de las montañas que los rodeaban por tres flancos. Solo había un camino de entrada y de salida y estaba vigilado por los nueve hijos llenos de testosterona del gran Finlay (es probable que fueran como una especie de Cerbero escocés vigilando el inframundo). No obstante, para asegurarse aún más protección, se unieron a otro superclán de las Tierras Altas, el clan Chattan, la versión con tartanes de la Cosa Nostra.

Continuaron extendiendo su aterradora reputación como personas a las que les gustaba dar buenos puñetazos gracias a Donald «Og» Farquharson de Monaltrie, que se convirtió en el comandante más exitoso de Montrose en las guerras Covenants.

John Farquharson de Inverey luchó junto al vizconde «Bonnie» Dundee en Killiecrankie. Se le conocía como coronel Negro, un nombre que probablemente no hiciera referencia al color de su vestimenta. Lo desterraron en 1666, justo el año del diablo.

Apoyaron la causa jacobita en 1715 y 1745. Su jefe fue capturado y perdonado la mañana de la ejecución. Nos podemos imaginar cómo se sintió cuando le llegaron aquellas noticias (por supuesto, una vez que se cambió los calzoncillos).

Sin embargo, quizá la Farquharson más inspiradora fue Anne o coronel Anne, como se la conoce. Casada con un Mackintosh, creó el «regimiento Mackintosh» en su ausencia y lo llevó a la batalla de Culloden. Durante un breve período, la mantuvieron prisionera en Inverness. Luego, la soltaron.

No «farstidies» a un Farquharson.

No obstante, quizá mi Farquharson favorito sea un individuo impresionante que luchó durante toda la causa jacobita. Había participado junto a Montrose en una serie de victorias jacobitas cuando era un joven de quince años y vivió lo suficiente como para ver a su último hijo caer en Culloden. Las esperanzas de los jacobitas murieron con él.

A la edad de 115 años, deambulaba por el terreno, desolado y triste, para visitar las tumbas de aquellos conocidos que habían muerto. En gaélico le llamaban *Fearchar gaisgach liath,* lo que se traduce casualmente por… El Caballero Gris.

Ah, sí, merece la pena nombrar al actual jefe del clan, Alwyne Arthur Compton Farquharson, que cumple 102 primaveras este año.

CASTILLO GUAY DEL MES
CASTILLO DE BALMORAL

SAM

En 1852, la reina Victoria y el príncipe Alberto compraron el castillo a los Farquharsons, quienes aún poseen el de Braemar. Todavía hoy Balmoral sigue siendo propiedad privada de la reina Isabel II. Conocido como el lugar de vacaciones de Isa, los terrenos y jardines del castillo están abiertos al público. Se puede visitar la cabaña del jardín donde Victoria escribía cartas o, como me gusta imaginar, se metía entre pecho y espalda un buen desayuno junto a Alberto. O incluso un bocadillo de la cafetería local de Braemar.

¡Por Dios! Literalmente he soñado con ese bocadillo. ¡Estaba taaan rico! Ahora mismo iría a The Bothy en Braemar para comerme uno. Sufría una pequeña resaca, así que Davy, mi chófer, me dio uno que le sobraba. Contenía dos salchichas cuadradas, un huevo, salsa marrón y un bollito de pan recién horneado, suave en el interior, pero crujiente en el exterior. Era increíble. ¡Ah, ya me estoy pareciendo a Graham!

Lo cierto es que hay otra razón por la que quiero volver a Braemar: ver la pirámide en el bosque de Balmoral. Sí, hay una auténtica pirámide en los Cairngorms. Uno de los once *cairns* de la finca, el del príncipe Alberto, se construyó en memoria del marido de Victoria:

En recuerdo de mi querido Alberto,
gran y buen príncipe consorte.
Erigido con el corazón roto por su viuda Victoria R.
el 21 de agosto de 1862.

Cairngorms significa «*cairn* azul» en gaélico. Un *cairn* es un montón de piedras sobre una tumba funeraria, por lo que es muy lógico que utilizaran estas agrupaciones tradicionales de piedras en la zona. Además, hay una ruta de senderismo para llegar a la mayoría de los *cairns,* incluido el del príncipe Alberto, algo que quiero hacer. Aparte de comerme otro bocadillo. Estoy babeando sobre el teclado. ¿Por qué no existe el Deliveroo de las Tierras Altas?

La reina Victoria también erigió otro *cairn* en recuerdo al señor John Brown, su ayudante personal y sirviente, que murió en 1883, aunque su hijo, Eduardo VII, lo retiró. A Brown lo interpretó Billy Connolly en la película *Su Majestad Mrs. Brown* y nadie sabe la verdadera naturaleza de su relación con la reina, pero es obvio que Victoria lo tenía en gran estima. Hay una estatua de bronce dedicada a él en el bosque, al sureste del castillo, una figura con *kilt,* sombrero en mano, y la inscripción: «Amigo más que sirviente, leal, honrado, valiente y desinteresado en su deber hasta la tumba».

Como a Victoria, a la reina actual le encanta Escocia y disfruta paseando por las colinas, montando ponis nativos y haciendo pícnics cada verano. Nunca la he conocido en persona, pero he visto al príncipe Carlos en algunas ocasiones. Es probable que Graham los conozca bien y haga que le cocinen y le lleven a todas partes cuando está en Londres.

En 2018 me invitaron al Buckingham Palace y me pidieron que presentara un concierto. Era una velada musical del Conservatorio Real de Escocia, donde me formé como actor. Su Alteza Real, el príncipe Carlos, es el mecenas del Conservatorio. Fue una tarde interesante, como mínimo. En primer lugar, no puedes hacer fotos al palacio y nos encontrábamos entre bambalinas, desesperados por hacer algunas. El ayudante del príncipe Carlos entró y supimos al instante por sus horribles pantalones de pana de color rojo brillante que aquel tipo era un inoportuno. Junto con los pantalones rojos llevaba calcetines amarillos y zapatos marrones. Digamos que en Reino

Unido los pantalones rojos y unos calcetines del color de las natillas son el claro indicio (no siempre) de un capullo de manual. ¡Creo que he dicho suficiente!

Se deslizó hasta mí y dijo: «¿Qué diría tu madre si te viera llevar botas con un *kilt?*». Lo ignoré, pero las cosas empeoraron cuando el director, tras una interpretación increíble de una maravillosa canción armenia, se puso en pie para hablar de la música. Se suponía que no debía hacerlo y, entonces, el capullo inoportuno se puso rojo de ira, sudando, paseando y murmurando en voz alta entre bambalinas. «¿Qué hace? No debería hacer eso. No, no, ¡¡¡no!!!».

Fui a hablar con uno de los camareros, quien se echó a reír y dijo: «Ah, has conocido a Nariz Roja, ¿no?». Le pregunté a qué se refería y contestó: «Cuando se enfada, se le enrojece cada vez más la nariz». Aquella noche hizo que el palacio pareciera el barrio rojo.

Después me enteré de que tenía que haber cenado con los intérpretes, el príncipe Carlos y todos los demás, pero el viejo Nariz Roja no me lo dijo, quizá como castigo por llevar «botas con un *kilt*».

Me escabullí por la puerta principal del Buckingham Palace, salí por la cancela hasta la rotonda del Victoria Memorial vestido con *kilt* (y botas) y pedí un taxi mientras varios turistas me observaban preguntándose quién narices era yo.

La moraleja de la historia es que nunca debes confiar en un hombre con pantalones rojos.

AVENTURA DEL MES
LOCHNAGAR

SAM
Lochnagar es una Munro de 1155 metros en los Grampianos que se erige en la finca real de Balmoral, a ocho kilómetros al sur del gran río Dee. En 1848, la reina Victoria se puso las botas de senderismo y telas de *tweed* para una rápida caminata hasta la cima. Esta se llama en gaélico escocés *Cac Càrn Beag,* que significa «pequeño *cairn* de heces» o, de manera menos eufemística, «pequeño montón de mierda». Me pregunto si a la vieja reina Vicky le hizo tanta gracia.

Sin duda, llevaba una petaca en el bolsillo para brindar al llegar a la cima y admirar las vistas de los Cairngorms y Braemar. No obstante, el tiempo aquel día fue una mierda (perdón por el chiste), por lo que no vio nada y escribió: «Pero ¡ay! No vi nada. Era frío, húmedo y desolado».

Sin embargo, es una espectacular Munro muy alabada en buenas condiciones climáticas. Lord Byron (1788-1824) pasó algún tiempo allí cuando era un adolescente rebelde y escribió este poema:

Lachin y Gair* o *Dark Lochnagar («Oscuro Lochnagar»)
Inglaterra, domesticadas y sumisas son tus maravillas
para cualquiera que por las lejanas montañas haya vagado:
oh, por las peñas majestuosas y bravías
como el oscuro Lochnagar con su irregular prestigio escarpado.
Lord Byron, 1807

BEBIDA DEL MES
ROYAL LOCHNAGAR DE 12 AÑOS

SAM

Me puedo imaginar a la reina Victoria dándole un largo sorbo para entrar en calor a su petaca ribeteada de oro, quizá llena del *whisky* de la cercana destilería Royal Lochnagar. Tanto Victoria como el príncipe Alberto la visitaron y es muy probable que tomaran esta deliciosa bebida espirituosa tantas veces como les fuera posible. Es una pequeña destilería, usada sobre todo para la producción del magnífico *whisky* mezclado Johnnie Walker, pero también embotellan su propia bebida. Mientras grabábamos *Men in Kilts* en Braemar, se convirtió en el *whisky* de elección de todo el equipo y conseguimos pimplarnos varias botellas antes de abandonar las Tierras Altas. Es interesante mencionar que la destilería se quemó dos veces en el pasado, pero, por suerte, no la dejaron en llamas y aún hoy se erige cerca del río Dee, al noreste de las Tierras Altas.

BATALLA DEL MES
BATALLA DE PRESTONPANS,
21 DE SEPTIEMBRE DE 1745

GRAHAM

Aquellos que conozcan la serie *Outlander* recordarán que hay un episodio llamado «Prestonpans», que nos llevó a Sam y a mí al corazón de una batalla que marcó la primera gran victoria de los jacobitas. Dougal MacKenzie y su cruel sobrino y futuro traidor Jamie Fraser (sí, mi resentimiento sigue ahí) corrían codo con codo para atacar a las fuerzas del Gobierno.

La principal diferencia entre aquello y el 21 de septiembre de 1745 es que la batalla real fue una carnicería, mientras que la nuestra tuvo lugar en una enorme tienda de campaña blanca con humo falso y dobles que nos permitían fingir que los matábamos entre cafés y batidos de proteínas. No obstante, sospecho que una parte de Sam cree que estaba en una batalla de verdad.

Prestonpans fue todo lo que Culloden no fue. Aparte de una sorprendente victoria por parte de los jacobitas, demostró la devastadora eficacia de la carga de las Tierras Altas.

Para ponernos en contexto, pensemos que la forma en la que los ejércitos se juntaron fue casi una comedia de errores. El Gobierno británico solo tenía dos regimientos en Escocia para lidiar con la revuelta. Dirigidos por John Cope, marcharon hacia el norte para encontrarse con el príncipe Carlos Eduardo Estuardo (CEE) mientras este se dirigía al sur.

Como si fuera Sam quien los condujera por las Tierras Altas, los dos ejércitos pasaron uno junto al otro sin enterarse. CEE llegó sin obstáculo alguno a Edimburgo el 17 de septiembre de 1745.

Al darse cuenta de que los únicos enemigos con los que se iba a topar si partía al norte eran las beligerantes ovejas y los extraños *haggi* salvajes, Cope giró a la derecha, fue a Aberdeen, se subió al barco más rápido y se dirigió al sur, a la costa este de Edimburgo. Mientras tanto, CEE se dispuso a enfrentarse a él.

Los dos hombres y sus respectivos ejércitos se encontraron el 20 de septiembre. Carlos decidió ocupar el terreno más alto sobre Prestonpans (en realidad, dos lugares distintos: el pueblo de Preston y el *pans* o lago salado cercano). Su plan era cargar colina abajo y dar un golpe brutal. ¡Viejo e ingenioso Carlos!

Mientras tanto, Cope desplegó a sus hombres para que lidiaran con el ataque de norte a sur. Los había situado contra las paredes de dos casas de campo para ayudar a canalizar cualquier carga hacia un embudo ya creado. ¡Viejo e ingenioso Cope, os oigo decir!

Por desgracia para CEE, descubrió que el terreno entre ellos estaba lleno de pantanos y minas de carbón, por lo que cargar a través de aquello sería como vernos a Sam y a mí intentando hacer un baile con espadas de las Tierras Altas (vergonzoso y horrendo). No obstante, Cope no sabía nada de esto.

Los jacobitas se movieron a la izquierda.

Cope se movió a la derecha.

Los jacobitas se movieron a la derecha.

Cope se movió a la izquierda.

Era como un baile terrible en el que ninguna de las dos partes sabe quién se supone que debe dirigir. Todo este toma y daca puso nerviosos a los casacas rojas, que, bastante acertados, supusieron que nadie sabía qué narices estaban haciendo. Cayó la noche y, a excepción de algún disparo frustrado de mosquete por parte de cualquiera de los dos bandos, no ocurrió una mierda.

Entra en escena Robert Anderson. Era un lugareño del ejército jacobita que tuvo a bien informar al señor George Murray de que existía un camino de pastores que llevaba al este y que podían seguir para rodear a las tropas del Gobierno. Murray se lo contó a CEE y las palabras que dijo a continuación fueron: «¡Seguid a Bob Anderson!».

A las tres de la madrugada partieron. Apenas había luna aquella noche, por lo que nos podemos imaginar la escena: dos mil hombres caminando en fila india por el sendero. Aquellos que llevaban espadas seguro que se las metieron en la tela de la falda para reducir el sonido. Otros portaban poco más que aperos de labranza o filos atados a palos. Los jacobitas no contaban con caballería, por lo que los caballos no podían alertar al enemigo.

El bueno de Bob Anderson debió ser un estudiante de historia porque justo de esa manera los persas rodearon a 300 espartanos en las Termópilas (o quizá solo fuera mucho más listo que los hombres al mando). Los soldados de Cope los vieron demasiado tarde y dispararon un arma como señal de alarma. Cope rápidamente colocó a sus hombres en fila, pero la artillería de seis cañones no tuvo oportunidad de llegar a su posición, por lo que todos se amontonaron a mano derecha.

CEE no iba a esperar mucho más, igual que los escoceses de las Tierras Altas. Al final, el enemigo estaba justo ante ellos . Al despuntar el alba, con el grito de «¡Claymore!», los escoceses de las Tierras Altas cargaron.

Los soldados de infantería enemigos que se enfrentaban a ellos nunca habían visto nada igual. Estaban acostumbrados a que un ejército se colocara frente a otro y a disparar cañones y mosquetes con educación desde cierta distancia. Aquí había una horda de salvajes descalzos corriendo hacia ellos, con las faldas al aire, las espadas levantadas y vociferando juntos en un lenguaje que no entendían.

Debían de sentir que los habían soltado en otro planeta. Un momento estaban durmiendo y al siguiente oían el zumbido de las gaitas de guerra y a miles de hombres gritándoles en gaélico. Los hombres de Cope consiguieron disparar los cañones solo una vez. El ruido asustó a los caballos de sus propios jinetes, que no estaban acostumbrados, por increíble que parezca, a luchar entre disparos. Salieron huyendo y no se detuvieron hasta llegar a Edimburgo, donde se les cerraron las puertas del castillo y se les amenazó con un disparo por cobardes.

Al mismo tiempo, en la llanura abierta, los ululantes gritos de guerra de los clanes se hacían eco entre los soldados restantes. Los MacDonald de Appin, los Cameron, los MacLachlan, los Robertson, los MacDonald de Glencoe (sí, ellos), los MacGregor, los MacDonald de Glengarry, Keppoch y Clanranald eran los hombres que corrían por la explanada aquel día. Quizá hubiera también por allí un Dougal MacKenzie y un Jamie Fraser.

El ejército contrario consiguió disparar un par de ráfagas antes de que el sólido muro de faldas homicidas acabara con ellos. Los primeros en traspasar las filas fueron el clan Ranald y los Cameron, seguidos del resto.

Es útil imaginar la escena de aquella mañana de septiembre. Los hombres ahí de pie con las legañas aún pegadas a los ojos, intentando entender qué estaba ocurriendo. Por el amor de Dios, pertenecían al ejército del Gobierno y se estaban encontrando con algo muy distinto. Mientras se apresuraban a cargar de nuevo los mosquetes, levantaban la vista y observaban una pared de muchos Charlie Allans que no marchaban hacia ellos, sino que corrían y gritaban con la boca abierta, la cara arrugada por el odio, empuñando una serie de espadas que brillaban bajo la decadente luz de la luna.

Con el sonido de miles de pies desnudos pisoteando el suave terreno, el ligero silbido de las telas, quizá incluso el tintineo del metal, debía de dar la impresión de que se enfrentaban a una jauría de perros rabiosos. Cuando quisieron asimilar todo el horror de lo que estaba ocurriendo, ya estaban viendo cómo un granjero local aullaba por la sed de sangre y desmembraba a su compañero. Los hombres con espadas, dagas, horquetas, hachas y cuchillos de carnicero les cortaban de raíz las extremidades o la tapa del cráneo como si fuera un huevo.

Por eso hicieron lo que cualquier persona sensata que se enfrenta a miles de locos barbudos que gritan y escupen haría... ¡Salieron por patas! Por desgracia, lo hicieron hacia las paredes con las que esperaban poder crear un embudo para los escoceses de las Tierras Altas. En vez de eso, se convirtió en el lugar donde la mayoría de los hombres de Cope encontraron su final.

Sin misericordia alguna, los jacobitas mataron a 450 y capturaron a más de 1500. Solo consiguieron escapar 170 soldados enemigos. Los escoceses de las Tierras Altas perdieron treinta hombres.

Lo que había ocurrido en un período de quince sangrientos minutos de horror fue la destrucción total del ejército de operaciones del Gobierno en Escocia. Los había derrotado un grupo de pastores, agricultores y voluntarios dirigidos por un crío de veinticinco años sin experiencia en el campo de batalla.

Es muy probable que el buen Robert Anderson sobreviviera. Me pregunto cómo se lo agradecieron. Me da la impresión de que, conociendo al ejército, se tuvo que conformar con un firme apretón de manos y una ración extra de *whisky,* en lugar del título de caballero. Sin embargo, no hay duda de que, si no llega a ser por Bob el pastor, el resultado habría sido muy distinto. Me pregunto si llegó a participar en Culloden...

APUNTES DE LA NATURALEZA
BREZO

SAM

El brezo tardío con flores en forma de campana *(Erica cinérea)* acompaña a la brecina en los páramos en septiembre y es un imán incluso mayor para las abejas. Hay dos tipos de brezo en Escocia: la brecina *(Calluna vulgaris)* y el brezo ceniciento. Normalmente florecen dos veces, a principios de verano y a finales de esta estación o comienzos de otoño.

Es uno de los símbolos nacionales de Escocia (junto al cardo y a los pinos escoceses), ya que cubre más de 20 234 kilómetros cuadrados de colinas, valles, páramos y cordilleras, tiñéndolas de un tono entre rosa y morado (a veces blanco, aunque es menos frecuente).

Las múltiples aplicaciones maravillosas del brezo (¡no del brazo, sino de la planta!)

- Dar buena suerte.
- Espantar el mal.
- Construir casas y techados de paja.
- Tintar ropas y lanas, como los tartares.
- En medicina, como remedio para molestias estomacales, resfriados, reuma y ansiedad.
- Fabricar jabones y ungüentos.

- Rellenar colchones.
- Elaborar cerveza *ale* de brezo. En la isla de Rùm, hace cuatro mil años, en los asentamientos neolíticos se fermentaba el alcohol del brezo en jarras de cerámica en las que aún quedan restos. Era un brebaje muy popular también entre los pictos.

***Heather Ale: A Galloway Legend* (Cerveza *ale* de brezo: una leyenda de Galloway)**

Hace mucho tiempo un brebaje se fermentó
de las preciosas campanas del brezo.
Que la miel mucho más dulce,
que el vino mucho más intenso.
Lo fermentaron y lo bebieron
y en un desmayo placentero
durante días y días
en sus hogares subterráneos cayeron.

Robert Louis Stevenson, 1890

¡GRANDES ESCOCESES!
NACIMIENTOS, MUERTES Y OTROS ACONTECIMIENTOS SIGNIFICATIVOS

3 de septiembre de 1745 – El príncipe Carlos Eduardo Estuardo proclama a su padre rey Jacobo VIII de Escocia en Perth.

3 de septiembre de 1752 – Con la adopción del calendario gregoriano, el 3 de septiembre de 1752 se convierte en 14 de septiembre. La multitud sale a las calles pidiendo que les devuelvan aquellos once días.

6 de septiembre de 1715 – El conde de Mar iza el estandarte del Viejo Pretendiente en Braemar al comienzo de la primera rebelión jacobita.

11 de septiembre de 1297 – Batalla del Puente de Stirling.

SAM

Mientras corría la maratón de Stirling en 2018 y llevaba casi 30 kilómetros recorridos, por lo que comenzaban a arderme las piernas, capté un retazo del monumento a Wallace. Indica el lugar de la Batalla del Puente de Stirling, donde este derrotó a los ingleses y se convirtió en un héroe nacional, además de recibir el mote de El guardián de Escocia. Se supone que blandía una espada mandoble Claymore que medía más de medio metro (sería más alta que Dwalin, el enano gruñón) y era un guerrero aterrador. Hoy en día se puede visitar su monumento y, a través de una estrecha escalera de caracol de 246 peldaños, se alcanza la cima desde donde se percibe una vista espectacular y ventosa. Es una buena recompensa tras el paseo, pero no lo hagáis después de correr una maratón.

GRAHAM

Se ha hablado mucho de William Wallace, sobre todo gracias a Mel Gibson (Gibson es un buen nombre escocés y estoy seguro de que Mel se sintió inspirado a hacer la película porque elogiaba al hombre que empezó la guerra de la Independencia escocesa). Me encanta *Braveheart*. La habré visto unas tres o cuatro veces, pero Mel cometió un error crucial en su interpretación de William Wallace... No se mostró lo bastante violento.

En una cultura que, en su día a día, parece hecha para los locos asesinos, el Wallace se pone en cabeza, por delante de casi todos. Esto es en parte porque se rumorea que medía una cabeza más que el resto. En una época en la que la mayoría medía metro sesenta, solo su Claymore medía metro ochenta. Puedes ver dicha espada en el monumento a Wallace, colgada dentro de una enorme vitrina de cristal. Se dice que la empuñadura está recubierta de la piel de la espalda de uno de sus enemigos. ¿Ves a qué me refiero?

Es probable que William Wallace fuera tan tranquilo como cualquier escocés medio de las Tierras Altas hasta que unos soldados ingleses le robaron la pesca del día a la fuerza.

Sin embargo, veamos primero un poco del contexto. La corona de Escocia estaba vacante tras la muerte del anterior rey escocés y el fallecimiento, a continuación, de su sucesor, un niño de dos años. Desesperados, los escoceses se dirigieron a la última persona a la que deberían haber pedido ayuda, a Eduardo I de Inglaterra, conocido afectuosamente como Piernas Largas. Fue como suplicarle a un lobo que sea pastor mientras vas a la ciudad de fiesta. Eduardo era el tipo de tío cuyo hilo dental estaba hecho con los huesos de sus enemigos y bebía a su salud de tazas elaboradas con calaveras humanas. Ah, y odiaba a los escoceses.

Su respuesta fue bastante predecible. Levantó la corona escocesa, se la colocó en la cabeza y dijo: «Muchas gracias, soy el rey. Solo yo. Todos los demás podéis iros a hacer puñetas».

En mitad de todo esto se encontró William Wallace cuando se fue a beber cerveza y a pescar a Lanark. Todo iba bien hasta que se topó con cinco soldados ingleses cabezotas que insistieron en que les diera la pesca del día. Cuando Wallace, de manera bastante razonable, propuso compartirla en lugar de perderlo todo, lo amenazaron con declararlo traidor. La siguiente respuesta de William fue menos razonable. Le rompió la cara a uno de los soldados, le robó la espada y procedió a cortar a los otros en pedazos. Supongo que a la vez que tarareaba una canción de marineros.

El alguacil se dirigió a la novia de William para encontrarlo, pero, cuando ella le dijo que no tenía ni idea de dónde estaba, la mandó ejecutar de inmediato. ¡Uuupppsss! William no estaba muy contento. De hecho, solo recuperó parte de su felicidad cuando asesinó al alguacil. Me imagino que, después, llevó su cara como escarcela y mató a todo el destacamento de Lanark. Y eso fue solo el principio.

Luego, su creciente banda de seguidores y él procedieron a patearles el culo a todos los soldados ingleses que había en Escocia, probablemente dándoles guantazos hasta matarlos con los muñones cercenados de otras víctimas antes de posar con las cabezas decapitadas de cualquiera que no se pareciera lo suficiente a un escocés.

Mientras tanto, Eduardo «Darth Vader» Piernas Largas se estaba empezando a enfadar. Como había ejecutado a la mayoría de los generales que lo habían decepcionado para que sirvieran de ejemplo a otros, envió al orgullo de Inglaterra para que se enfrentara a Wallace el gruñón en el puente de Stirling el 11 de septiembre de 1297.

El resultado debía haber sido el esperado. Un ejército inglés bien formado y equipado con mucha caballería contra una masa de campesinos a menudo armados con poco más que un mal temperamento. Los ingleses les superaban cinco veces en número. Wallace ni siquiera pensó en rendirse. Es probable que se encontrara al otro lado del puente de Stirling con buen aspecto, fulminando con la mirada a los ingleses, con la *great kilt* apenas lo bastante grande para cubrirle las gigantescas pelotas de acero y una chaqueta cálida cosida con las pieles de sus enemigos vencidos.

Los ingleses estaban tan enfadados que decidieron cruzar el puente a la fuerza. Tan pronto como la primera parte del ejército estaba sobre él, Wallace ordenó a sus hombres que cargaran desde los bosques circundantes y los aplastaran como un puñado de hienas en uno de esos documentales de David Attenborough. Ya sabes, esos en los que un lento y tonto ñu se separa de la manada y lo despedazan mientras Attenborough relata tranquilamente cómo se desarrolla la escena de horror diabólico.

Si el señor David hubiera estado en el puente de Stirling, habría dicho: «Y aquí tenemos al tradicional grupo de escoceses de las Tierras Altas cayendo sobre un sorprendido ejército inglés. Fíjese en que las espadas de los escoceses funcionan bastante bien a la hora de decapitar y destripar. ¡Por Dios! Hay mucha sangre».

Los ingleses, en lugar de concluir de manera inteligente que debían olvidarse de luchar contra algo que parecía una convención de *berserkers,* enviaron a toda la caballería pesada por el estrecho puente. Gran error. El viejo Billy ya había aflojado dicho puente (seguro que con los dientes), por lo que colapsó y los jinetes ingleses se zambulleron en el agua.

Mientras los abandonados soldados de la retaguardia inglesa exhibían un aspecto indefenso, la horda rabiosa de Wallace compuesta por los extras de *28 días después* asesinó a todos los que tuvieran acento inglés.

William concluyó la diversión del día despellejando el cadáver del comandante inglés y usando la piel para envolver la empuñadura de su enorme espada cubierta de vísceras. Hubo más derramamiento de sangre en los meses posteriores que culminaron en la batalla de Bannockburn, de la que hemos hablado antes, en junio.

27 de septiembre de 1958 – Nace en Leith (Edimburgo) el novelista Irvine Welsh *(Trainspotting...).*

30 de septiembre de 1928 – Alexander Fleming, nacido en Ayrshire, anuncia el descubrimiento de la penicilina.

OCTUBRE

No hay un lugar en el mundo con más supersticiones
antiguas y magia incorporadas a la vida cotidiana
que las Tierras Altas de Escocia.
Diana Gabaldon, *Forastera*

Clan Mackenzie
Lema: *Leceo Non Uro* ('Brillo, no quemo')
Territorio: Ross y Cromarty, isla de Lewis

FECHAS CLAVE

Mes de la Historia Negra
4 Cumpleaños de Caitriona Balfe (nacida en 1979)
Principios-mediados de octubre: Royal National Mòd
20 Cumpleaños de Claire Randall (nacida en 1918)
Mediados-finales de octubre: Festival Internacional de Narración Oral de Escocia
31 Samhain (Halloween)

1 de octubre – Día internacional del café

GRAHAM

Me encanta el *latte*. Estoy intentando recordar cuando lo probé por primera vez, pero quiero pensar que fue en el mes de octubre, probablemente en Londres. Antes de la llegada del conocido expreso a Londres, había que conformarse con el té. Casi no se tomaba café porque había pocas cafeterías. Hoy en día, basta con andar cincuenta metros por una calle principal para encontrar una cafetería. No obstante, a comienzos de los ochenta, no era para nada así.

Creo que mi primer *latte* fue en 1986, en una cafetería Costa (ahora están por todas partes, pero antes eran tan poco comunes como un episodio de *Outlander* en el que Jamie Fraser no enseña los músculos).

Ojalá recordara aquel primer sorbo. Seguro que lo probé por accidente. Recuerda que, antes, el café en Gran Bretaña consistía en granos secos congelados. Café instantáneo. Teníamos grandes latas de dicho café en las salas de ensayo. Si contaban con una Nescafé Gold Blend, sabías que estabas en un teatro pijo.

[Sam: ¡Es cierto! Recuerdo cuando las primeras cafeterías de Edimburgo comenzaron a vender lattes. *¡Aquello fue una revolución! Íbamos con diez años de retraso en comparación con Londres y el resto del mundo, pero por fin habían llegado].*

La idea de tomar un café expreso era tan poco probable como una velada tranquila con Duncan Lacroix. Sin embargo, mi aventura amorosa había comenzado (con el *latte,* no con Lacroix). No sé cuántos habré tomado desde entonces, pero la cantidad debe de acercarse a unos 25 000.

Pasé de la cafetería Costa a Monmouth, en Covent Garden. Allí me topé con las características casi zen y religiosas de la elaboración de un gran café. Se convirtió en el lugar de peregrinación para mis amigos y yo. Pequeñas cabinas de madera, el silbido de los vapores, el prensado del café y el aroma de los granos.

Desde entonces, he probado *lattes* por todo el mundo. A veces opto por capuchinos o cafés con leche, pero siempre vuelvo a caer en la tentación del canto de sirena del *latte* con doble dosis de expreso y leche entera, nada de esa puta mierda de leche de soja, avena o almendra. Cada vez que veo una vaca, le doy las gracias en silencio.

Lo único que no puedo soportar, relacionado con el *latte,* es ese absurdo vaso alto que se estrecha en la base con un asa diminuta que solo un crío de cinco años con un precoz hábito por los expresos podría agarrar. Con frecuencia, vienen acompañados de una larga cuchara. Odio esos vasos. Es como diseñar un plato de dos centímetros con un cuchillo y tenedor hechos para Bilbo Bolsón.

Heughan ha hablado mucho de mi relación con los *latte.* Debo subrayar, sin embargo, que no todos son iguales. Me encantaba trabajar en *Outlander,* es cierto, y le tenía un gran cariño al equipo. *[Sam: Redoble de tambores...].* No obstante, desde el punto de vista del *latte,* no ganarían ninguna competición reciente. Admito que me habían mimado demasiado en el rodaje de *El hobbit* en Nueva Zelanda. En ese país, la elaboración del café es como una religión, sobrepasada solo por su obsesión con los All Blacks, el equipo de *rugby*. Todos los que trabajaban en esa película y eran neozelandeses sabían hacer increíbles *latte,* americanos, *macchiato...* Es como si formara parte del programa educativo o quizá esté conectado a su ADN, similar a su habilidad por hacer que todas las vocales parezcan intercambiables.

Incluso el café de los aeropuertos de Nueva Zelanda es fantástico. Es muy difícil encontrar una mala taza de café. Si ocurre, es un momento de mucha vergüenza para el camarero y de extraño bochorno para el cliente. Es parecido a haber decepcionado a todo el país. Puede ser incluso una razón para quitarte la nacionalidad...

Cada vez que he trabajado en otros países, he encontrado una buena cafetería. He desarrollado una habilidad sabuesa para cazar la mejor. Una vez descubierta, este templo del deleite se convierte en el lugar al que voy tooodos los días. Mi devoción obsesiva por el café es similar a la de un fanático religioso.

En *Outlander* siempre pedía *lattes,* pero, por desgracia, siempre me traían aquella agua de fregar espumosa enmascarada como café. Era habitual que pidiera un café durante la grabación (cuando no podía ir a ninguna otra parte porque iba vestido de jefe de guerra escocés de las Tierras Altas con falda y a caballo) y, cuando al fin llegaba el café, había caído la noche.

Me imagino al sufridor miembro del equipo a cargo de los cafés decidiendo caminar kilómetros y kilómetros hasta el pueblo más cercano para encontrar una taza y quizá viéndose abducido en el camino de vuelta, retenido y rescatado justo a tiempo para entregar la susodicha taza fría como una insípida masa congelada de agua de váter.

[Sam: Estoy de acuerdo, el café se llevaba en una enorme tetera que dejaban hirviendo durante horas. No es que seamos pedantes cafeteros, pero la cafeína es muy importante en un plató. Cuando entramos a trabajar en mitad de la noche y se espera que actuemos en un campo o pantano congelado, una taza de café ofrece cierto consuelo y alivio, aunque no llegue a las exigencias de McLatte].

En el otro extremo está el *latte* que casi te desafía a la hora de beberlo porque es perfecto. Son esos momentos en los que Miguel Ángel o Leonardo da Vinci han prestado sus manos para trabajar en restauración. Sabes el tipo de *latte* al que me refiero, ¿verdad? Remolinos de delicioso color rematados con formas ingeniosas y que sobresalen del borde con una curva definitiva. Tiene peso, textura y una temperatura perfecta. Es como si te estuviera cantando. Parece una profanación probarlo, como llevar un martillo a la Capilla Sixtina. En ocasiones como estas, no hay palabras para describirlo. Incluso Shakespeare habría tenido dificultades para hacerle justicia.

De hecho, hora de hacer una pausa. Me voy a por una dosis de esa divinidad.

[Sam: Mis pensamientos acerca del café son más simples. Me gustan los americanos negros e intensos. Doble dosis de expreso con un poco de agua. Lo justo para hacer que el líquido de la cafeína me pase por la garganta, llegue a mis órbitas y me despierte de golpe el cerebro. Es lo único que necesito, sin demasiados artificios. Nada de tonterías espumosas. La leche es para los bebés. La forma en la que tomamos el café dice mucho de nosotros, ¿no?].

[Graham: Estoy de acuerdo. Tu café es simple, poco creativo y sin sofisticación alguna. ¡No tengo más preguntas, señoría!].

[Sam: Para cualquier experto, lo que le haces al café es equivalente al salvajismo].

MOMENTO DE COMPETICIÓN
CONFECCIÓN DE CESTAS

SAM

Ahora que Graham se ha recuperado gracias a su Nesquik (seamos sinceros, un *latte* no se aleja tanto de una de esas bebidas lechosas de antes de dormir, ¿verdad?) *[Graham: ¡Qué duro!]*, pasamos a competir fabricando cestas. Sin embargo, nos encontramos ante otra endeble victoria que Graham quiere reclamar para sí.

Tiene los dedos largos y ágiles, como los de Silas Marner acariciando las monedas de oro, por lo que son perfectos para confeccionar cestas y ¿quién se iba a imaginar que se mostraría tan competitivo? Sentí que estábamos a punto de crear un nuevo formato de telerrealidad (olvidémonos de *Bake Off, The Great Pottery Throw Down, Selling Sunset* y *Masterchef), Grandes tejedores escoceses,* cuyo primer capítulo apareció en *Men in Kilts,* en Wormiston House.

Disfruté mucho haciendo cestas, aunque no cometer ningún error con los dedos es difícil. La práctica es tan antigua como la humanidad y se han descubierto fragmentos de cerámicas con dibujos que sugieren que la arcilla se presionaba contra una cesta antes de prenderle fuego para hacer una cacerola, lo que significa que primero inventaron las ollas. El sauce crece en toda Escocia y se utiliza cuando aún huele a verde y fresco.

Graham estaba convencido de que se iba a hacer experto enseguida, dado que su tataratatarabuelo era cestero (de tal cesto, tal mimbre) y no paraba de hablar de eso. Al parecer, lo llevaba en la sangre. Bueno, aquellos que hayan leído *Tierra de clanes* saben que mi tío de Eigg también es cestero y hace increíbles estructuras de gran tamaño para que los escoceses les prendan fuego (como las cruces ardientes que aparecen en la quinta temporada de *Outlander* y el ciervo de la segunda). Es un vínculo más cercano y, además, mi tío Trev había enseñado a nuestra instructora, Lise Bech, quien lo conocía muy bien.

Hacer cestas ni siquiera iba a ser una feroz competición, pero el Perro Gris la comenzó al congraciarse con Lise y tratar de hacerle la pelota mientras se comía todas las patatas recién cocidas utilizadas como decoración. A mí me habría bastado con sentarme allí y probar, pero él estaba desesperado por presumir de que confeccionaba la cesta más rápido que yo por buscar su aprobación como hace el empollón de la escuela.

Por desgracia, Lise cayó en sus sucios enredos y le dijo lo maravilloso y ambidiestro que era tejiendo y subrayó el hecho de que usara la mano izquierda… ¡A Graham le encantó! *[Graham: Creo que recordarás que la palabra que utilizó fue «excelente». Dijo que había hecho un trabajo excelente]. [Sam: ¿Excremento?].*

Las cestas de mimbre son muy versátiles, así que Lise nos enseñó que se podían usar como colador, de ahí que, para demostrárnoslo, cocinara las mencionadas patatas recién cultivadas en los jardines amurallados de los terrenos de Wormiston. Por supuesto, a Graham se le iluminaron los ojos y procedió a zampárselas durante toda la tarde mientras continuaba trabajando en la cesta, a pesar de acabar de almorzar. Sin embargo, tan rápidos eran sus largos y hábiles dedos, potenciados por los carbohidratos, que, mientras yo confeccionaba la parte inferior de un colador, él ya había conseguido hacer una espaciosa cesta rectangular de más de un metro de largo.

[Graham: En realidad, creo que fue tu tío el que la hizo…].

Más parecido a un ataúd que a una cesta, había intentado tejerme un féretro de mimbre. Encontramos uno más grande que Lise había elaborado antes y grabamos una escena en la que íbamos subidos a la caravana con un enorme ataúd de mimbre en la parte trasera mientras yo ponía cara de preocupación y Graham negaba una y otra vez que fuera un ataúd.

[Graham: Yo solo quería que se tumbara para comprobar las dimensiones].

«Por casualidad», era el tamaño perfecto para mí. Por desgracia, a Starz le pareció demasiado siniestro y que «no iba en sintonía con el programa». Me resultó muy inquietante y sigo preguntándome cómo encontró la talla perfecta. Debería dormir con un ojo abierto a partir de ahora.

[Graham: Es evidente que la idea de llevar un ataúd de mimbre y obligar a Sam a meterse dentro (seguro que habría tenido que romperle brazos y piernas para que cupiera) era lo último que se me pasaba por la cabeza...].

GRAHAM

No sabía que existiera la modalidad competitiva de tejer cestas. Solo Sam podía convertir aquello en una competición. Es probable que también compita a la hora de hacer la cama o incluso de cortarse las uñas de los pies.

Lo único que sabía era el simple e innegable hecho de que era mejor que él. Por supuesto, Sam es mejor que yo en muchas cosas (como en levantar rocas o usar emoticonos, aunque estoy seguro de que también tendrá otras habilidades), pero confeccionar cestas no está en la lista.

[Sam: Me temo que no estoy de acuerdo. Acepto una revancha en cualquier momento, no vayas a sacar los pies del «cesto»].

No había hecho nada parecido en mi vida (por supuesto, la experiencia previa de Sam en este campo incluye la confección de redes de mentiras), pero tenía un tataratatarabuelo que vino de Argyl con esa habilidad y la utilizó para conseguir dinero cuando llegó a Edimburgo.

Quizá Sam tenga razón cuando dice en *Men in Kilts* que a lo mejor mi familiar lejano era terrible en su trabajo. Es posible que sus féretros fueran trozos de cuerdas unidas que no servían para nada y que la gente los comprara por pena.

«Anda, mira, ahí está McTavish intentando hacer un ataúd de nuevo».

«Parece algo que haría un caballo con las pezuñas».

La ironía es que el tío de Sam es un experto en el tema. Confecciona enormes estructuras a las que les prenden fuego a menudo, como si fuera una especie de cestero pirómano.

Cuando me senté y comencé a trabajar en la cesta, me di cuenta de que se podía convertir en un maravilloso pasatiempo meditativo. Nuestras anfitrionas me felicitaron por mis diestros dedos. ¿Suerte del principiante o quizá suerte de estar sentado junto a un hombre para quien aprender aquello era como tratar de enseñarle a un perro un truco de cartas?

Supe por la expresión de Sam que deseaba que hubiera un enorme y pesado féretro que pudiera levantar. Se pone nervioso si no hay nada que pueda levantar como un peso muerto en cualquier momento.

2 de octubre de 1263 – La batalla de Largs

SAM

La batalla de Largs fue una contienda pequeña pero decisiva entre los reinos de Escocia y Noruega en el fiordo de Clyde, cerca de Largs (ahora un popular balneario para los glasgüenses locales), que puso punto final a 500 años de pillaje e invasiones de los vikingos del norte. A ver, a los escoceses nos encanta un buen altercado y una contienda, pero, incluso para los gustos de los clanes de las Tierras Altas, aquello se prolongó demasiado.

Tras un intento fallido por comprar las Hébridas del rey noruego Haakon, los escoceses se dispusieron a asaltar militarmente las islas para recuperarlas. El rey Haakon respondió mandando una gran flota que incluía mil barcos para lidiar con el tema. El rey Alejandro III de Escocia se dio cuenta de que los superaban en número, por lo que se le ocurrió un ingenioso plan muy escocés. Prolongaría las negociaciones diplomáticas hasta que reuniera nuevos soldados y esperaría a un período poco adecuado para invasiones, el otoño, por su desapacible y cambiante clima.

Según su plan, las negociaciones se interrumpieron por fin a finales de septiembre, justo cuando los cálidos días del verano escocés llegaban a su fin. Los que tomaban el sol en la playa habían desaparecido y las tarrinas de helado tiradas en el suelo eran lo único que quedaba. Haakon estaba listo para la invasión e hizo que su flota se anclara en The Cumbraes. No obstante, el 1 de octubre de 1263, se desencadenó una enorme tormenta y muchas de las embarcaciones nórdicas encallaron en Largs.

Al día siguiente, mientras los noruegos recuperaban los barcos, la infantería y caballería escocesa llegó buscando no un bronceado y una piña colada, sino darles una buena paliza a los enemigos. Empujaron a los invasores para que volvieran a las playas de Largs y, tras una fiera escaramuza, los noruegos se retiraron y solo se detuvieron para recoger a los muertos. Entonces, se dirigieron a las Orcadas para pasar el invierno.

Haakon estaba dispuesto a conseguir una revancha, pero murió aquel año. Su hijo, el rey Magnus Haakonarson, firmó el tratado de Perth en 1266, por el que le vendió las Hébridas Interiores y Exteriores al rey Alejandro III, quien pasó a conocerse como el Domador de los Cuervos. Mientras tanto, el pueblo de Escocia estaba encantado de poder regresar a sus playas por vacaciones.

Por fin, Escocia dejó de pagar por las islas cuando los noruegos se enredaron en una guerra civil, pero las Orcadas y Shetland siguieron en manos noruegas durante otros 200 años.

APUNTES DE LA NATURALEZA
EL CARDO ESCOCÉS

SAM

El cardo escocés es el emblema nacional de Escocia. Cuenta la leyenda que, cuando el ejército del rey Haakon de Noruega intentaba conquistar la costa de Largs en 1263, se quitaron los zapatos para sorprender a los escoceses dormidos. Sin embargo, el cardo les pinchó en los pies, por lo que comenzaron a dar saltitos por ahí mientras chillaban: «¡Oh!» y «¡Ah!» con acento noruego. Tuvieron que sentarse en la hierba para tratar de sacarse los pequeños pinchos (todos lo hemos hecho), momento en el que se acabó el juego y apareció la caballería escocesa.

Esta es la versión que más me gusta, la idea de los vikingos sentados todos juntos mirándose los pies descalzos mientras los escoceses surgían a caballo y decían: «¡Ajá! ¡Os pillamos, vikingos traviesos!». Me recuerda a las películas de los Monty Python.

El cardo escocés, un cardo con las flores moradas cuyo nombre en latín es *Cirsium vulgare,* que se encuentra en las Tierras Altas y Bajas y las islas, es un emblema potente. Crece a metro y medio del suelo (el tamaño de Tom Cruise) y no tiene enemigos debido a sus pinchos, aunque he visto a alguna extraña y recia vaca de las Tierras Altas masticar alguno. El cardo tiene su origen en la historia de Escocia desde hace mucho tiempo, ya que se utilizaba como símbolo heráldico, aunque se reconoció como verdadero emblema escocés en 1503.

En 1687, el rey Jacobo II creó una orden escocesa de caballeros llamada la Orden del Cardo, que aún hoy existe. Sin embargo, no soy miembro. Aún. Guiño, guiño. He visto que hay varios escoceses académicos que han recibido el honor de convertirse en caballeros del cardo, por lo que, armado con mis dos doctorados, solo es cuestión de tiempo. ¡El señor Heughan del Cardo!

En octubre, noviembre y diciembre, hay pocas plantas que florezcan a excepción de las más resistentes, como la ortiga muerta, la cerraja y el cardo, que germinan de julio a octubre, producen néctar para el verano y son polinizadoras en otoño. Además, las semillas sirven de alimento para los jilgueros.

Claire Fraser utiliza el cardo como febrífugo (para reducir la fiebre) en *Forastera* (capítulo 19).

Dicho escocés

Corta cardos en mayo, crecerán a diario.
Córtalos en junio, ¡verás qué infortunio!
Córtalos en julio, morirán como Tulio.

A los escoceses nos encanta la poesía, en especial si habla de la muerte.

REGIÓN DEL MES

ROSS AND CROMARTY, SUTHERLAND, CAITHNESS Y LAS ISLAS DEL NORTE (SHETLAND Y ORCADAS)

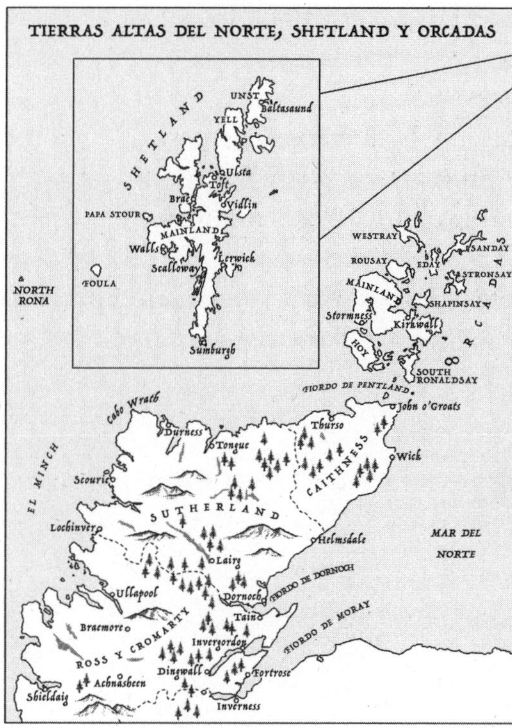

SAM

Hice la gira de *Outlying Islands,* la obra alternativa del teatro Traverse, por las Tierras Altas y las islas de Escocia. Una de mis experiencias favoritas ocurrió en las Shetlands. Cogimos el ferri desde no-sé-dónde y recuerdo tardar unas siete horas (desde tierra firme hay doce). Estaba de pie, en la cubierta, con la espalda dirigida al motor para mantenerme cálido, mientras escuchaba un CD en el *walkman* (que se note mi edad) y observaba el vasto océano. Era verano y el sol nunca se ponía del todo en el horizonte. Las islas Shetland estaban bañadas por una gloriosa luz que hacía los días más largos y dificultaba dormir por la noche (si a eso se le puede llamar noche). Antes de cada actuación en el pequeño centro comunitario, corría por el sendero de gravilla siguiendo la costa. En concreto, recuerdo nadar desnudo en el agua azul y sentarme en la playa. ¡Qué buena manera de meterme en el personaje antes de la actuación! ¡Por suerte, me acordé de la ropa!

[Graham: ¡Cómo hemos cambiado!].

SAM

Me fascina la historia de las Shetland y su conexión con Escandinavia. Los lugareños tienen una naturaleza salvaje y fuerte. Muchos consideran que ni ellos ni las islas son parte de Gran Bretaña. Parecen algo distantes y desconectados de todo. Estoy seguro de que, durante el invierno, estar allí se les hace duro.

BEBIDA DEL MES

CLYNELISH DE 14 AÑOS

SAM

Conocida por los lugareños como la «ciudad eléctrica», Brora, de Sutherland, es la sede de la destilería Clynelish. Es famosa por su paisaje costero, por la pesca del salmón y el arenque, y por ser la primera ciudad en tener electricidad hace muchos años, de ahí su apodo. ¡Aunque no la llamaría Las Vegas del Norte! Produce un *whisky* «ceroso» exclusivo, con notas melosas a mantequilla y un punto de influencia costera que lo hace más complejo. Es como sumergirse en el mar del Norte en verano, con un rebaño de ovejas de las Tierras Altas como compañía. O quizá he bebido demasiado…

Durante cierto tiempo, la destilería hizo *whisky* de Brora, una bebida con un intenso aroma a turba. Se convirtió en una de las botellas más caras y difíciles de encontrar. Cada botella costaba unas 1500 libras. Por suerte, el Clynelish de 14 años no es tan caro, aunque sí igual de sedoso y ahumado.

AVENTURA DEL MES
BEN HOPE

SAM

Ben Hope, la Munro situada más al norte de todas, es un solitario monolito pocas veces visitado. Siento pena por ella, tan sola, erigida sobre el lago Hope, Durness y el mar del Norte. No hay cerca ningún punto más alto, aparte del lejano Ben Klibreck al sureste, por lo que sirve de increíble mirador. El paisaje es un desierto amplio y desolado salpicado de *lochans* o pequeños lagos y algún ocasional pico distante en el horizonte mientras el mar se extiende hacia el ártico. Durante los días despejados, se pueden ver incluso las islas Orcadas en la distancia.

CLAN MACKENZIE

GRAHAM

Antes de ponerme el tartán del jefe de guerra de los Mackenzie en *Outlander,* sabía muy poco de este clan. Creo que fui a clase con uno (su padre tenía un Jaguar, algo muy muy extraño en el lugar del que procedo), pero eso era todo.

Una de mis visitas favoritas en *Men in Kilts* fue al castillo Leod, sede de los Mackenzie en Kintail, cerca de Inverness. Es un lugar encantador con tres árboles plantados por María de Guisa, la madre de la reina María I de Escocia, cerca del propio castillo. Cuando te enteras de cosas así, sabes que ese lugar está lleno de historia hasta los topes.

Hablamos mucho sobre la visita en *Tierra de clanes,* pero desde entonces he sentido más interés por el clan. Bueno, me parecía de mala educación no tenerlo.

Se cree que el clan surgió en el siglo XI con el gran jefe celta Gilleoin na h'Airde, un descendiente directo de los reyes supremos de Irlanda. La conexión con Irlanda que tienen los clanes escoceses es fascinante, pero para eso debemos esperar a otro libro.

El nombre proviene de *MacCoinneach,* que significa «hijo de Kenneth» y se traduce como «hijo del guapo e inteligente», en oposición al clan cuyo nombre se traduce por «hijo del feo y estúpido» (seguro que existe).

El primer jefe del clan documentado fue Alexander Mackenzie, sexto barón de Kintail, quien destacó en el siglo XV por su apoyo al rey contra el megaclán de los MacDonald. Su poder creció hasta abarcar los territorios de Kintail, el condado de Ross y la isla de Lewis.

Aquella fue una época en la que el nombre de Mackenzie era sinónimo de un gran poder entre tartanes. Dicho poder provenía de ser los matones del rey en el norte. Cuando los escoceses de las Tierras Altas se mostraban un poco arrogantes, el rey llamaba a los Mackenzie para ponerlos en su lugar. Eran una especie de equivalente escocés de Luca Brasi en *El padrino*. Nunca tenían pereza a la hora de combatir. En Bannockburn, quinientos de ellos se presentaron para apoyar a Bruce y moler a palos al ejército de Eduardo II.

Los MacDonald eran una fuente constante de violenta atención para los Mackenzie. En 1491, estos los apalearon en la batalla de Blar Na Pairce. Luego, decidieron atacar a varios clanes de una sola vez durante su redada en Ross (la zona, no algún desafortunado tipo llamado Ross), donde cruzaron las espadas con los MacDonald de Lochalsh y los de Clanranald, además de con ese otro clan que siempre estaba metido en todos los líos, los Cameron. Cuando el clan de los MacDonald invadió el condado de Ross en 1497, ¿sabes quién los echó de allí? Sí, los «guapos e inteligentes», los viejos Mackenzie.

Si pasamos al siglo XVI, los encontraremos ocupados luchando contra los ingleses en Flodden (donde perdieron). En caso de que pienses que sus días en las contiendas se estaban acabando, debo decir que entonces le pusieron el ojo encima al clan Munro. También apoyaron a María I de Escocia cuando luchó contra su hermanastro Jacobo Estuardo en la batalla de Langside. Quizá por eso su madre plantó aquellos árboles…

A principios del siglo XVII, los Mackenzie estaban por todas partes y, probablemente porque no tenían nada que hacer ese finde, decidieron invadir Lewis con 700 hombres y dejar para el arrastre a los MacLeod. En el siglo XVIII, el clan se dividió entre los leales a los jacobitas, con George Mackenzie, y al Gobierno, con Kenneth Mackenzie, su primo y jefe del clan, lo que sin duda dio como resultado unos encuentros familiares muy interesantes.

Ser un Mackenzie debía de ser agotador. A veces parece que pensaban: «Es martes, deberíamos estar peleando contra los Munro». Uno se pregunta cuánto tiempo se pasaría de media un Mackenzie calentándose las piernas cerca del fuego, viendo a sus hijos crecer o comiendo gachas.

«¡Anda, Jock, has vuelto! ¡Han pasado meses!».

«Sí, Morag, pero no me puedo quedar. Solo estoy poniendo una lavadora rápida para partir de nuevo».

«Pero ¿por qué, Jock?».

«Voy a luchar contra los MacDonald».

«¡Pero ya te peleaste con ellos hace unos meses!».

«¡Nooo! Fue con los Cameron».

«Bueno, entonces sería antes de los Cameron».

«Eso fue con esos putos MacLeod, mujer. ¿No me prestas atención? No hemos tenido tiempo de fijar un partido de vuelta con los MacDonald, por lo que lo hemos puesto la semana que viene. ¡Ponte al día, Morag!».

Sí, nunca fue fácil ser un Mackenzie. O, como le gustaba gritar a Dougal cada vez que se le presentaba la oportunidad: «*Tulach Ard!!!*».

BATALLA DEL MES
BATALLA DE CAMPEONES

GRAHAM
Es octubre, momento en el que busco superlativos y adjetivos nuevos en el tesauro para describir la enorme contienda entre el clan Gunn y el clan Keith. Me encanta. A estos chicos no se les olvida nada. ¡¡¡Fue una contienda de las grandes!!!

Todo pareció estallar cuando Helen de Braemore decidió casarse con Alexander Gunn. Helen era también del clan Gunn, hija de Lachlan Gunn. Lo lógico sería que, si dos personas desean casarse, debieran poder hacerlo, ¿no?

A Helen se la conocía en la zona como «la belleza de Braemore», no la «bastante pasable» Helen de Braemore ni la Helen de Braemore «que, en una noche, a oscuras, a una distancia de treinta metros, no asustaría a las ovejas». No, era famosa en los terrenos colindantes por su belleza despampanante.

Había conocido a Alexander cuando eran unos críos y estaban prometidos, probablemente desde la primera vez que jugaron a la botella cuando tenían seis años. Entonces, entra en escena Dugald Keith de Ackergill. La leyenda dice que iba paseando a caballo un día (seguro que esquivando a una serie de espantosas arpías que poblaban esas tierras) cuando vio a Helen. No fue «amor a primera vista», sino «lujuria a primera vista». Dugald decidió que quería conocerla.

En lugar de dar una vuelta y charlar, quizá invitarla a una copa y cegarla con su ingenio y sensibilidad, Dugald decidió atacar a los Gunn la víspera del matrimonio de Helen. Irrumpió con sus hombres en la zona y mató a todos los Gunn que pudo (incluido al amor de la infancia de Helen, Alexander) antes de arrastrarla al castillo de Ackergill.

Si Dugald pensó que con este acercamiento directo se ganaría el corazón de Helen, se llevó una triste decepción. Una vez en su castillo, Helen se convirtió en víctima de lo que un historiador describió como «un comportamiento grosero y promiscuo» (nada de poesía y laúd, me imagino). Helen tomó la única salida que le quedaba y le pidió a su secuestrador que la dejara ir a lo alto de la torre para «contemplar las vistas». Decidió que la mejor manera de ver el paisaje era tirarse desde lo alto de dicha torre.

Como te puedes imaginar, los Gunn no estaban contentos. Así comenzó una contienda masiva. Pasamos a la llamada batalla de Campeones. Tuvo lugar en 1464 o en 1478 (dada la violencia y duración de la disputa, no es sorprendente que haya confusión con la fecha; es probable que haya sido cualquier día hasta ayer). Se desarrolló en la capilla de St. Tears, cerca de Wick, en Caithness, en la costa norte de Escocia.

Se decidió que, para resolver el problema, cada bando elegiría a doce jinetes para que se enfrentaran y se pegaran. Me pregunto cómo se elegiría a los soldados. ¿Hubo alguna competición? ¿Se echó a suertes? ¿Era un gran honor?

Los doce Gunn llegaron primero y decidieron rezar un poco en la iglesia mientras esperaban a que empezara el derramamiento de sangre. Entonces, aparecieron los Keith. ¿Llegaban tarde? ¿Los retrasaron? ¡Quién sabe! Sin embargo, si hay alguna razón por la que iban más lentos, quizá sea porque en cada caballo habían decidido colocar a dos hombres. Sí, correcto. Veinticuatro Keith contra doce Gunn. Bueno, te puedes imaginar que eso no acabó muy bien para los Gunn.

Me pregunto cuándo se percataron de que los Keith contaban con el doble de hombres. ¿Desde cierta distancia? ¿O, cuando desmontaron, observaron que había otro tipo sentado detrás del primero? Casi se pueden oír los gritos de los Gunn diciendo «¡¡¡Un segundo!!!» antes de que los liquidaran.

Por increíble que parezca, los Gunn acabaron con un buen número de Keith, pero, al final, estos consiguieron decorar las paredes de la capilla con la sangre de varios miembros del clan Gunn. Aún hoy se pueden ver las manchas en los muros.

Entonces, los Keith robaron la espada del jefe de los Gunn, George el Coronel, también conocido como *Am Braisdeach Mor* (el Portador del Gran Broche). No contentos con su espada, también le quitaron el enorme broche y los demás adornos. Nunca se han vuelto a encontrar.

Sin la espada no se podía nombrar a un nuevo jefe. De ahí que, hasta la actualidad, el clan Gunn no tenga jefe. Los supervivientes no podían soportar pensar que los ruines Keith estuvieran en posesión del gran broche y la espada. Es evidente que el broche era especial, quizá para dar envidia a otros clanes. «¿Has visto ese broche?». «Ojalá tuviera uno igual de grande». Ese tipo de cosas.

Descubrieron a los Keith celebrando su victoria y los atacaron como verdaderos escoceses de las Tierras Altas: le dispararon una flecha en la garganta al jefe del clan Keith. Cincuenta años después, William Hamish, el nieto del «Portador del Gran Broche», junto con varios parientes, asaltaron a un grupo de Keith que viajaban a través del área de Helmsdale. Mataron a los catorce y, para rematar la diversión de aquel día, le cortaron la cabeza a George Keith, el líder, y la dividieron en dos partes. No estoy seguro del motivo. Supongo que, tras decapitarlo, necesitaban hacer algo más salvaje. «¡Córtala en dos, William!».

Al final, los dos clanes enterraron el hacha de guerra y firmaron un tratado en 1978. Sí, en 1978. La contienda duró solo 500 años.

SAMHAIN, HALLOWEEN

SAM

A los escoceses nos encantan nuestros festivales del fuego. Hay cuatro a lo largo del año: Imbolc (febrero), Beltane (mayo),

Lughnasadh (agosto) y Samhain (octubre). Los celtas dividieron el año en dos partes: la oscuridad y la luz. Samhain representa el comienzo de la oscuridad y las ceremonias de fuego serían una manera de pedir a los buenos espíritus un invierno suave y de espantar a los malos. También es probable que fuera la forma de dar las gracias al elemento que les daría luz, calor y alimento durante ese período tan difícil del año. En primavera, el fuego representa el sol y la limpieza de espíritus oscuros para dejar paso al resurgimiento y bendición de la cosecha.

En la versión televisiva de *Outlander,* Claire traspasa las piedras en Samhain debido al momento del rodaje, pero, en el libro de Diana Gabaldon, las cruza en Beltane. Ambos son el final de una estación en la rueda del año, pero Samhain está tan envuelto en supersticiones, cuentos de fantasmas y conexiones con ancestros que los paganos creían que el velo entre el mundo espiritual y el nuestro era más fino que nunca, por lo que era un buen momento para que Claire entrara en la época de Jamie.

En *Men in Kilts,* visitamos Wormiston House para descubrir más acerca del paganismo y las brujas con el experto Leonard Law. Es aficionado a coleccionar partes de equipos de tortura. Piénsalo un segundo... La recolección de material de tortura es un pasatiempo de la vida real. Además, se mostró muy entusiasmado sobre el tema. Aunque al principio me acerqué con cautela, sobre todo debido a que Leonard llevaba una encantadora camiseta con dibujos de esqueletos y demonios a los que estaban quemando vivos, de inmediato vi la oportunidad de pasarlo bien... a costa de Graham.

En la mazmorra, coloqué a una bruja para que le cogiera la mano a Graham a través de un pequeño agujero de la pared y, cuando abriera la puerta para adentrarse con precaución, no viera a nadie. ¡Magia!

Allí dentro, Leonard nos guio a través de sus herramientas de tortura y tuve la genial idea de probarlas todas con Graham. Al Perro Gris parecieron gustarle los aplastapulgares (debería haberlos apretado más), pero en cuanto le colocamos la máscara de bruja (una especie de bozal de hierro para la cabeza) sobre la pulida calva, su pánico y agitación internos fueron palpables. Podía oír cómo levantaba la voz y esperé que dijera la típica frase: «¡Soy famoso! ¡Sacadme de aquí!».

Graham me pidió que le quitara la máscara, no sé por qué, pero insistió.

«¡Quiero que me quites esto ya! En-se-gui-da. ¡Rápido! Lo digo en serio, Sam».

Por fin lo liberamos y recuperarse le llevó un par de minutos, resoplidos y jadeos con la mano en la pared para sujetarse mientras me miraba con una ira ardiente. Mientras el corazón de Graham adoptaba un ritmo normal y se le erizaba la barba, Leonard nos contó la historia de uno de sus ancestros, Besse Mason, a quien los descendientes de la familia Lindsay, propietaria de Wormiston House, le habían dado matarile.

Como supuse que tendríamos una excelente velada llena de entretenimiento, estaba dispuesto a invitar a Leonard a cenar con el actual hacendado de Wormiston, pero Graham se negó, con la cara a centímetros de la mía y clavándome el dedo en el pecho.

«No es buena idea, Sam».

GRAHAM

Y, hablando de sustos y horrores, solo tenía siete años cuando me mudé a Canadá y descubrí las alegrías de Halloween.

[Sam: Espera, ¿qué? ¿Eres leñador?].

Hasta aquel momento, esa fecha había pasado sin pena ni gloria. Era solo otro día del calendario que coincidía con la noche en la que retrasábamos el reloj una hora y nos sumergíamos en la oscuridad durante otros seis meses. Truco o trato fue una revelación para mi yo de siete años. Cuando me explicaron en qué consistía, no pude creérmelo.

«Entonces, ¿vas disfrazado con una funda de almohada vacía, llamas a la puerta de otras personas, llenas la funda con caramelos y chuches, y vuelves a casa para comértelos todos hasta vomitar?».

Recuerdo con claridad la primera vez que lo hice. Ese día ningún adulto nos podía acompañar. Era una cosa solo de niños. Grupos de críos en busca de un subidón de adrenalina deambulaban por el barrio con sacos llenos de chucherías. Mi primer disfraz fue el de esqueleto. Me acuerdo de lo entusiasmado que estaba. Aunque evidentemente ya salía solo durante el día por aquel entonces, era mi primera noche fuera sin la supervisión de un adulto.

Sin embargo, no nos lo pensamos. En aquel momento, los niños no teníamos miedo y, si los adultos temían por nosotros..., ¡no lo demostraban! Mis padres me desearon una buena velada y salí a dar vueltas por el barrio de Vancouver en el que vivía (cerca de Dunbar) antes de regresar a casa unos noventa minutos después con el saco a rebosar de chuches como un bufé diabético.

Se convirtió en uno de mis días favoritos del año. Me encanta ver a mis propias hijas deambular por las calles en busca de golosinas. En Nueva Zelanda, donde vivo, todos los niños hacen piña y van juntos de casa en casa.

Celebramos Halloween cuando mi hija mayor era aún pequeña. Estábamos en Santa Mónica y era impresionante lo que algunos se esforzaban en decorar las casas: enormes estructuras complejas, efectos de sonido, muñecos que salían disparados para asustarte y jardines convertidos en cementerios improvisados. ¡Increíble!

Cuando nos fuimos de Canadá tras dos años de alegría, regresamos a Gran Bretaña sin truco ni trato. Aquel día miré con tristeza por la ventanilla mientras el avión se inclinaba en el cielo nocturno y me permitía percibir una última visión de las luces que pestañeaban en el vecindario de abajo. ¿Qué día me marché? El 31 de octubre.

APUNTES DE LA NATURALEZA
AURORAS BOREALES

SAM

He visto las auroras boreales desde Galloway y cuando estuve en el círculo polar ártico. Es una experiencia sorprendente y debe de estar en tu lista de deseos. El mejor momento para verlas en Escocia es en otoño, porque está a la misma latitud que Stavanger, en Noruega, y que la isla Nunivak, en Alaska.

Estas luces polares verdosas de otro mundo no son un espectáculo de fuegos artificiales orgánicos ni una discoteca de los noventa, sino que las causan los vientos solares que alteran la magnetosfera de la Tierra, cargándola de partículas que emiten luz de diferentes colores y complejidad. Los mejores puntos para su observación son: las Shetland, las Orcadas, Caithness, las Tierras Altas noroccidentales, la costa de Moray, las Hébridas Exteriores y la isla de Skye.

GRAHAM

Mi única experiencia con las auroras boreales fue junto a mi padre. Fue piloto en la Segunda Guerra Mundial y luego se unió a la aviación civil tras la guerra. En 1968, consiguió un trabajo en una aerolínea canadiense y emigramos a Canadá para estar todos juntos. Vivimos en Vancouver durante un par de años que forman parte de mis recuerdos más felices de la infancia.

Cuando emigramos, mi padre era el piloto del avión: un 707, que, en su época, era el avión de cuatro motores más grande del mundo. En aquel momento, volar era muy emocionante. No había seguridad en el aeropuerto ni rayos X, solo personas glamurosas sentadas cómodamente (incluso en la clase económica), a las que les servían comida y bebida. En aquel entonces, la gente iba arreglada para subirse a un avión. Yo lo sigo haciendo, lo que es una reliquia del pasado (igual que yo), aunque esté rodeado de personas en chanclas y pantalones cortos.

Durante ese vuelo, me invitaron a la cabina de mando (en aquella época se invitaba siempre a los niños a dicha cabina). Sabía que mi padre era piloto, por supuesto, pero solo ahora, de adulto, aprecio lo increíble que era su trabajo. ¡¡¡Mi padre guiaba el avión!!! Entré en la cabina y vi el cielo negro como el azabache que nos rodeaba mientras volábamos sobre el Ártico. Me invitó a mirar a la derecha y ahí estaba esa visión inolvidable: ¡la aurora boreal!

Al observar el velo de luces danzantes que brillaban y se movían por el horizonte, una exhibición deslumbrante de algo fantástico, me quedé sin aliento. Nunca olvidaré esa imagen y me alegra haber compartido aquel momento con mi padre a más de 11 200 metros de altura mientras nos llevaba a nuestro nuevo hogar.

Un día quiero volver a verlas con mis propias hijas.

¡GRANDES ESCOCESES!
NACIMIENTOS, MUERTES Y OTROS ACONTECIMIENTOS SIGNIFICATIVOS

4 de octubre de 1821 – Muere John Rennie. No fue el inventor de un remedio para la indigestión, pero sí uno de los mejores ingenieros civiles de su época. Diseñó puentes, canales, muelles y faros.

5 de octubre de 1849 – Se ilumina por vez primera el faro de Ardnamurchan, diseñado por Alan Stevenson, tío de Robert Louis Stevenson. ¡Estos Stevenson han salido bastante talentosos!

15 de octubre de 1902 – Se abre el hotel Balmoral de Edimburgo.

19 de octubre de 1954 – Nace el actor Kenneth «Ken» Campbell Stott en Edimburgo.

GRAHAM

Trabajé con Ken Stott en *El hobbit*. Hacía de mi hermano mayor Balin. Ken y yo nos conocimos en un *pub* de Londres que ambos frecuentábamos a finales de los noventa y principios del 2000 llamado The Pineapple en Leverton Street, en la ciudad de Kentish. ¡Un gran *pub* en aquella época!

En ese momento, no sabíamos que acabaríamos interpretando a dos hermanos en la Tierra Media. Una de las primeras escenas que grabamos fue cuando nos encontramos en el agujero *hobbit* de Bilbo, Bolsón Cerrado. Queríamos que aquel fuera un encuentro poco común.

Fui a por todas, levanté a Ken del suelo y le di vueltas por la sala como a un bebé (durante *El hobbit* estaba muy fuerte). Por alguna razón, a Ken no le gustó que le diera vueltas como a un crío de siete años, por lo que, en su lugar, acabamos dándonos cabezazos. ¡Mucho mejor!

Ken hizo una interpretación increíble en esas películas, ya que es un gran actor, pero odiaba llevar las prótesis. Cuando terminaba la jornada, se arrancaba de inmediato la nariz de pega. Tras un tiempo, pasé a imitarlo y decidí que guardaría mi nariz cuando acabáramos la grabación. Esto llevó a una colección obsesiva de narices de enano durante la película (a veces nos aburrimos un poco, ¿vale?). Acabé con muchas narices de enano, la de Gandalf y las orejas de Bilbo.

Weta Workshop era la empresa responsable de todas ellas y, como si se tratasen de una macabra colección de mariposas en una vitrina, las tengo expuestas con orgullo en mi casa de Nueva Zelanda.

28 de octubre de 1854 – Muere en Dunkeld Carlos Eduardo Estuardo, conde Roehenstart, hijo ilegítimo de la hija legítima de Carlos Eduardo Estuardo, conocido como el Joven Pretendiente.

30 de octubre de 1822 – Se abre el canal de Caledonia, que conecta Inverness con Fort William.

31 de octubre de 1765 – Muere en Londres el duque de Cumberland, también conocido como Carnicero Cumberland, a la edad de cuarenta y cuatro años.

31 de octubre de 1745 – El príncipe Carlos Eduardo Estuardo y el ejército jacobita marchan hacia el sur desde Edimburgo, ignorando el consejo de quedarse en Escocia y a la espera del apoyo francés.

31 de octubre de 1888 – John Boyd Dunlop de Ayrshire patenta los neumáticos de bicicleta para tranquilidad de McTavish.

NOVIEMBRE

Clan Cameron
Lema: *Aonaibh Ri Chéile* ('Unámonos')
Territorio: Lochiel

FECHAS CLAVE

1 **Samhain (final de la cosecha e inicio del invierno)**
11 **Día del Recuerdo**
25 **Día de Acción de Gracias**
30 **Día de St. Andrews, ¡excusa para disfrutar de un buen *cèilidh!***

MOMENTO DE COMPETICIÓN
BAILE CÈILIDH

SAM

A medida que nuestro viaje a través de las estaciones llega a su fin y Samhain marca el comienzo del invierno, nuestra rivalidad también debe cesar (por ahora). Creo que debemos aceptar que ambos somos buenos en cosas distintas y que por eso nos llevamos bien.

[Graham: Por supuesto. Tú puedes levantar cosas pesadas y yo, citar a Nietzsche (y golpear una pelota de golf, darle una patada a un balón de rugby *y lanzar un martillo), pero dejemos el pasado en el pasado y acordemos una tregua de caballeros].*

[Sam: Sí, mejor. Además, no has mencionado tu apetito voraz, los pies en punta, las pequeñas zapatillas azules y todas esas cosas que no puedes hacer, como el rápel, el surf o beber].

Sin embargo, creo que sería muy divertido dejar a Graham en la inopia respecto a *Men in Kilts 2*, ¿verdad? Shhh, no se lo digas, pero estoy pensando en llevarle a hacer paracaidismo vestido con un *kilt* o dar un atrevido paseo por las islas Shetland con un disfraz de oveja, ser cuidador de leones en el zoo de Edimburgo durante un día o guardia durante una semana en la HM Prison Balinnie (conocida también como *Big Hoose).*

Sin embargo, hay una cosa en la que los dos somos buenos: bailar. Al menos yo sé. Él solo mueve mucho las caderas. Es muy inquietante, como un Gollum con zapatos puntiagudos. El baile *cèilidh* es muy distinto al *reel* formal escocés (baile de las Tierras Altas que se formalizó en la época victoriana) y es algo que está presente en nuestras vidas desde la infancia y adoramos. Es una fiesta espontánea centrada en la comunidad, impulsada por el *whisky,* la música, las canciones, el baile y la narración oral.

No obstante, en *Men in Kilts* no tomamos *whisky* para la escena y me quejé amargamente por ello, pero la música nos levantó el sobrio espíritu y pronto nos lo estábamos pasando en grande y sudando por cada pelo un goterón. Perdí un zapato, a mi compañero de baile y la orientación. A Graham se le desataron los cordones, pero no le importó porque estaba cautivado por «Sophie-la-del-vestido-verde», la bailarina principal de Stockbridge Reelers, ataviada con un precioso atuendo, alta, elegante y justo el ideal de *lady* Gris.

Incluso mientras nos enseñaban a bailar *Dashing White Sergeant,* que es un baile que conozco muy bien, Graham insistía en presumir del poder de sus caderas y su estilo libre. Pobre Sophie, sometida a esos infames movimientos y bamboleos de cadera. Todos nos quedamos sin palabras, pero quizá pensó que la había impresionado. Se volvió más animado, hablador y se le destensaron las caderas, lo que es impresionante para un sexagenario.

Ambos bailamos con Sophie al mismo tiempo, como un extraño triángulo amoroso. Tengo que admitir que tenía un vestido precioso y era muy atractiva, por lo que ambos nos peleamos por su atención. No quería que me superara el viejo Caderas de Serpiente.

Su novio estaba allí (uno de los otros bailarines) y no estaba contento. Me sentí mal por él. Durante todo el tiempo, no se le escapó ni una sonrisa, se negó a mirarnos a los ojos y se mostró bastante malhumorado. Sin embargo, Sophie era seductora, nos seguía el juego y nos observaba mientras competíamos por su atención.

Me enseñaron bailes tradicionales escoceses en la escuela como parte del programa educativo. Cuando era adolescente, no me gustaba en absoluto y me avergonzaba esa «diversión» organizada. No obstante, de adulto, me encantan los *cèilidh* y son la mejor parte de cualquier celebración, ya sea una boda, una Nochevieja o una fiesta improvisada. Mi tío, el del mimbre, tiene una banda de *cèilidh* llamada Two Left Feet y toca por toda Escocia.

Es un baile rápido, sudoroso y jadeante mientras la música aumenta y se acelera, los bailarines se mueven por toda la pista y la situación se puede volver caótica (siempre). También es la mejor manera de que te baje un poco el *whisky* al sudarlo. Mi baile favorito es *Strip the Willow,* que acaba como un grupo de derviches arremolinados, dando vueltas unos alrededor de los otros, lo que recuerda a algunas escenas de *Tam o' Shanter,* de Robert Burns, con el demonio guiando el baile de las gaitas.

GRAHAM

Comienza a darme la impresión de que a Samsagaz se le están acabando los motivos para despertar su espíritu competitivo. ¿Una competición de baile *cèilidh?* ¿En serio?

Para mí, los *cèilidhs* siempre han tenido como objetivo pasar un buen rato y disfrutar, en lugar de pisotear a los otros bailarines. Quizá siempre haya estado equivocado. Ahí estaba yo, yendo a un *cèilidh* para dar vueltas y dárselas a los otros con un abandono feliz, pateando, dando palmas y gritando por el espíritu de placer colectivo mientras, en todo momento, lo que debería haber hecho era seguir los pasos de Sam y aplastar al resto de bailarines con mi competitivo bamboleo de *kilt* en un intento por «vencerlos».

En general, creo que Sam se agarra a un clavo ardiendo. Tras haber perdido en tantas cosas que de verdad pertenecían al ámbito competitivo, ahora intenta con desesperación crear un reto de la nada, como la confección de cestas o los *cèilidhs*. Quizá deberíamos competir a la hora de fruncir el ceño... Sin embargo, siguiendo el espíritu competitivo, admito estar de acuerdo con que Sam es un campeón, si eso le devuelve parte de su orgullo herido.

[Sam: Es una victoria].

No recuerdo mi primer *cèilidh* (de hecho, está en la naturaleza del baile no recordarlo, debido a la gran cantidad de *whisky* que se consume). Sin embargo, hay uno que sobresale. Estaba en la isla de Mull, en la Nochevieja de 1992, en el ayuntamiento de Dervaig. Habíamos llegado a la isla el día anterior en el barco que llevaba los periódicos a primera hora. El capitán cruzó el mar a las 7 de la mañana ya borracho, agitando en la mano una botella de *whisky* puro de malta. Debería haber sabido lo que Mull recibiría al día siguiente y no iban a ser periódicos.

Recuerdo que habíamos decidido estar pronto en el ayuntamiento para sentarnos y tomar una copa tranquilita antes de que comenzara todo. Llegamos a las 7 de la tarde (sí, cinco horas antes de medianoche).

Ya estaba hasta los topes y no había ningún asiento libre, solo una marabunta de hombres y mujeres borrachos pululando por ahí como un rebaño poco antes de que la estampida comenzara, hombres y mujeres que ni siquiera se molestaban en utilizar vasos, ya que bebían *whisky* directamente de la botella. Se iba a liar.

Los granjeros locales estaban allí en bloque y procedieron a bailar varios *cèilidh* con una pasión y fuerza increíbles. Si aquello era una competición, iba perdiendo. Vi a mujeres lanzadas contra la batería por la pasión del baile de los granjeros e incluso algunas a las que les arrancaron los pendientes del lóbulo de la oreja. Cuando me interesé por el estado de una mujer que sangraba en frente de mí, se echó a reír y dijo: «¡Ah, todo va bien!». Como dirían las críticas de cócteles de Dougal MacKenzie: «No tengo recuerdo alguno tras las 9 de esa noche».

Otro memorable *cèilidh* fue en Nueva Zelanda durante la grabación de *El hobbit*. En un lugar en el que rodamos había una seria escasez de mujeres, por lo que la comunidad alquiló autobuses de la ciudad más cercana (Invercargill) para llevar a mujeres al *cèilidh* con la esperanza de encontrarle novia al campo de nabos local de Central Otago.

La velada fue como revivir Mull de nuevo, pero con la tensión sexual añadida de un grupo de granjeros sin pareja buscando mujeres, como si fueran una especie de tribu perdida exótica, en una sala de baile con acceso a copiosas cantidades de bebida y una energía incesante.

Intenté permanecer sentado durante la mayor parte de los bailes (después de todo, me había pasado el día corriendo por el campo colindante, con un disfraz de treinta kilos, mientras me perseguía un huargo imaginario. Sin embargo, las chicas de Invercargill lo estaban dando todo. Una encantadora mujer se acercó y me dijo esta fabulosa frase: «¿Por qué no bailas? ¿Eres gay?». De modo que me puse en pie y me uní al jaleo. Otra noche en blanco desde las 9.

Sobra decir que, a la mañana siguiente, Dwalin el Enano corría a trompicones por las colinas mientras contribuía con pocas ganas a una trilogía de 750 millones de dólares, como un elefante con un enorme bulto en la cabeza.

En comparación, el *cèilidh* en el castillo de Borthwick fue algo tranquilo. Sin embargo, recuerdo que Sam y yo hicimos la mayor parte del baile con los cordones desatados. ¿Alguien compite conmigo atándose los cordones?

REGIÓN DEL MES

LOCHABER, FORT WILLIAM Y EL GREAT GLEN

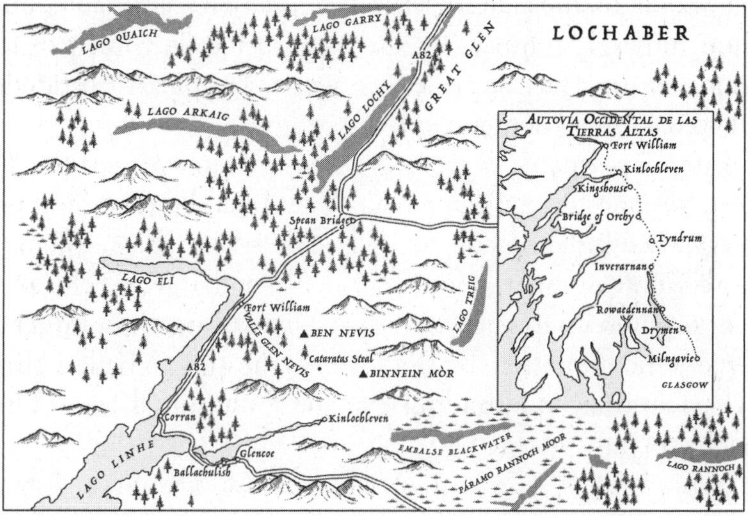

SAM

Siempre me ha fascinado Fort William. Para ser sincero, aunque es una pequeña meca para los turistas, la entrada al norte en las faldas del Ben Nevis y el final de la autovía occidental de las Tierras Altas, es un pequeño pueblo bastante gris y, me atrevería a decir, anodino. Traducido del gaélico como «guarnición negra», comienzas a darte cuenta de que el pueblo cayó en manos de los ingleses o fueron ellos los que lo crearon para mantener un control fuerte y opresivo sobre las Tierras Altas. No obstante, se encuentra entre las orillas del lago Linnhe y el valle Glen Nevis, sede de las cataratas Steall. La cercana estación de montaña Nevis Range tiene varias pistas de esquí y vías de senderismo.

El lago Linnhe se extiende al noreste hacia los lagos Lochy y Ness, siguiendo el accidente geológico conocido como la falla

Great Glen, que crea una barrera natural que divide las Tierras Altas escocesas en los montes Grampianos hacia el sudeste y las Tierras Altas noroccidentales en el noroeste. El Great Glen o An Glenn Mor se extiende casi cien kilómetros por Escocia, como una cicatriz diagonal que separa la región en dos secciones. Es icónico y me pareció que era el nombre apropiado para mi empresa de producción, la Great Glen Company, ya que homenajeamos el patrimonio y estamos orgullosos de los productos escoceses: desde el *whisky*, los tartanes y el *tweed* hasta *Men in Kilts* y la producción televisiva. *[Graham: Y yo que me he pasado todo este tiempo pensando que le pusiste ese nombre por tu primo Glen, a quien admirabas…].*

AVENTURA DEL MES
BEN NEVIS

GRAHAM
He escalado el Ben Nevis. Dos veces. Es la montaña más alta de Gran Bretaña, con 1345 metros. Es reconfortante porque, a pesar de que Sam ha subido a muchas más montañas que yo en Escocia, cada vez que ha llegado a la cima de una de ellas, siempre he estado un poco más alto que él.

La primera vez tenía unos veinte años (y no, Sam, no llevaba traje de *tweed* ni botas de clavos). No obstante, recuerdo ver a personas que ascendían con chanclas, lo que incluso a un senderista sin experiencia como yo le parecía una locura.

Fue un plan improvisado con algunos amigos. Quizá nos lleváramos algo de comida (seguro que sándwiches de jamón envueltos en papel de plata), pero quizá no. Tengo la reputación de ser un desastre a la hora de prepararme para estas cosas. Estoy casi seguro de que no llevaba la mochila apropiada ni el equipo necesario contra el clima. Es probable que solo llevara puestos unos pantalones cortos, una camiseta y unas zapatillas. Es el optimismo ridículo de la juventud (unido a un arrogante desprecio por el sentido común). En aquellos días, no sabía que existía Gore-Tex. Recuerdo que la mochila que tenía en aquel entonces se parecía a una verja de hierro pequeña y desmantelada con una tela sobre ella.

Me imagino que la «sección de escalada» del armario de Sam ocupa varios metros cúbicos: crampones, polainas, abrigos de lana, una chaqueta resistente al agua que se reduce al tamaño de una cucharilla más una cucharilla que se reduce al tamaño subatómico. Veo con claridad las ropas separadas por colores para cualquier desencuentro climático posible. Capas de ropa de lana que proceden de esquilar un rebaño entero de ovejas, varias botas de senderismo y escalada específicas para cada terreno, linternas frontales, piquetas, bengalas, raciones de emergencia de comida deshidratada por congelación y quizá su propio equipo de *huskies*. En resumen, todo lo que le faltó a Scott en la expedición por la Antártida hacia el Polo Sur.

Durante ese primer ascenso, hacía un día caluroso y recuerdo que no me sentía cansado en absoluto (bueno, tenía solo veinticinco años). Al pensar que eran los ochenta, es muy probable que cualquiera que hiciera la caminata aquel día estuviera fumando como una chimenea y tragándose latas baratas de *lager* para hidratarse.

«Ben» proviene del término gaélico para «montaña» mientras que el origen de «Nevis» no está claro. Podría significar «Cielo», «ponzoñoso», «nevado» o incluso «Dios». Elige lo que más te guste.

El tiempo en el Ben Nevis puede ser un poco engañoso. Sufre unos 261 temporales al año con 4350 milímetros de lluvia. Comparado con Londres, que recibe unos 584 mm al año, o incluso Fort William, que está justo al lado de la montaña y recibe 2057 mm, el Ben Nevis es muy húmedo y muy muy ventoso. Como ocurriría con cualquier compañero malhumorado, el Ben Nevis puede cambiar en cuestión de segundos de un sol cálido que te inspira a llevar manga corta a un frío punzante, una lluvia torrencial y una densa niebla.

La segunda vez que la escalé fue como parte de una serie de rutas de senderismo para una compañía llamada iFit. Me pidieron que hiciera 15 rutas por Escocia mientras me seguía una cámara de plano subjetivo y un pequeño equipo. Mi trabajo era hablar a la cámara sobre todo lo que se me pasara por la cabeza durante las caminatas con el fin de proporcionar una experiencia de inmersión para el usuario, quien me estaría acompañando desde su sofisticada cinta de correr. Al final, creo que hablé de mi color favorito o de la última vez que me corté las uñas de los pies porque acabé con todos los temas que se me habían ocurrido.

Cuando salimos del hotel, el tiempo no era muy bueno. La previsión era de poca visibilidad con lluvia horizontal. Sin embargo, cuando empezamos la escalada, los volubles dioses del tiempo decidieron brillar. Ascendimos la montaña con una preciosa luz solar y muy poco viento, lo que nos permitió contemplar las impresionantes vistas de la región de los Grampianos. Fue mágico. Incluso pude hacerlo vestido con falda.

En cierta manera, el descenso fue peor que la escalada, ya que mis rodillas de cincuenta y ocho años recibían un golpe con cada paso que daba. Nuestro cámara y fotógrafo, junto con Nicky Holender, mi entrenador y acompañante aquel día, decidieron correr montaña abajo. Los dos primeros eran corredores de maratón y partieron como cabras montesas bajando por la escarpada pendiente mientras yo recorría el camino como si llevara tacones.

No obstante, solo por ese momento en la cima, cuando subí a esa meseta rocosa de 400 000 metros cuadrados para mirar en todas direcciones, a una distancia de más de 190 kilómetros, cada trompicón de la subida mereció la pena. Mientras asimilaba el hecho de que estaba en el punto más alto en casi 740 kilómetros a la redonda, me percaté de forma pueril de que, estuviera donde estuviera Sam dentro de Gran Bretaña…, yo me encontraba por encima de él.

CLAN CAMERON

SAM

Se cree que los Cameron, uno de los clanes más antiguos de las Tierras Altas, descienden del rey danés Camchron. Bueno, esa es una teoría. Otra es que un antepasado suyo que tenía la nariz torcida (¿sería un jugador de *rugby* adelantado a su época?) fue quien dio lugar al apellido. En gaélico, *cam* es «torcido» (de ahí el nombre del palo de *shinty*, una especie de *hockey* escocés, *caman),* de donde se supone que también deriva el nombre de los Campbell (personas en las que no se podía confiar por sus estrategias políticas), por lo que Campbell se traduce del gaélico como «boca torcida», ya que *beul* es «boca».

La leyenda cuenta que el primer Cameron no era celta, sino británico o quizá escandinavo y que venía de Dunbartonshire, al oeste de Glasgow. Debía ser un muchacho que se hacía notar y, como resultado, le deformaron la nariz en una de muchas palizas. Tras verse relegado al puesto de segundo hombre más duro de Dunbartonshire, el viejo nariz torcida se trasladó a Lochaber y, enseguida, se hizo el dueño del lugar y amontonó amplios espacios de terreno que pasaron de generación en generación. La finca de los Cameron en Achnacarry tiene, incluso hoy en día, una extensión de más de 242 kilómetros cuadrados.

Como en todos los clanes, hay muchas teorías sobre el origen de la familia Cameron. Sin embargo, es probable que la génesis auténtica se perdiera entre la niebla del horizonte de Lochaber y las aguas turbias del tiempo. El clan se describe como «más fiero que la propia fiereza». Para nuestra aventura en *Tierra de clanes* nos reunimos con el actual jefe de los Cameron y 27.º Lochiel, Donald Angus Cameron, un hombre ágil y agradable, nada aterrador, que nos invitó al castillo de Achnacarry y nos permitió investigar por el museo del clan Cameron que, si alguna vez os encontráis en el Great Glen, merece la pena visitar.

CASTILLO GUAY DEL MES
CASTILLO DE ACHNACARRY

SAM

En las orillas del lago y río Arkaig se encuentra la sede ancestral de los Cameron, el castillo de Achnacarry. Las fuerzas del Gobierno lo quemaron tras la batalla de Culloden porque el Gentle Lochiel (noble Lochiel) había mostrado lealtad al príncipe Carlos Eduardo Estuardo. Muchos años después, se reconstruyó e incluso tuvo un papel esencial en la Segunda Guerra Mundial al convertirse en el primer Centro de Entrenamiento Básico para Unidades Británicas durante cuatro años (1942-1946). Unos 25 000 agentes (los hombres más valientes y mejor formados, a nivel de las fuerzas especiales) y efectivos completaron aquí su entrenamiento, incluido el señor Simon Fraser, 15.º lord Lovat, la leyenda militar que le ordenó a Bill Millins que tocara la gaita durante la invasión aliada de Normandía en 1944 (ver «Junio»).

Con el Ben Nevis a solo veintinueve kilómetros, los terrenos de Lochaber demostraron ser un lugar perfectamente peligroso en el que entrenar a estos hombres para derrotar al enemigo alemán. A unos kilómetros del castillo, sobre el pueblo de Spean Bridge, está el Commando Memorial, que se erige sobre algunos de los traicioneros terrenos de entrenamientos mientras la cordillera Nevis se cierne ominosa. El monumento recuerda sus esfuerzos porque, igual que los guerreros de las Tierras Altas, estos hombres estaban hechos de otra pasta.

Un veterano de la Segunda Guerra Mundial que tuvo un gran impacto en mí (y a quien interpreté en la película *First light)* fue Geoffrey Wellum. No era un agente, sino una leyenda de la batalla de Inglaterra y el piloto más joven de Spitfire en la Segunda Guerra Mundial. Era un tipo enérgico y muy humilde que nunca se consideró un héroe, aunque lo fue. Ocultaba el estrés interno y la pérdida de sus amigos con gran dignidad y me apoyó mucho durante el período en el que tuve que estudiarle para el papel.

Uno de los momentos álgidos de *First light* fue cuando aprendí a pilotar un Spitfire. Me enseñaron a despegar, aterrizar y realizar varias maniobras evasivas, igual que tuvo que hacer Geoffrey durante su época en el 92 Squadron, solo con la ayuda de un manual básico. Me sentí orgulloso cuando grabamos la secuencia en la que, tras estudiarme yo mismo el manual, encendí el motor Rolls-Royce Merlin. Tosió y luego..., sí..., explotó lleno de vida. ¡Fue una maravilla!

Como un coche de alto rendimiento de la mejor calidad con alas y una metralleta, estos aviones supusieron una parte esencial a la hora de ayudar a los británicos en la victoria de la batalla de Inglaterra, junto a los desinteresados y dedicados jóvenes que los pilotaban. Los dejaban solos para que se buscaran la vida y, si volvían vivos, se graduaban como pilotos. Su sentido del deber y del sacrificio es difícil de entender y para mí fue un honor interpretar a Geoffrey.

Mi abuelo Ginge fue soldado en la Segunda Guerra Mundial, pero lo licenciaron con una baja médica porque, durante un ejercicio de entrenamiento, se rompió la pierna. No obstante, creo que lo enviaron a África junto a otros miembros de la familia para servir allí durante un tiempo. Nunca hablaba de esas experiencias, aunque uno de mis familiares sufrió unas quemaduras tan graves por el sol que aún tiene cicatrices en la cabeza, con noventa y cuatro años.

Mi comprensión de la Segunda Guerra Mundial mejoró con mi papel en *Isla en guerra,* mi primer trabajo televisivo tras salir de la escuela de interpretación para el canal ITV en 2003. Era una historia conmovedora sobre la ocupación alemana de las islas del Canal contada a través de varias familias y su relación con las fuerzas invasoras. Interpreté a Philip Dorr, un operativo de incógnito de las fuerzas especiales, al que enviaban a las islas para hacer un reconocimiento. Sin querer, mientras está en la isla, forja una cautelosa amistad o respeto por el comandante alemán, interpretado por el excelente Philip Glenister.

A pesar de estar grabada en la isla de Man, fue desgarrador y sorprendente ver a todas las ciudades y pequeños pueblos pesqueros convertidos en la Gran Bretaña de la ocupación alemana. La producción hizo que se colgaran enormes esvásticas en el ayuntamiento y que una procesión de soldados alemanes marchara por la localidad. Debió de ser terrorífico para los lugareños ver tan cerca las orillas de tierra firme mientras el ejército alemán invadía sus pequeñas islas. Más fascinante fue presenciar las relaciones y, en algunos casos, el respeto que ambos bandos desarrollaron por el otro. Fue mi primer trabajo televisivo y aprendí mucho, ya que colaboré con un grupo maravilloso de actores. Ah, y hablando de actores…

Graham, ¿qué hiciste durante la guerra? ¿Estabas en la Guardia Nacional como el capitán de Dad's Army? Debiste formar parte al menos de la división Armada en Pañales…

15 de noviembre de 1915 – Nace en Perthshire David Stirling, fundador del Servicio Aéreo Especial

SAM

El teniente coronel Archibald David Stirling, DSO, OBE, oficial del Ejército británico, montañero y fundador del Servicio Aéreo Especial, nació en Lecropt (Perthshire) en 1915. Instauró dicho servicio especial en julio de 1941, más o menos cuando se estableció el centro de entrenamiento para unidades británicas en Achnacarry. No fue para nada una coincidencia, porque un grupo de unidades especiales se creó en ese momento por orden del primer ministro Winston Churchill, para llevar a cabo operaciones arriesgadas contra fuerzas enemigas. Hombres como David Stirling y Roger Courtney, quien fundó el Servicio Especial de Embarcaciones, querían encontrar una nueva manera de librar una guerra.

Al seleccionar a individuos extraordinarios con una mentalidad similar, podían entrenarlos, planear y llevar a cabo sus propias operaciones. Su partidario clave, Winston Churchill, desestimó a los altos mandos del Ejército para darles a estas fuerzas especiales los fondos y la autonomía que requerían.

Estas pequeñas unidades de ataque demostraron ser letales y efectivas, ya que saboteaban las comunicaciones y atacaban los aeródromos y puertos enemigos en mitad de la noche. Durante sus operaciones en la Segunda Guerra Mundial en el norte de África, destruyeron más de 300 aviones enemigos y costaban mucho menos que contratar a un batallón. El exjugador de *rugby* del Irish Lions, el teniente coronel «Jock» Lewes, quien encarna el entrenamiento y la ética del Servicio Aéreo Especial, destruyó él solo más aviones enemigos que los pilotos de la Fuerza Aérea Real.

El Servicio Aéreo Especial y otras unidades de fuerzas especiales siguen hoy en día operativos y solo un pequeño grupo de agentes de servicio consigue pasar el riguroso proceso de selección que incluye una prueba que se llama «Resistencia», una marcha de 64 kilómetros por Pen y Fan, en las Brecon Beacons, en menos de veinte horas con una mochila de treinta y cuatro kilos.

Los candidatos que pasan la prueba reciben una boina del color de la arena con el emblema de una daga alada y un paracaídas del Servicio Aéreo Militar para convertirse en miembros de una de las fuerzas de combate de élite del mundo, un ejemplo para otras unidades de fuerzas especiales como la Fuerza Delta o los SEAL de los Estados Unidos.

David Stirling murió el 4 de noviembre de 1990.

Por extraño que parezca, tengo una pequeña conexión con David Stirling, no solo a través de la película de Andy McNab, *SAS Red Notice,* sino también porque su sobrina nieta, Rachael Stirling, es una actriz con la que he compartido mánager (y algunas copas de vino). Forma parte de la realeza de la actuación porque su madre era Dame Diana Rigg y su padre, Archie Stirling, productor escocés de teatro y terrateniente de la finca Keir en Lecropt, donde nació su tío David Stirling. También hay una estatua en homenaje al señor David Stirling por la que pasamos la mayoría de los días que rodamos *Outlander* y que se erige sobre un promontorio desde el que se contemplan las ondulantes colinas de Stirling, la localización secreta del cerro Fraser y la Casa Grande.

Como he dicho, en 2020 hice una película llamada *SAS Red Notice,* estrenada en todo el mundo el 12 de marzo de 2021, basada en la novela superventas del mismo nombre de Andy McNab. De inmediato me enamoré del guion, escrito también por McNab y Laurence (Larry) Malkin. Ambos me invitaron a cenar a un restaurante con estrellas Michelin (algo que a Graham le hubiera gustado) y nos pasamos la tarde hablando del Ejército británico y la naturaleza de los psicópatas. Andy confesó que él mismo lo era (incluso ha escrito un libro llamado *The Good Psychopath's Guide to Success)* y mi personaje, Tom Buckingham, se construyó siguiendo ese modelo.

En esencia, es un buen psicópata que ha aprendido a mostrar emociones como el amor. Tenía muchas capas porque era un actor que fingía ser un tipo que tenía que fingir que sentía algo, aunque los psicópatas no tengan emociones, lo que fue un gran reto.

La historia comienza cuando Tom lleva a su novia a París para pedirle matrimonio y un grupo de criminales secuestra el tren en el Eurotúnel. Hay cientos de vidas de rehenes en juego y Tom es su única esperanza, pero no va armado y está lejos de su equipo de fuerzas especiales. El plató era increíble; la acción, maravillosa, y me lo pasé genial. Andy estaba allí todos los días para supervisar el entrenamiento de combate. El sueño de todo niño es examinar una zona con una unidad táctica para acabar con los malos. Mis compañeros de reparto eran Ruby Rose, Tom Hopper y Hannah John Karmen, quienes lo convirtieron en una experiencia fantástica. ¿A quién no le va a gustar hacer explotar un tren y pelear con los malos?

BEBIDA DEL MES
BORRACHAST

GRAHAM

Quizá sea un poco brusco, pero he elegido este libro para anunciar mi propia bebida. Sam me ha inspirado de muchas maneras, pero sobre todo con su devoción despiadada y obsesiva por dar la turra con su propio *whisky* (y sus películas de los Servicios Aéreos Especiales), por lo que he pensado que ya era hora de que yo hiciera algo parecido.

Pensé en el ron (demasiado pirata), el vodka (demasiado ruso) y la crema de menta (demasiado asquerosa), pero por fin me he decidido. El ingrediente principal es el buckfast. Para aquellos que no tengan el placer de conocerlo, el buckfast es una versión de vino rojo mezclado con cafeína. Como hemos mencionado antes, lo inventaron los monjes benedictinos en la década de los ochenta del siglo XIX y, hasta hace poco, lo elaboraban los monjes de la abadía de Buckfast, donde las noches de los sábados eran sin duda una experiencia memorable.

No es exactamente vino, sino jugo de uva sin fermentar, potenciado con etanol, que es un químico industrial utilizado como disolvente y añadido a la gasolina. La cafeína se agrega después.

Al buckfast o buckie se le atribuyen múltiples actos épicos de autodestrucción, pérdida completa de memoria y libertinaje sin frenos. Lleva mi nombre escrito en cada gota. Sin embargo, para hacerlo único, le voy a añadir ingredientes «secretos» como líquidos inflamables y pegamento para darle unas «notas» aromáticas características. Por copiar la brillante descripción de Sam para el «Sasquatch» o como se llame su *whisky,* lo describiría así:

Lo maduro en bidones de aceite, por lo que el carácter industrial subyacente se encuentra en primera plana en la mezcla. La nariz se llena de creosota, jarabe para la tos y los aromas de un patio en construcción. El regusto a algodón, acero galvanizado, fruta podrida y la fragancia inconfundible de un lobezno acorralado te acaricia la lengua, con *crescendos* y sometimientos a la consecuente amnesia y los síntomas de una hemorragia cerebral.

Lo llamaré «BORRACHAST».

[Sam: Me gusta].

Aún no he decidido qué etiqueta ponerle, pero cualquier sugerencia es bienvenida. Estoy pensando en la distinguida silueta de un hombre agachado sobre la taza del váter o en un retrato de Lacroix, lo que, ahora que lo pienso, viene a ser lo mismo.

He hecho algunas pruebas con amigos y he conseguido muy buenas críticas, como verás a continuación:

«No tengo ni idea de qué ocurrió ayer después de las ocho, Graham. Gracias, tío». S. W., Liverpool.

«Me he despertado con la cabeza metida en el váter, sudando de manera incontrolable, con la casa llena de plantas muertas. ¡¡¡Menuda bebida!!!». G. O'R., Edimburgo.

«Fui a una celebración familiar navideña y me desperté en una prisión turca con una barba poblada y numerosos tatuajes de la mafia rusa por todo el cuerpo. Recomendaría Borrachast a todos». S. H., Glasgow.

«Ahora trabajo como pastor en Libia y no recuerdo nada de lo ocurrido en los últimos seis meses. Vivo con unas dos docenas de gatos y un cerdo vietnamita. No puedo agradecerte lo suficiente que introdujeras Borrachast en mi vida, Graham». *T. M., Libia.*

«Beber Borrachast fue una experiencia cercana a la muerte. Se me cayó todo el pelo y me han salido forúnculos por todo el cuerpo. No recuerdo mi propio nombre. ¡¡¡Vaya!!! ¡Muchas gracias!». Anónimo.

[Sam: Muy pronto en todas las tiendas… Eh, parece delicioso, pero quédate mejor con el vino blanco con soda, por favor].

BATALLA DEL MES

LA TERCERA BATALLA DE YPRES (O LA BATALLA DE PASSCHENDAELE) DEL 31 DE JULIO AL 10 DE NOVIEMBRE DE 1917

GRAHAM

Quizá parezca que estoy obsesionado con la destreza en combate de los escoceses de las Tierras Altas. Confieso que así es. Hay un resistente hilo que recorre la historia y conecta a estos escoceses con la ferocidad rabiosa de William Wallace e incluso cruza la Primera y Segunda Guerra Mundial y el período entre ambas.

Un ejemplo es la tercera batalla de Ypres, en 1917. Básicamente, tras Culloden, los escoceses de las Tierras Altas se convirtieron en la opción preferida del Ejército británico cuando se trataba de romperle las pelotas repetidas veces al enemigo. Seringapatam, Assaye, las llanuras de Abraham, Waterloo, Ypres, Lucknow… La lista sigue y sigue.

En Ypres, dos escoceses de las Tierras Altas consiguieron la cruz Victoria el mismo día de julio.

Alexander Edwards tenía veintinueve años cuando se unió al ejército en 1914. ¡Casi un anciano! Sobrevivió a la batalla del Somme y se convirtió en sargento, pero le enviaron a casa de baja por una grave infección de garganta, lo que seguro que fue una gigantesca y enorme fuente de vergüenza para un guerrero monumental como Alexander. Mientras tanto, dos miembros de la familia, su hermano John y su primo George, ganaron la medalla militar y la Orden del Servicio Distinguido (DSO por sus siglas en inglés), esta última por capturar a doscientos alemanes sin ayuda.

Las cenas en casa de Edwards debían ser muy animadas.

«¿¿¿Doscientos??? Yo no me levanto de la cama a no ser que asesine a quinientos en un día».

«¿Por qué te enviaron a casa, Alexander?».

«Por una infección de garganta».

«¡¡¡Buuuaaahhh!!! Pásame la sal, nenaza».

Sin embargo, Edwards regresó a tiempo para participar en Ypres. El 31 de julio, atacó junto a su regimiento, los Seaforth Highlanders, y se le ordenó que acabara con los enemigos en las orillas de un arroyo. El tiempo era espantoso. Llovía torrencialmente y el barro pantanoso dificultaba el avance. No obstante, a un tipo como Alexander, seguro que esto le parecía el típico día cálido de verano en el fiordo de Moray.

Al ver que no llegaban a ningún lado, se arrastró hacia delante y encontró un emplazamiento alemán bastante irritante con una ametralladora. Armado solo con dos revólveres y una dosis enorme de genialidad, Alexander caminó hasta allí y de inmediato disparó al alemán que la controlaba antes de usar las otras balas para matar al resto del equipo. Cuando estaban todos muertos, es probable que usara los revólveres como garrotes.

Fue entonces cuando se dio cuenta de que la bala de un francotirador le había herido. En ese momento, la mayoría de los individuos habrían decidido acabar la jornada, pero no Alexander Edwards. Determinó que ese francotirador debía morir. Ignoró la herida y, como dijo en la ceremonia donde le otorgaron la medalla, salió de allí para acorralarlo.

Si el pobre alemán hubiera sabido qué tipo de hombre iba a acorralarlo…; un hombre que se deslizaría hasta su enemigo en silencio para matarlo, como llevaba implícito en su ADN. Es posible que fuera un pasatiempo para cualquier tarde de domingo en el fiordo de Moray. ¿Quizá justo después de misa?

Alexander persiguió al condenado francotirador en campo abierto y en su línea de fuego hasta que se acercó lo suficiente para terminar con él. Parecido al escondite inglés, pero con la diferencia de que, en este caso, a quien se movía le clavaban una bayoneta hasta morir y se ahogaba con su propia sangre.

Mientras Edwards causaba estragos a los alemanes sin ayuda, otro escocés de las Tierras Altas, el soldado raso George McIntosh, estaba también ocupado. Pertenecía al 1/6.º batallón de los Gordon Highlanders (como habrás deducido, los escoceses de las Tierras Altas nunca se cansan de amontonar cadáveres).

Sus compatriotas y él se encontraron en mitad de una ráfaga de disparos de ametralladora la mañana del 31 de julio. Para poneros en contexto, la ametralladora Maxim alemana podía disparar entre 450 y 500 balas por minuto. En lugar de protegerse del granizo de plomo junto a sus compañeros, McIntosh corrió hacia las armas. La visión de una figura solitaria avanzando hacia ellos, vestida con una falda y armada solo con un revolver y una única granada, debió de sorprender a los alemanes. Sin embargo, no fue suficiente para que dejaran de dispararle.

Es probable que, mientras rugía el grito de guerra de los McIntosh: *«Loch Moigh!»*, las balas le rasgaran la mochila y le agujerearan la falda. Decidido, McIntosh saltó de un cráter a otro hasta que llegó a la ametralladora. Los aterrados alemanes levantaron las manos para rendirse, desesperados, pero George no estaba de humor para tener piedad. Lanzó la granada y mató a los dos mientras observaba cómo el resto huía por miedo a esta presencia mística. Entonces, cogió las dos ametralladoras (de veintisiete kilos cada una) y se puso una sobre el hombro y la otra bajo el brazo antes de caminar con calma hacia sus propios hombres.

Creo que deberíamos retar a Sam para que lo haga la próxima temporada, aunque solo después de que le dispare sin parar durante diez minutos.

Cuando le preguntaron por qué se había decidido a atacar sin ayuda a los soldados de las dos ametralladoras, la respuesta fue típica de las Tierras Altas por su brevedad: «Alguien tenía que hacerlo». También sabía que podía lanzar una granada a mayor distancia que cualquier otra persona (quizá mientras hacía pesas con un caballo con el brazo que tenía libre).

Volvamos con Alexander Edwards. Nos lo encontramos enfrentándose a varias posiciones enemigas importantes. Cuando descubrió que un comandante de su propia unidad de caballería estaba tumbado en tierra de nadie con una herida grave, corrió hacia él para llevarlo consigo. En ese momento, Edwards estaba empapado por su propia sangre y recibió otro trozo de metralla al rojo vivo en la rodilla.

Cubierto de sangre, apenas capaz de andar, Edwards después explicó sus motivos a los otros hombres: «Si no continuaba, no les daría esperanzas a los chicos… La herida del brazo es la peor, me habían arrancado la manga de la chaqueta y llevaba las medias caídas sobre las botas, además de estar cubierto de barro. Ay, qué gran partido…».

¿¿¿Qué gran partido???

Solo recuerda que, si eres descendiente de un escocés de las Tierras Altas, la sangre de personas como George McIntosh y Alexander Edwards corre por tus venas. *Alba gu bràth!!!* Escocia para siempre.

APUNTES DE LA NATURALEZA

LA AMAPOLA

SAM

La amapola silvestre *(Papaver rhoeas),* también conocida como ababol, florece en Escocia y Gran Bretaña durante todo el año. Se utiliza como símbolo del recuerdo para honrar a aquellos que cayeron en la Primera y Segunda Guerra Mundial y en otros conflictos. También simboliza la esperanza de un futuro pacífico.

En la Primera Guerra Mundial, a pesar de la extensa destrucción del terreno y del suelo chamuscado por la miríada de explosiones, las amapolas florecieron en tierra de nadie y entre las líneas de trincheras del frente occidental en Francia. Un doctor canadiense de ascendencia escocesa, el teniente coronel John McCrae, se sintió conmovido por estas humildes flores de color escarlata que florecían entre la carnicería de la guerra, por lo que, en 1915, tras perder a un amigo en la batalla de Ypres, escribió *In Flanders Fields*.

***In Flanders Fields* (En los campos de Flandes)**
En los campos de Flandes las amapolas se mecen
entre las cruces, en largas filas florecen,
para marcar nuestro lugar. Las valientes alondras cantan
y el vuelo alzan
mientras los disparos de las pistolas apenas advierten.

Estamos muertos. Escasos días acontecen
que vivíamos disfrutando el amanecer y el brillo cuando atardece,
queríamos y nos querían y ahora aquí nos entierran,
en los campos de Flandes.

Ojalá nuestra disputa contra el enemigo reanuden
quienes recibirán la antorcha si nuestras manos desfallecen.
Será suya y deben alzarla.
Si la fe en los muertos niegan,
no descansaremos, aunque las amapolas crezcan
en los campos de Flandes.
John McCrae, 1915

¡GRANDES ESCOCESES!
NACIMIENTOS, MUERTES Y OTROS ACONTECIMIENTOS SIGNIFICATIVOS

11 de noviembre de 1918 – Día del Armisticio: la Primera Guerra Mundial se terminó a las 11 horas del día 11 del undécimo mes.

12 de noviembre de 1869 – La universidad de Edimburgo se convirtió en la primera institución académica en permitir que las mujeres estudiaran medicina.

SAM

A las mujeres se les permitía estudiar medicina en la universidad de Edimburgo, pero no graduarse. Sin embargo, una intrépida mujer consiguió el título en 1812 bajo el nombre de doctor James Barry y se convirtió en cirujana del Ejército.

Es triste que no tenga un doctorado *honoris causa* de la universidad de Edimburgo, pero me temo que las de Glasgow y Stirling se le adelantaron. No obstante, siempre estoy abierto a conseguir otro doctorado. ¿Será tan amable de dármelo la universidad de Edimburgo? Aunque solo sea para fastidiar a Graham, a quien le molesta tener que llamarme doctor, doctor Heughan.

[Graham: Me pregunto cuál será el mérito de los honoris causa*... ¿Levantar peso muerto durante tres años? ¿Servicios a la comunidad pelirroja? ¿Reconocer su contribución a la depilación con cera?].*

[Sam: Por mi trabajo en películas y la caridad. Nunca me he hecho la cera. Bueno, solo una vez].

13 de noviembre de 1850 – Nace en Edimburgo el novelista y poeta Robert Louis Stevenson.

13 de noviembre de 1939 – Caen las primeras bombas en territorio británico en la Segunda Guerra Mundial, en las islas Shetland.

GRAHAM

No sabía que las primeras bombas en territorio británico cayeran en las islas Shetland. *[Sam: Quizá tenían algo en contra de las ovejas. Menos mal que no hicieron ningún daño, excepto a algún pobre conejito ignorante].*

Después de eso, la Luftwaffe se pasó mucho tiempo dejándolas caer sobre toda Gran Bretaña. Por ejemplo, el bombardeo a Londres duró de mayo a septiembre de 1940. Francia acababa de caer y Gran Bretaña estaba sola en Europa a la hora de enfrentarse a la amenaza nazi. Es increíble que el país sobreviviera. Fue gracias a la combinación de arrogancia por parte de la Luftwaffe y de Hermann Göring, la decisión de Hitler de invadir Rusia en 1941 (un gran error) y quizá, sobre todo, por el firme liderazgo de Winston Churchill y las agallas de los británicos.

Mi madre se unió a la Fuerza Aérea Auxiliar Femenina (WAAF por sus siglas en inglés) en 1941, donde se convirtió en mecánica de aviones y ayudó a desplegar enormes globos de barrera sobre el cielo de todo Londres. Eligió la Fuerza Aérea porque, como ella misma decía, «tenía los mejores uniformes». Me parece tan buena razón como cualquier otra.

Antes de eso, trabajaba en una fábrica de paraguas en Wood Street en la City de Londres. Me contó que un día se subió a los dos tranvías y al autobús que la llevaban desde la casa de sus padres en Lewisham hasta el centro y que, al llegar allí, un ataque aéreo había destruido la calle entera la noche anterior. Ahora era una enorme pila de escombros y habían arrasado la fábrica.

Cuando me lo contó, me imaginé el trauma, las lágrimas de una chica de dieciocho años al ver esa devastación. Le pregunté qué hizo.

«Bueno, no había nada que pudiéramos hacer. Me subí al autobús y volví a casa». Creo que esa respuesta representa la actitud de esa generación. Seguían con la vida.

En otra ocasión, estaba encerrada con su familia en un refugio aéreo en su jardín y una bomba cayó tan cerca que empujó al encargado a través de la puerta hasta hacerlo caer sobre su regazo. Sobrevivió intacto, pero, de nuevo, cuando le pregunté si había sentido miedo, respondió: «Estaba más preocupada por tener a un extraño sobre el regazo».

Mi tío Tommy, su hermano, estaba en la Marina Real y pilotó una lancha de desembarco en llamas hasta Sword Beach el día del desembarco de Normandía. Sobrevivió sin más lesiones que la nariz rota. Mi tía May, la hermana de mi padre, también formaba parte de la WAAF. Mi padre se unió a la Real Fuerza Aérea británica (RAF por sus siglas en inglés) en mayo de 1942, a la edad de veinte años, tras haberse suspendido su formación como impresor. Comenzó como ingeniero en las Fuerzas Aéreas, pero, cuando creció la demanda de pilotos, mi padre se presentó voluntario para aprender. Descubrió cómo pilotar biplanos Stearman en Pensacola (Florida) con el cuerpo de la Marina estadounidense tras haberse embarcado a América en el Queen Mary cuando se utilizó para el transporte de tropas. Al pensar en los peligros del Atlántico Norte en ese momento, te das cuenta de que incluso la travesía debió de ser terrorífica.

Regresó para pilotar los bombarderos Lancaster cuando la guerra llegaba a su fin. Nunca hablaba de ella (como muchos hombres y mujeres). Al final del conflicto, lo enviaron a la RAF Valley en Anglesey (Gales), donde conoció a mi madre en una fiesta. La vio en la pista de baile y le preguntó al sargento quién era.

«Ah, es Ellen Alexander, pero no te molestes, está prometida», contestó.

«Aun así, le voy a pedir un baile».

Seis meses después, estaban casados. Aún conservo enmarcada y colgada en la pared de mi casa la carta que mi madre le escribió a mi padre la víspera de la boda. Es una de las cosas más románticas que he leído.

Se pasaron juntos los siguientes cincuenta y siete años hasta que él falleció en 2003. En ese período, volvió a unirse a la RAF para pilotar patrullas costeras durante la Guerra Fría y luego se dedicó a la incipiente aviación civil, con lo que voló por todo el mundo. Cuando se retiró, enseñó a los autobuseros de Londres a pilotar aviones. ¡Una vida plena!

Las últimas palabras de mi madre cuando fuimos a ver el cuerpo al tanatorio fueron: «Me prometiste una aventura, Alec, y eso me has dado».

15 de noviembre de 1873 – Se inaugura la estatua de Greyfriars Bobby en el cementerio Greyfriars

SAM

Ah, pobre y pequeño perro. A las afueras de Greyfriars, un antiguo cementerio con una iglesia en el centro de Edimburgo, se erige una estatua de bronce con un diminuto Skye terrier. Bobby era el leal perro de un policía local que en la década de los cincuenta del siglo XIX patrullaba las calles con su dueño. Recorrieron Edimburgo con nieve y barro, estación tras estación, año tras año. Por desgracia, John, el policía, murió de tuberculosis y se le enterró en el cementerio.

Roto de dolor y nostalgia por su dueño, el perrito mantuvo la vigilancia, acostado sobre la tumba de su dueño todos los días. Solo abandonaba el lugar para comer a la una del mediodía (era un perro muy puntual). Todo Edimburgo pasó a conocerlo y Bobby se convirtió en una celebridad que siguió siendo leal a su dueño durante catorce años en los que no abandonó nunca la tumba. Incluso ahora, su estatua sigue vigilando el cementerio, con una pequeña nariz dorada que los lugareños y turistas tocan porque trae buena suerte. Estoy destrozado…

24 de noviembre de 1942 – Nace el comediante y actor Billy Connolly, The Big Yin (el Gran Yin).

30 de noviembre – Día de St. Andrews, santo patrón de Escocia. Otra excusa para irse de fiesta.

30 de noviembre de 1957 – Nace en Glasgow el actor Gary Lewis (Stevenson). «¡Tío, dame un abrazo!».

DICIEMBRE

Clan Mackintosh
Lema: *Touch not the cat bot a glove*
('No toques al gato si no es con guantes')
[Sam: Eh, ¿no le toques el culo a un gato, pero, si lo haces, ponte guantes? Tiene sentido].
Territorio: Condado de Inverness

FECHAS CLAVE

Período meteorológico del invierno: entre el 1 de diciembre y el 28 de febrero

1	Comienzo del invierno
11	Día Nacional del Jersey Navideño
21	Solsticio de invierno y Yule, inicio astronómico del invierno 21 de diciembre de 2021, se estrena *Text for you*, la comedia romántica de Sam con Céline Dion y Priyanka Chopra
25	Día de Navidad
28	Cumpleaños de Duncan Lacroix (nacido en 1971)
31	Hogmanay (Nochevieja)

REGIÓN DEL MES
GLASGOW

SAM

Glasgow, una ciudad de 800 000 habitantes (300 000 más que Edimburgo, la capital), ha visto nacer a muchos escoceses exaltados, incluido a mi compinche Graham. Es una ciudad en la que he estado viviendo durante los últimos diez años, de hecho, desde que conseguí el papel de Jamie Fraser.

La primera vez que visité Glasgee, como dicen los lugareños, era un adolescente. Fui a ver tocar a los Silencers en la famosa sala Barrowlands, hecha de madera con una acústica increíble; mi primer concierto. Recuerdo con claridad que antes del espectáculo fuimos a tomar algo a Weegie Bar, que tenía serrín en el suelo para absorber la bebida que se caía. Y la sangre. O quizá me falle la memoria, un poco como le ocurre a McTavish cuando nos traen la cuenta.

Fui a la Real Academia Escocesa de Música y Arte Dramático (ahora el Conservatorio Real) durante un curso de tres años de Interpretación Clásica. Shakespeare, Stanislavsky, Meisner, Chekhov, etc. *[Graham: Ejem]*. Como puedes ver, he usado todas esas técnicas en *Men in Kilts,* aunque Graham aún se ponga la medalla al mérito por las pantomimas. Es una gran ciudad, a pesar de que soy originario de Edimburgo, que quizá sea más espectacular y bonita. Es la gente la que hace de Glasgow el lugar al que ahora llamo hogar.

El río Clyde y el Kelvin cruzan la ciudad y crean el bohemio extremo occidental, un lugar fantástico para encontrar una buena cafetería o galería de arte. Sin embargo, llueve literalmente todos los días al estar en la costa oeste, aunque eso no apaga el espíritu local. Los taxistas son muy dicharacheros, así que vete preparando para contarles tu vida y tus opiniones sobre la independencia de Escocia o el resultado del partido de fútbol mientras viajas por Sauchiehall Street. Me encanta el museo y galería de arte Kelvingrove (donde hicimos nuestra primera gala para My Peak Challenge, junto a animales disecados y artefactos antiguos) y el parque, un espléndido lugar en el que relajarse sobre la hierba mientras ves pasar a la gente en los escasos días de verano. Glasgow también está a 45 minutos en coche del lago Lomond y los Alpes de Arrochar, las primeras Munro de las Tierras Bajas, por lo que es el lugar ideal para un fin de semana de aventuras.

MOMENTO DE PANTOMIMAS

GRAHAM

Ya que nuestros momentos de competiciones deportivas han llegado a su fin por ahora (aunque Dios sabe el as que tiene ese lunático pelirrojo guardado en la manga para el año que viene), he pensado que sería divertido comparar nuestras experiencias con pantomimas de Navidad en este mes de diciembre. Esta práctica es una experiencia original británica, que representa un entretenimiento elaborado, rudimentario, estridente y exagerado para... ¡niños! No estoy seguro de dónde se inventó, quizá en Inglaterra, a lo mejor en Italia, pero fuera donde fuera, nunca imaginaron que se interpretaría en el distrito de Gorbals de Glasgow (un área dura y pobre), en el teatro Citizens frente a 600 niños salvajes.

Para aquellos que no sepan lo que son las «panto», como se las conoce, se trata de un teatro tradicional interpretado en Navidad y Año Nuevo. Es a menudo una ocasión familiar. Para algunos supone el primer acercamiento al teatro en vivo y para muchos es también el último.

[Sam: ¡¡¡Está detrás de ti!!!].

El estilo tradicional consiste en contar una versión diferente de los cuentos más conocidos, como *Cenicienta, La bella durmiente, Babes in the Wood* o *Aladdín*. Una de las muchas cosas que distinguen a estas pantomimas tradicionales en comparación con el teatro normal es que al héroe (Aladdín, Peter Pan, Robin Hood...) lo interpreta una mujer, conocida como «chico principal». Al mismo tiempo, los malvados roles femeninos (las hermanastras o cualquier mujer mala) los interpretan, lo has adivinado..., hombres. Muy progresista.

Antes de que preguntes, no, nunca he interpretado a una mujer, aunque Ian McKellen cumplió el sueño de su vida al interpretar a una en el viejo Old Vic de Londres hace no mucho. He oído que era muy bueno.

Las pantomimas siempre han sido muy populares en Escocia. Hay muchas estrellas de esta práctica, no aspirantes a programas de telerrealidad como en Inglaterra, sino actores profesionales que hacen actuaciones increíbles todos los años en estas producciones tan esperadas. No sé por qué los escoceses llevan las pantomimas en el corazón, pero así es.

El otro aspecto que distingue la pantomima del teatro normal es que es muy interactiva. Anima a la audiencia a gritar, cantar, abuchear, animar y, por lo general, hacer todo el ruido posible. En ese sentido, se remonta a los orígenes del teatro, cuando el público a menudo aconsejaba a los actores o les dejaba ver su visión sobre lo que estaba ocurriendo ante ellos. Algo parecido me sucedió al interpretar en una prisión para mujeres y una institución para delincuentes psicóticos, pero ya contaré más sobre eso en otro momento.

Todo esto me lleva a Glasgow. No es que esté comparando las pantomimas en el teatro Citizens con un asilo para lunáticos, pero... ya me entiendes. En 1992, cuando actué allí, el teatro Citizens (o el Citz, como se llama con cariño) lo dirigía un maravilloso triunvirato: Giles Havergal, Philip Prowse y Robert David MacDonald. Giles hacía pantomimas, porque le encantaban, además de muchas otras cosas. Veía en ellas la pureza del teatro y una manera de atraer a los jóvenes a disfrutar de las actuaciones en directo.

[Sam: Yo trabajé en el último espectáculo navideño o pantomima de Giles. Espero que no fuera mi interpretación la que le hizo renunciar].

El Citz era un teatro de gran importancia europea. Estos tres hombres abiertamente gays transformaron, desde la década de los setenta en adelante, un edificio desprestigiado y lo convirtieron en un teatro galardonado y excelente, mundialmente conocido. Además, lo hicieron en uno de los barrios más pobres de Escocia, los Gorbals. La zona se conoce por la violencia, las bandas, el desempleo crónico y la pobreza. Sin embargo, Giles, Philip y Dave le dieron a la comunidad algo que querer y de lo que sentirse orgullosa.

Una noche me paró una banda de jóvenes poco agradables cuando iba andando por un descampado de camino a una actuación allí. Básicamente estaban a punto de asaltarme. Me preguntaron a dónde iba. También me llamaron «gilipollas» o «capullo». Cuando les dije que iba a hacer una actuación en el Citz, su actitud cambió por completo. Insistieron en acompañarme para que estuviera a salvo hasta la entrada de artistas. Me preguntaron qué obra iba a hacer, estaban entusiasmados por el edificio e incluso me gritaron «¡Buena suerte!» cuando nos separamos. Te entran ganas de llorar... Todo esto lo cuento para ponerte en contexto y que entiendas el papel que este teatro tiene dentro de la comunidad, así como la importancia de las pantomimas.

Continué interpretando en numerosas producciones del Citz, entre ellas muchas recurrentes como *Romeo y Julieta* o *Don Juan,* así como en mi propia obra sobre Vincent Van Gogh, pero mi primera experiencia pisando esos escenarios sagrados fue con *Pinocho*, dirigido por el propio Giles. Me eligieron para que interpretara al villano, Strómboli, el titiritero malo (no creo que os sorprenda). Sabía que un amigo había interpretado el mismo personaje en el Citz muchos años atrás.

«¿Algún consejo?», le pregunté.

«Lleva un protector en las pelotas».

Eso debería habérmelo dicho todo. Fue un bautismo increíble en el mundo de la pantomima. Ensayamos dos semanas y media, y pasamos a ser un éxito de taquilla todas las noches. Había una banda en directo que tocaba al principio (para animar al público) mientras la cortina estaba aún bajada. Detrás se encontraba el propio Pinocho. Lo llamaré Colin para mantener el anonimato. Se quedaba de pie tras la cortina, vestido de Pinocho, en todas las actuaciones, gritándole insultos al público y sacándole el dedo. Obviamente no podían verle ni oírle debido a la banda, pero, tan pronto como se levantaba la cortina, ¡era Pinocho, con sus rígidos brazos y piernas de madera! A los niños les encantaba, pero ¡él los odiaba!

Mi papel como el titiritero malo requería que la audiencia me odiara…, cosa que ocurría. Me tiraban monedas cuando los niños de cinco años no me estaban llamando «capullo». Durante el espectáculo hacíamos lo que se conoce como «dar una vuelta». En ese momento, el «héroe» y el «villano» debían correr entre el público. Perseguía a Pinocho y los niños se volvían locos. Qué divertido… Bueno, no. Hay tres niveles en el público (la platea, el primer anfiteatro y el segundo), por lo que debía haber tres grupos de héroes y villanos. Yo corría por la platea y mis «dobles» entretenían a los otros dos niveles. Mientras pasaba entre el público aquella primera vez, por fin entendí el consejo de mi amigo, porque mis huevos eran el objetivo de repetidos puñetazos por parte de los pequeños puños de niños de siete u ocho años que gritaban: «¡Chúpate esa, Strómboli, puto capullo!».

El pobre chico que hacía de mí en el segundo anfiteatro lo pasó incluso peor. Eran los asientos baratos y a menudo lo tiraban al suelo y le daban una paliza salvaje mientras los acomodadores alejaban a los niños de primaria de él.

Cada vez que me encontraba con ese tipo de público, por alguna razón pensaba en las lanchas del desembarco de Normandía. Lo único que faltaba era las ametralladoras (que estos niños traerían si pudieran, estoy seguro).

[Sam: Solía ir todos los años cuando era un boy scout *para ver las pantomimas del Citz y tengo un leve recuerdo de un actor cursi que huía de un grupo de bulliciosos jóvenes delincuentes].*

Llevábamos radiomicrófonos para que pudieran oírnos por encima de los insultos y los controlaban desde la cabina de luz. Se suponía que debían apagar el micro en cuanto salieras del escenario. En una actuación memorable, estaba escoltando a Pinocho fuera del escenario para que «se uniera a mí en la isla del placer» (el tipo de comentarios por el que seguro que te arrestan hoy en día). Se suponía que, al pasar el arco del escenario y salir de él, el micrófono debía estar apagado. No lo estaba. Al público, Strómboli le regaló estas palabras dirigidas a Pinocho: «Sal del escenario, pedazo de capullo de madera». ¡Ah, qué alegría!

Como puedes imaginar, hacer este espectáculo, en ocasiones tres veces al día (a las dos, a las cinco y a las ocho), afecta mentalmente. Nos convertíamos en un elenco de furiosos sabuesos borrachos. Cada noche, el camerino se transformaba en un bar de cócteles improvisado, donde mezclábamos todo tipo de bebidas que solo le encantarían a Lacroix y nos quedábamos hasta que nos echaban. En ese punto, nos dirigíamos al *pub* sobre el puente, que abría hasta las dos o las tres de la mañana.

Al final de esa serie de actuaciones, me vi reducido a dolor de genitales e hígado extragrande. Recuerdo estar esperando en el vestíbulo, detrás del público, en una de las actuaciones para hacer una de mis entradas triunfales. Iba vestido con un enorme sombrero y un abrigo rojo hasta el suelo con estampado de cebra en las solapas. Discreto… ¡No! Me encontré con tres niños que, supuse, habían ido al baño y estaban de vuelta. Les sonreí y me di cuenta de que quizá les pareciera importante estar tan cerca de uno de los actores, por lo que traté de tranquilizarlos mientras miraban boquiabiertos a este pavo real engreído.

«Ey, chicos, ¿estáis disfrutando de la obra?».

La respuesta fue una breve valoración crítica de mi trabajo: «¡Es una mierda!».

SAM

Mi introducción a las pantomimas fue en el teatro Citizen cuando era pequeño y observaba a un Graham de mediana edad haciendo de oso polar o a un hombre vestido de pingüino al que perseguía por el pasillo otra criatura, pero poco sabía yo entonces que un día trabajaría con él.

[Graham: Siempre me he negado a interpretar animales].

[Sam: Grrr].

Me encantan las pantomimas y pasaba mucho tiempo viéndolas en el Citz, además de otras obras, cuando iba con el grupo de *scouts* desde New Galloway. No sé si era un castor o un lobato, ya no me acuerdo qué significaba cada uno, pero tenía una impresionante cantidad de medallas inútiles: mejor elaborador de rollos de papel, responsable más rápido de hacer el té… Me encantaban las medallas y los accesorios.

Uno de mis primeros papeles en una pantomima fue una versión de *Los cretinos* de Roald Dahl, en la que hacía de uno de los pájaros. El Citz es conocido por sus extravagantes y exagerados espectáculos. Mi disfraz consistía en un par de zapatos de altas plataformas, unos estrechos pantalones de lentejuelas de cintura baja (tanto que apenas me tapaban las partes íntimas), un corsé y un tocado de carnaval. No era tanto una pantomima como un espectáculo navideño. Suelen hacerme ofertas más clásicas como *Cuento de Navidad,* mientras que

Graham tiende a representar pantomimas al estilo los Krankies o «¡Está detrás de ti!».

Seguro que sería un excelente capitán Garfio y a mí me encantaría interpretarlo también, ya que tiene diálogos increíbles, pero, por desgracia, no soy lo bastante viejo. Quizá pueda ser el Peter Pan de su capitán Garfio. Entonces, podría vengarse. Por fin. *[Graham: Ya he interpretado al capitán Garfio, pedazo de bolsa de vísceras pelirroja. Nunca lees ninguna de mis contribuciones a este libro]*. Aunque, ahora que lo pienso..., Graham también podría ser una excelente Campanilla. Su voz de vaca de las Tierras Altas haría que fuera muy graciosa.

21 de diciembre – Solsticio de invierno y Yule

SAM

Aunque es normal hablar de Yule para referirnos a cualquier cosa navideña en Escocia («troncos navideños» es *Yule logs;* «fuegos navideños», *Yule fires...),* ¿qué era exactamente Yule? Bueno, era la celebración del solsticio de invierno que aún es importante en las culturas germanas (probablemente de descendencia anglosajona) y nórdicas. En el centro del festín de Yule de los vikingos había una cabeza de jabalí decorada con laurel y romero que sería un buen entrante para el Perro Gris, pero que llenaría al resto de los invitados hasta Hogmanay. Él se limpiaría los bigotes con una servilleta antes de decir: «Sí, sí, esto ha estado muy bien. ¿Qué hay de segundo?».

La tradición del tronco navideño o *Yule log* empezó con los druidas (sacerdotes celtas), quienes prendieron un tronco para conquistar la oscuridad del invierno y alejar a los malos espíritus durante un tiempo en el que se creía que el sol se quedaba parado durante doce días antes de renacer en el día más corto, conocido como Yule. Los fuegos navideños o *Yule fires* se encendían por una razón similar y eran una manera de señalar la mitad del invierno.

Muchas tradiciones navideñas de hoy en día proceden de la historia celta (el acebo y la hiedra, el muérdago, dar regalos y divertirse, todas tenían un porqué), pero lo que es importante es que la Navidad se prohibió en Escocia durante 400 años. De hecho, el día de Navidad se declaró día festivo en Escocia en 1958.

Antes de la Reforma escocesa en 1560 (cuando Enrique VIII disolvió y saqueó monasterios, confiscó iglesias y ejecutó a sus mujeres... Ahora que lo pienso, sería un gran sujeto de estudio para Andy McNab), la Navidad en Escocia era solo un día más de fiesta religiosa. Sin embargo, tras la reforma, la poderosa Iglesia protestante rechazó cualquier cosa que tuviera el mínimo olor a incienso, por lo que aprobó una ley en 1640 para hacer que todas las festividades navideñas fueran ilegales. Aun así, la gente siguió celebrando el día de fiesta, pero no se convirtió en una parte arraigada de nuestra cultura hasta mediados del siglo XX.

CASTILLO GUAY DEL MES
CASTILLO DE BLACKNESS

GRAHAM

Para los seguidores de *Outlander,* el castillo de Blackness, en la costa sur del fiordo de Forth, siempre será el lugar donde Jamie Fraser protagonizó la escena de flagelación más larga de la historia. Los azotes a Jamie duraron tanto que, si lo observas con atención, se puede ver como al final a Dougal le ha crecido la barba. Me imagino que Tobias Menzies desarrollaría enormes músculos en el brazo derecho por la paliza que le dio. No estoy seguro de cuántos latigazos recibió Jamie, pero creo que dejé de contar tras los 750 primeros.

[Sam: Cien. Dos veces].

Sin embargo, Jamie sobrevivió. Ahora su espalda parece un enorme pedazo de costilla de res bien cocinado, un recuerdo permanente para todos nosotros de los dolorosos encuentros de nuestro amigo con las manos del querido Jack el Negro.

No obstante, años atrás ya había pasado bastante tiempo en la fortaleza del siglo xv cuando rodé *Macbeth* en 1996. Interpretaba a Banquo (segunda vez como compañero de Macbeth). Fue una gran experiencia junto a actores escoceses amigos que representaban papeles como Macduff y Ross (Kenny Bryans e Iain Stuart Robertson), además de trabajar con Jason Connery, que hacía de Macbeth.

En varios aspectos, fue como la precuela de mi experiencia en *Outlander*. Muchos tipos en un escenario típico de Escocia, pasándolo bien. Creo que ya he dicho que *Macbeth* es mi tragedia favorita de Shakespeare. El ritmo, la acción y los personajes son formidables. Al mirar las fotos, veo que también fue un período en el que me negaba a aceptar que se me caía el pelo.

La pérdida de cabello es un tema difícil para los hombres. La primera vez que me afeité la cabeza fue para una obra en el teatro Citizens en 1993. Antes, me había pasado tres años tratando de fingir que no me estaba quedando calvo. En concreto me negaba a mirarme demasiado cerca la parte superior de la cabeza. No tenía mal aspecto cuando actúe en el Citizens calvo, pero, por alguna razón que solo yo conozco, decidí dejarme crecer el pelo de nuevo para hacer *Macbeth*. Al mirar ahora las fotos, mi pelo parece un campo de ondulante maíz, asolado en algunos puntos. Solía pasarme demasiado tiempo peinándomelo con la esperanza de que, de manera milagrosa, brotara por el cuero cabelludo.

Al principio, probé champús y tratamientos especiales, incluso visité una clínica de tricología. Todo era un timo, pero al menos sentía que estaba haciendo algo. Si los trasplantes de pelo actuales hubieran estado disponibles en aquel momento, los habría probado. Por desgracia, no era así.

Ahora no me puedo imaginar sin la cabeza afeitada. Sería horrible si de repente tuviera una gruesa mata de pelo. Me ha ayudado en mi carrera profesional de muchas maneras en un momento en el que se estaba poniendo de moda afeitarse la cabeza (antes solo parecías un criminal…, fíjate, a lo mejor todavía es así). Pero estoy divagando.

El castillo de Blackness tiene un lugar especial en mi corazón. No solo por *Macbeth,* sino porque siempre lo he asociado a dos increíbles experiencias laborales y a la última actuación de mi pelo. Después de 1996, siempre he llevado la cabeza afeitada. Siento que Jack el Negro lo aprobaría.

SAM

Blackness también me trae grandes recuerdos, aunque los míos son gélidos e incómodos. Mientras grabábamos, hacía un frío que pelaba. No era Navidad, pero casi, sobre todo cuando me tuve que quitar la camiseta por centésima vez y recibir azotes por ser pelirrojo.

Era el principio de la primera temporada de *Outlander* mientras los últimos retazos del pelo de Graham se movían con la brisa oriental. En la escena debía quitarme la camiseta y había estado entrenando durante meses para parecer lo más fuerte posible. Durante varias horas aquella mañana, la sufridora pero siempre enérgica Wendy, mi maquilladora, tuvo que ponerme dos prótesis de espalda con grandes cantidades de pegamento: los «cortes y consecuentes cicatrices» de los azotes constantes.

«Venga, hombretón, tienes buen aspecto», decía mientras me daba palmaditas en la prótesis de la espalda cuando la última parte estaba llena de pintura y sangre falsa, un proceso meticuloso que duraba horas y que hizo que casi deseara que me azotaran de verdad. Tobias Menzies, que interpretaba al psicótico casaca roja, Jack el Negro Randall, debía descargar toda su rabia en cada azote, dejándole hecha pedazos la espalda a Jamie, pero, aun así, Jamie Alexander Malcolm MacKenzie Fraser, el Rey de los Hombres, el amante de Claire… no gritó ni soltó una palabra como desafío. Se convirtió en una batalla de voluntades: la de Jack el Negro que intentaba forzar a Jamie para que se sometiera.

Tobias comenzó el castigo, deleitándose con el trato salvaje. Agitó el gato de nueve colas con fuerza: un látigo con nueve caídas, utilizado por la fuerza militar británica para infligir un castigo. Debía golpear la prótesis sin demasiada fuerza mientras mi espalda quedaba protegida por la gruesa capa de látex. También tenía algo de relleno en la cintura del *kilt* para protegerme el culo (Jack el Negro lo atacaría más tarde). Sin embargo, el gato tenía ideas distintas y las colas me golpeaban a cada lado del látex y me alcanzaban los costados.

Mientras grabábamos, no quise decir nada para no romper la atmósfera. La multitud observaba. Contuve el aliento mientras me azotaban a cada lado de la espalda y la piel me ardía como mil demonios. El padre de Jamie debía desmayarse y sufrir un infarto al ver cómo maltrataban a su hijo. Un día duro para la familia Fraser.

Al ser un consumado profesional, me quedé en silencio, colgado de las esposas de hierro que me ataban al poste de flagelación mientras el metal se me clavaba en las muñecas y ayudaba a que me olvidara del dolor de la espalda. Fue una escena horrible. Partes de la prótesis sangrienta de la espalda salían despedidas cuando el látigo la golpeaba y cortaba. Me alegra decir que no perdí el pelo en Blackness, pero sí me quedaron unas espectaculares marcas rojas del látigo a cada lado de la espalda.

CLAN MACKINTOSH

GRAHAM

Ya hemos mencionado algunos incidentes sobre la ferocidad del clan Mackintosh (como la batalla en North Inch, la batalla con los Farquharson, uno de los primeros clanes que cargaron en Culloden…; para más información, dirígete a *Tierra de clanes),* pero creo que es importante que nos tomemos nuestro tiempo para hablar de otra gran contienda con el clan Comyn.

El número auténtico de contiendas ocurridas en Escocia en cualquier momento concreto es asombroso. Hace que te preguntes si había alguna especie de competición de grescas entre clanes con una versión medieval de Sam Heughan tratando de organizar la más violenta.

La disputa de los Mackintosh con el clan Comyn (ahora conocido como Cumming) fue muy amarga, ya que también se involucraron los ingleses (cada vez que participaban, añadían una ración extra de matanza desorbitante). Antes de Roberto I Bruce, el del caballito y el hacha de guerra, el clan Comyn era probablemente el más poderoso de toda Escocia, ya que su linaje provenía no de uno, sino de dos reyes escoceses.

En su misión por la libertad y la independencia de Escocia, Bobby el Bruce decidió que los Comyn estaban en medio. La elegante y directa solución de Roberto para este obstáculo fue matar al jefe de los Comyn en un cementerio, el de Greyfriars, para ser exactos.

Como suele ocurrir en esas situaciones, esto causó un pequeño rifirrafe entre los hombres de Bruce y los Comyn, tanto que los Comyn decidieron luchar para los ingleses en Bannockburn (ver «Junio»). Aquí es donde entran los Mackintosh en la historia. Decidieron ir en contra de los Comyn y ponerse a favor de Bruce, lo que selló un ya amargo odio entre estos dos clanes.

Cien años después, un simple abrir y cerrar de ojos en el mundo de las contiendas de clanes, los Comyn decidieron robarles un pedazo de tierra a los Mackintosh, junto con el castillo de Rait, que había sido el hogar de estos desde 1238. Como parte de esta incautación de tierras y castillos, los Comyn colgaron a cuatro chicos en una colina cercana (hasta hoy en día conocida como Knocknagillean, que se traduce por «Colina de los Muchachos»). ¿A que no sabes qué ocurrió después? Sí, los Mackintosh se vengaron. Fue la señal para matar a mucha gente con el apellido Comyn.

Entonces, les tocó a los Comyn invadir las tierras de los Mackintosh de Moy y tratar de ahogarlos en la isla de Moy, donde 500 miembros del clan estaban a lo suyo. Allí llegaron los Comyn, quienes procedieron a construir un dique bajo las aguas, como un grupo de castores homicidas, para que el lago subiera de nivel. Al percibir esta amenaza inminente para todo el pueblo, el jefe del clan tuvo la excelente idea de preguntar quién era el mejor nadador. Alguien cometió la locura de levantar la mano.

Entonces, se le envió nadando para que rompiera el dique, con lo que ahogó a todos los guerreros Comyn que se habían instalado para ver el espectáculo. Por desgracia para nuestro nadador Mackintosh, él también perdió la vida en el proceso. Sin duda, alguien escribió una gran canción sobre él.

Es probable que, cansado tras cientos de años de matanza y sin duda quedándose sin gente a la que llamar Comyn, el jefe del clan decidiera establecer una tregua e invitar a los Mackintosh a un festín de celebración en el castillo de Rait. Dispuestos siempre a disfrutar de una buena comida, los Mackintosh aceptaron la invitación. Creo que ya notas que va a ocurrir algo, ¿verdad? En los planes del jefe de los Comyn no entraba relajarse con una bandeja de queso en un extremo de la mesa.

Tras ordenarles a sus hombres que mantuvieran el secreto, les pidió que se aseguraran de que los Mackintosh se sentaran entre ellos para cenar. Parecía que con eso estaban tranquilizando a los Mackintosh, pero en realidad era para garantizar que, cuando llevaran al banquete la cabeza de jabalí, cada Comyn tuviera a un Mackintosh a la derecha para clavarle un cuchillo en el corazón. «¡Qué ladino!», te oigo decir.

Sin embargo, el amor siempre consigue ponerlo todo patas arriba. La hija del jefe de los Comyn estaba enamorada en secreto de un guerrero de los Mackintosh. Se reunió con él en el lugar de siempre (una piedra enorme… Bueno, las direcciones eran bastante complicadas en aquel momento, no podían decir: «Te veo en el *pub*», sino «Te veo en la enorme roca de siempre»). Antes de que se pusieran dale que te pego, la chica Comyn le contó a su amante la idea de matarlos a todos.

Aunque alertados, siguieron adelante con la invitación, pero tomaron la precaución de llevar una daga escondida en la tela de la falda. Tras lo que seguro que fue un largo y aburrido discurso por parte del jefe de los Comyn, se trajo la cabeza de jabalí en una bandeja de plata. Aquello fue suficiente para los Mackintosh. Se pusieron en pie mientras vociferaban su grito de guerra: «*Loch Moy!!!*» y procedieron a asesinar a los Comyn cuando estaban aún sentados.

Unos pocos escaparon de la muerte, entre ellos el jefe del clan, que no era estúpido. Sabía que su hija se pasaba mucho tiempo cerca de la enorme piedra con uno de los Mackintosh. Antes de que pudiera decir: «*Fhad's a bhios maide sa choill, cha bhi foill an Cuimeineach*» (grito de guerra que se traduce por «Mientras haya madera en el bosque, no habrá engaño por parte del clan Comyn», algo bastante irónico como mínimo y probablemente suene a trabalenguas mientras corres hacia la batalla), el enorme jefe de los Comyn bajó las escaleras para perseguir a la traidora y darle a probar el filo de su espada.

Al ver que su padre no estaba de humor para una tranquila reunión familiar en la que solucionar los problemas, pensó en saltar por la ventana, agarrarse a la cortina y mecerse hasta caer en manos de su amante, quien debía ser un muchacho muy fornido si era capaz de atrapar a una mujer cayendo desde la ventana de un castillo. No obstante, antes de que la joven pudiera hacer todo esto o tras pensarse mejor lo de dejarse caer desde nueve metros de distancia a los brazos del semental de los Mackintosh, se topó con su padre, quien le cortó ambas manos con su gigantesca espada. Sin las manos, la pobre chica cayó y murió.

Para superar la pena, el jefe del clan decidió abandonar para siempre el castillo de Rait. Hasta hoy, nunca ha vuelto a tener inquilino. Esto puso punto final a la disputa entre los Comyn y los Mackintosh. ¡Choca esos cinco! (Perdón por el chiste).

NOTAS DE LA NATURALEZA

MUÉRDAGO *(VISCUM ALBUM)*

SAM

La tradición de besarse bajo el muérdago seguro que se remonta a los druidas. Aunque Graham, que parece uno, quizá sepa algo más… Hoy en día ya no se ve a nadie jugando con muérdagos, solo con Play Stations y la Xbox. Ni siquiera sé dónde encontrarlo a menos que sea en la sección de frutas y verduras de alguna tienda local, junto a la menta y al cilantro.

Para muchas culturas, incluida la de los romanos, el muérdago era una planta muy estimada por sus propiedades medicinales y mágicas. Mi primer contacto con él fue en los libros de Astérix cuando era niño y leía sobre Panorámix, el druida, quien siempre estaba subido a un roble para recolectar la planta semiparásita.

El muérdago representa la fertilidad e incluso hay un vídeo promocional de *Outlander* de Starz para la tercera temporada en el que se incluyen escenas memorables de besuqueos de la serie bajo un muérdago de dibujos animados con música navideña. Es bastante cursi, pero muy festivo.

La planta también simboliza la paz. Si los enemigos se encontraban en un bosque bajo el muérdago, debían soltar las armas y establecer una tregua. Me gustaría hacer eso con Graham algún día, cuando decidamos por fin darnos un respiro, pero me niego a besarlo.

GRAHAM

Ha llegado la hora de algo de diversión navideña y quién mejor para guiarnos a través de la mayor fiestuqui de todos los tiempos que nuestro propio hedonista, Duncan Lacroix. Me reuní con él en una de esas escasas noches de total sobriedad y me dio los siguientes consejos:

Las Navidades de Duncan Lacroix

1. En primer lugar, no tiene sentido entrar en las fiestas de diciembre sin una buena preparación. Hay que comenzar a entrenarse pronto. Recomiendo hacerlo a partir de septiembre como muy tarde (cada dos fines de semana, suéltate la melena). Algunos empiezan en enero. Admiración por esas personas.
2. Lleva en todo momento un gorro de Papá Noel en el bolsillo. Santa Claus siempre es bienvenido.
3. Redobla tus esfuerzos a mediados de octubre para que hayas cogido el ritmo cuando te cueles en esas primeras fiestas de Navidad.
4. Cada vez que sientas que has bebido demasiado, levántate y baila (a tope, nada de esa mierda tiquismiquis de mover un poco los pies). Sudar ayuda.
5. Aprende a hacer un buen cóctel navideño. Me gustan esos con los que no te enteras de lo que estás bebiendo hasta que dejas de sentir la boca.
6. Compra un trineo. *[Sam: O roba uno].*
7. Apréndete la letra de «Merry Christmas, everybody!» de Slade y cántala a voz en grito cada vez que subas algo a las redes sociales.
8. Colecciona gruesos jerséis de punto. *[Sam: O róbale la colección a Graham].*
9. Corre desnudo al menos una vez por una urbanización, pero no te acostumbres.
10. Fuma en pipa.
11. Lleva siempre una bolsa para vomitar como la de los aviones y una bobina de cuerda.

¡Feliz Navidad!

28 de diciembre de 1971/1970/1969 – Nacimiento de Duncan Lacroix

GRAHAM

Según parece, el 28 de diciembre de 1971 es la fecha de nacimiento de Duncan Lacroix, pero es difícil saber el año exacto. Podría ser 1969, 1970 o 1971. La duda sobre la fecha exacta representa el misterio que rodea su nacimiento. No nació, sino que unas fuerzas más allá de nuestro entendimiento «lo trajeron a la tierra».

[Sam: Creo que hubo un movimiento sísmico].

Se rumorea que Duncan niño se bebió su primera pinta de Guinness a los seis meses cuando, según dicen, se la robó a un familiar y se la bebió de un trago. Hay algunas fotos de la cuna de Lacroix de bebé llena de latas de *lager* Tennent's vacías, pero todo lo demás acerca de la llegada de Duncan a nuestro mundo está cubierto de mitos y augurios.

Aunque no hay duda de que tenía una cantidad considerable de pelo en el pecho en su diminuto cuerpo de niño (esas fotos existen), es más difícil comprobar el rumor de que golpeara a la matrona. Duncan siempre ha tenido una vida independiente, al límite. Se introdujo en la vida de ermitaño siendo un crío antes de entrar en la escena musical con quince años como inventor del hip-hop. Se «retiró» a los diecisiete por agotamiento nervioso y emocional, pero resurgió dos años después como mentor de Steve Jobs (algo de lo que pocas veces habla). En su biografía, Steve Jobs afirma: «Cuando conocí a Duncan Lacroix, supe que estaba ante una mente revolucionaria. Se lo debo todo a esas noches alcohólicas en Galway con el hombre al que llegué a llamar "padre"».

La interpretación vino después. Aburrido de ser pionero en la innovación tecnológica y ya en su tercer matrimonio, Lacroix se dirigió al Himalaya para convertirse en el primer hombre en subir al pico del Everest mientras se bebía una botella de *whisky*. Estaba en la cima del mundo cuando se dio cuenta de que el teatro le llamaba.

Cuando volvió a Irlanda, Lacroix ya había interpretado la mayoría de los papeles importantes de Shakespeare por el camino. Aquellos que tuvieron la suerte de verlo aún hablan de su *lady* Macbeth en Katmandú.

Tras dejar la innovación informática, el teatro y una serie de corazones rotos, Lacroix se vio obligado a tomar una difícil decisión en 2013: unir fuerzas con Elon Musk, quien le suplicó que le ayudara a desarrollar la tecnología de sus cohetes, o interpretar a Murtagh en *Outlander*. Sin embargo, esta última era una oportunidad demasiado grande para que se la perdiera un hombre que había conquistado todo a su paso. El resto es historia.

AVENTURA DEL MES
HOGMANAY
31 DE DICIEMBRE Y 1 DE ENERO

SAM
Si tienes una lista de fiestas a las que asistir, Hogmanay debería estar en el primer puesto, porque no hay nada igual. En Edimburgo, hay cuatro días y noches de eventos, actuaciones en la calle, conciertos, *cèilidhs,* procesiones con antorchas y la gran celebración por Hogmanay. Es la mayor fiesta de Nochevieja del mundo. En otras partes, la Nochevieja puede ser un gran anticlímax (todos hemos tenido noches así), pero Hogmanay nunca decepciona.

Ahora que sé que soy un 3,7 % noruego, quizá este ADN escandinavo sea el responsable de mis genes fiesteros. Se cree que fueron los vikingos en los siglos VIII y IX los que introdujeron Hogmanay. Querían ponerse las pilas y celebrar la llegada del solsticio de invierno o el día más corto (ahora el 21 de diciembre). En las Shetland, el Año Nuevo se sigue llamando Yule, por influencia del festival escandinavo de mitad del invierno. Antes de que la Navidad se convirtiera en día festivo en Escocia, la mayoría de la gente trabajaba en ese período y solo se podían reunir para celebrar una fiesta e intercambiar regalos en Año Nuevo.

La palabra Hogmanay procede del término francés normando *hoguinané,* del siglo XVII, una forma del francés antiguo *aguillanneuf,* que significa «último día del año, regalo de un nuevo año». ¿Te sorprende? A mí sí.

Tradiciones de Hogmanay

- Organiza la vida: paga tus deudas, limpia la casa y saca las cenizas antes de que suene la campana de medianoche. Los escoceses no hacen limpieza de primavera, limpian a fondo en Año Nuevo para comenzar desde cero.
- Santifica: lo hago todos los años sin excepción. Es importante que bendigas la casa y el ganado echando por todas partes agua mágica de un río por el que crucen vivos y muertos. Luego, quema bayas de enebro antes de dejar entrar el aire fresco (¡porque habrás hecho saltar todas las alarmas de incendio!).
- Ceremonias del fuego: las procesiones del fuego, al parecer, alejan a los malos espíritus.
- Hospitalidad: una palabra importante en Escocia, sobre todo en Hogmanay, cuando deberías dar la bienvenida a todos los amigos y familiares que te sea posible invitar a casa, partir el pan y divertirte.
- Bailes *cèilidhs:* ponte un *kilt* y disfruta de algunos bailes tradicionales.
- *First-footing:* la primera persona que entre en tu casa después de medianoche debe ser un hombre de pelo oscuro para garantizarte buena suerte. Esto es probable que se remonte a la época de los vikingos, cuando un extraño rubio llamaba a tu puerta con un hacha en la mano para «ponerte patas arriba» y que no comenzaras el año «con buen pie». El hombre de

pelo oscuro debe llevar un trozo de carbón (para mantener cálido el brezo), galletas de mantequilla, sal, un bollito negro y una pequeña (mejor que sea grande) copa de *whisky*.

- Cantar, gritar y farfullar *Auld Lang Syne* de Robert Burns en cuanto haya pasado la medianoche.
- *Loony Dook:* una nueva tradición que comenzó en Edimburgo en 1986 como cura para la resaca de Hogmanay. Ahora más de mil personas disfrazadas se lanzan a las gélidas aguas del fiordo de Forth.
- El *Kirkwall Ba' Game:* todos los Hogmanay, los dependientes de las tiendas en las Orcadas hacen barricadas en sus puertas y ventanas para prepararse antes de un caótico partido de fútbol en masa, jugado con un balón de cuero lleno de corcho por las calles de Kirkwall entre los Uppies y los Doonies (estos últimos viven al norte de la catedral, y los primeros, al sur).

Solía encantarme ir a visitar a amigos, vecinos y desconocidos tras la medianoche *(first-footing)*. Sea quien sea el dueño de la casa en la que entres, te devolverá el regalo de ese *first-footing* con un licor para mantenerte cálido de camino a... ¡la siguiente casa! Básicamente era como ir de copas de casa en casa, ya que recibías bebidas en todos los hogares que visitabas antes de llegar al tuyo a trompicones el día de Año Nuevo. Recuerdo que, cuando era pequeño y vivía en la Escocia rural, los lugareños dejaban las puertas abiertas con una botella de *whisky* y algo de comida en la mesa. Si ellos también estaban de visita, te daban la bienvenida para que te sirvieras tú mismo y tomaras un tentempié. ¡Eran personas muy confiadas!

Cuando era adolescente, veía desde la Princess Street de Edimburgo los impresionantes fuegos artificiales que se lanzaban desde el castillo. Mi segundo momento favorito de la velada era un instante en concreto en el que se encendía una cascada de fuegos artificiales que caía sobre las rocas de granito y la alta fortaleza de piedra. Parecía una cascada de fuego o lava precipitándose sobre los jardines.

Miles de juerguistas se alineaban en las calles y, a medianoche, contaban del diez al cero antes de estallar con una canción. Todos unían fuerzas en una alborotada interpretación de *Auld Lang Syne*. Mi parte favorita iba después de la canción, cuando le deseabas a todo el que pasaba «¡Feliz Añooo Nuevooo!».

En ocasiones recibías un beso o abrazo de alguien, escondido bajo una gran cantidad de ropa de invierno para mantener alejado el punzante frío. Era difícil saber si se trataba de un amigo o de algún extraño borracho demasiado feliz.

Auld Lang Syne **(Hace mucho tiempo)**
¿Debemos olvidar a los viejos conocidos y en ellos nunca pensar?
¿Debemos olvidar a los viejos conocidos y dejar el tiempo pasar?
Dejar el tiempo pasar, querido, dejar el tiempo pasar, tomaremos una copa de amabilidad mientras dejamos el tiempo pasar.
Robert Burns, 1788

BEBIDA DEL MES
UNA PINTA CALIENTE

SAM
Hace más de un siglo, se ofrecía una pinta caliente en una tetera de cobre para mantener en calor a los juerguistas que iban a hacer sus rondas de *first-footing* y me parece algo delicioso.

Ingredientes
4 pintas de *mild ale*
1 cucharadita de nuez moscada rallada
110 g de azúcar
3 huevos
½ pinta de *whisky* escocés

Elaboración

Coloca la *mild ale* en una cacerola con una base gruesa, añade la nuez moscada y caliéntalo a fuego lento sin que hierva.

Incorpora el azúcar y remueve hasta que se disuelva.

Bate los huevos exhaustivamente antes de añadirlos poco a poco a la mezcla de *ale,* removiendo en todo momento.

Agrega el *whisky* y sube el fuego, pero que no hierva.

Vierte la mezcla en jarras calientes (que no sean de cristal) y vuélvela a echar en la cacerola. Repite este proceso hasta que el líquido quede claro y brillante. Luego, sírvelo con una sonrisa y mano firme.

La pinta caliente también se puede elaborar con vino blanco y *brandy,* en lugar de *ale* y *whisky*.

[Sam: Eh, Graham, podría ser una nueva manera de disfrutar del sauvignon blanc en Nueva Zelanda].

¡GRANDES ESCOCESES!
NACIMIENTOS, MUERTES Y OTROS ACONTECIMIENTOS SIGNIFICATIVOS

1 de diciembre de 1787 – Se enciende en Escocia el primer faro, en Kinnaird Head, Fraserburgh, construido por Robert Stevenson y Thomas Smith.

6 de diciembre de 1745 – Carlos Eduardo Estuardo se retira de Derby.

8 de diciembre de 1542 – Nace María I, reina de Escocia, en el palacio de Linlithgrow. Es una de las mujeres más famosas (y trágicas) de Escocia. Reinó desde el 14 de diciembre de 1542 hasta que se vio obligada a abdicar el 24 de julio de 1567. Encarcelada durante diecinueve años en varios castillos de Inglaterra por la reina Isabel I, se la declaró culpable de conspirar contra ella y la decapitaron el 8 de febrero de 1587.

11 de diciembre de 1970 – Nace en Edimburgo Ewen Bremner.

24 de diciembre de 1724 –Nombran al general George Wade comandante en jefe del Ejército británico en Escocia después de que informara sobre la necesidad de construir carreteras militares en el país.

25 de diciembre de 1954 – Nace en Aberdeen la cantante Annie Lennox, OBE.

28 de diciembre de 1734 – Muere Rob Roy MacGregor.

31 de diciembre de 1720 – Nace en Roma Carlos Eduardo Estuardo.

GRAHAM

Parece apropiado terminar este libro con el nacimiento del príncipe Carlos Eduardo. Me pregunto qué pensaría de todo lo que se ha escrito sobre él, ya sea en películas, series de televisión e incluso este almanaque.

Nació en Roma el 31 de diciembre de 1720 y se llamó Carlos Eduardo Luis Juan Casimiro Silvester Severino María Estuardo.

[Sam: A menudo pienso que Graham debe de tener un nombre parecido, pero no se atreve a compartirlo conmigo por miedo al ridículo].

Carlos, como su padre y su abuelo, creció con la fuerte y firme creencia del derecho divino de los reyes. A ver, cuando eres rey, ¿por qué no estirar más el chicle y creer que te ha elegido Dios?

En diciembre de 1743, su padre, Jacobo II, lo nombró príncipe regente, que significaba que tenía autoridad para hablar y actuar como el propio rey. No perdió mucho el tiempo antes de reunir un par de barcos franceses y partir hacia Eriskay, en Escocia, para comenzar su frustrada rebelión contra los hannoverianos, a quienes juzgó como unos molestos usurpadores alemanes. Si recordamos que era italiano, se parece un poco a lo de le dijo la sartén divina al cazo secular. Ahora ya sabemos lo que ocurrió en la rebelión de 1745 y, si no, es hora de que vuelvas a leer *Tierra de clanes* y ver *Men in Kilts* y *Outlander*.

[Sam: Como decía Carlos Eduardo Estuardo en la serie: «Mark me!»].

Tras la fallida batalla de Culloden, por fin consiguió subirse a un barco francés haciendo «barcostop» en septiembre de 1746. Hay un *cairn* en las islas del lago Loch nan Uamh en Lochaber que marca el punto desde el que partió el príncipe Carlos Eduardo de Escocia para siempre.

Se asentó en Francia, donde decidió entretenerse con numerosas aventuras amorosas, como cuando vivió con Clementina Walkinshaw (con quien tuvo una hija, Charlotte). Se conocieron durante la rebelión, aunque muchos creen que en realidad era una espía hannoveriana.

No obstante, Carlos no se rindió y siguió intentando ser rey. Incluso llegó al extremo de visitar Londres en secreto y convertirse al protestantismo con la esperanza de que eso ayudara a su causa. No lo hizo. Unos años después, se reconvirtió al catolicismo.

Más tarde, en 1759, durante la guerra de los Siete Años, invitaron a Carlos a conocer al ministro francés de Asuntos

Exteriores, quien planeaba invadir Inglaterra con una fuerza colosal de 100 000 hombres. Quería contar con Carlos, además de con tantos jacobitas como fuera posible. Sin embargo, una reunión con el príncipe fue suficiente para cambiar de idea sobre invitarlo a esa fiesta particular.

Las fuerzas invasoras fueron derrotadas en una serie de batallas navales mientras Carlos languidecía en el continente, seguramente bebiéndose hasta el agua de los floreros y siendo, por lo general, un monárquico grano en el culo.

Ni siquiera el papa Clemente III estaba impresionado, porque se negó a darle el reconocimiento como rey que le había otorgado a su padre Jacobo, quien había muerto hacía poco. En 1772, Carlos se casó con la princesa Luisa de Stolberg-Gedern, un matrimonio que terminó ocho años después entre acusaciones de abuso marital, aunque no antes de que Luisa del extravagante apellido alemán se hubiera entretenido probando el colchón real con otro hombre.

Por fin, el atractivo príncipe llegó al final de su vida como una solitaria y abultada figura alcoholizada en Roma, donde murió el 30 de enero de 1788 a la edad de sesenta y siete años, exactamente 139 años después del día en el que decapitaron a su abuelo Carlos I una mañana invernal en Londres. Eso es lo que yo llamaría mala sincronización.

[Sam: Y el resto, como se suele decir, es historia… con un enorme pegote de ficción romántica].

EPÍLOGO

SAM

Bueno, ¡menudo viaje por Escocia! Habéis pasado ya un año en compañía de dos amigos que, a pesar de sus disputas constantes y su apenas oculto afán por competir, ahora mismo están abrazados mientras brindan con una copita (o doce) de Sassenach. Ha sido un placer compartir con vosotros algunas ideas, anécdotas y datos inútiles sobre nuestro precioso y pequeño país.

Esperamos que hayáis disfrutado de esta aventura épica a través del calendario. ¡Me apetece repetir la experiencia! Además, aún tenemos mucho por delante, ya que ambos estamos trabajando en varios proyectos, juntos y por separado, y esperamos que haya más *Men in Kilts,* más *Outlander* y siempre podéis contar con que nos juntaremos para hacer un par de escapaditas. ¡¡¡Uníos a nosotros en la siguiente!!!

Hasta entonces… *Sláinte!*

Ahora, ¡pásame la botella, colega!

AGRADECIMIENTOS

Sam

Este es un libro único y nunca habría salido a la luz sin la visión e imaginación de la brillante Briony Gowlett, el trabajo duro y la dedicación de Charlotte Reather y los desvaríos continuos, encantadores y (muchas veces) sanguinarios de mi barbudo compañero de viaje, Graham McTavish. Gracias a ellos y a todos los que han contribuido en este libro. Hay demasiados para mencionarlos a todos, pero lo intentaré: Wendy, Duncan, Caitriona, Marina, Sophie, Richard y todos mis amigos de *Outlander;* Alex y el equipo de GGC; mis brillantes agentes Ruth, Theresa, Zoe y Thea; mi familia y, por supuesto, mi madre, Chrissie.

Graham

Para todos los que han estado ahí cuando los he necesitado (es una lista muy larga). Ya sabéis quiénes sois, pero dejo aquí algunas menciones especiales:

Garance y mis hijas, Honor y Hope. Mis compañeros de armas: Dougy, Paul, Paddy, Chris y Mark.

Todas aquellas personas maravillosas que me han ayudado a ganarme la vida: mi agente, Cheri, Dawn, Caitlin y todos los de CAM, Glenn, Adrian, Adam y todos los de Artists Representatives y, por supuesto, Zoe de United Agents.

Una vez más, quiero dar las gracias a Briony Gowlett y a los grandes trabajadores de Hodder & Stoughton y a la paciente Charlotte Reather. Gracias a todos por guiarnos en nuestra segunda aventura juntos y tomar las riendas de mis estrafalarios garabatos.

Gracias también a nuestro maravilloso director de *Men in Kilts,* Kevin Johnson, y a todos los de Boardwalk, así como a nuestro equipo estelar, que ha hecho que este pequeño viaje de carretera haya sido tan divertido y, lo más importante de todo, que hayamos salido con vida de él. ¡La próxima vez tienes que llevar un *kilt,* Kevin!

Por último, aunque no menos importante, gracias a mi conductor, compañero, cariñoso torturador, coautor, casi lunático y querido amigo Sam Heughan, por hacer que me ría, me enfrente a mis miedos y aprenda nuevas lecciones sobre la alegría de estar acompañado. No me imagino haciendo nada igual con nadie que no seas tú, colega.

Charlotte

Solo quiero darles las gracias a mi paciente marido, Ed, y a mis hijas, Tallulah de seis años y Matilda de cuatro, quienes siguen hablando de Sam y Graham como si fueran familia…, hasta que elaboren un plan para deshacerse de ellos y poder recuperar a su madre.

LECTURAS ADICIONALES

PÁGINAS WEB

electricscotland.com
highlandtitles.com
outlanderlists.weebly.com
rampartscotland.com
scotclans.com
scotlandinfo.eu
scotlandwelcomesyou.com
undiscoveredscotland.co.uk
visitscotland.com
wild-scotland.org.uk
scottishwildflowers.org

BIOGRAFÍAS DE LOS AUTORES

Sam Heughan es un galardonado actor y filántropo, más conocido por su papel como Jamie Fraser en la exitosa serie de televisión *Outlander*. Desde los inicios en el teatro Royal Court hasta su papel más reciente en la película *Text for you,* con Priyanka Chopra y Céline Dion, Sam ha gozado de una carrera en el teatro, la televisión y el ámbito cinematográfico durante casi dos décadas. Ha creado una empresa de *whisky* multigalardonado (del que ha empapado de manera vergonzosa este libro), ha desarrollado y producido su primer programa de televisión, aclamado por la crítica, *Men in Kilts,* y se ha convertido en autor superventas del *New York Times* gracias a su libro, *Tierra de clanes.* Con su creciente éxito y fama, también ha prestado su voz y plataforma para recaudar fondos y crear conciencia para múltiples e importantes organizaciones benéficas, como Marie Curie UK y Blood Cancer UK. En los últimos años, ha conseguido más de 5 millones de dólares para la investigación de la leucemia, cuidados paliativos, bancos de alimentos, defensa del medioambiente y concienciación sobre el cáncer de testículos. Gracias a su sorprendente contribución al trabajo caritativo y a su éxito artístico, las universidades de Glasgow y Stirling le han otorgado dos *honoris causa* en 2019. Su siguiente proyecto es convencer a McTavish de que salte de un avión, vestido con un *kilt.*

Graham McTavish siempre ha buscado el peligro a la vez que se enfrentaba a los desafíos de la vida diaria; desde sus inicios como explorador para la Real Sociedad Geográfica. Su trabajo entre las gentes de la tribu Yuqui en Bolivia fue suficiente para que este tímido y humilde pueblo levantara un pequeño altar en su honor. Su colección de premios es pequeña, pero muy significativa para él. Es de especial importancia su recompensa por los servicios al poco conocido mundo de la cría de renos en miniatura. Es el orgulloso patrón de la Sociedad de Renos en Miniatura de Saariselkä en Finlandia. Mientras era cartero en bici, primero en Delhi y luego en Londres, cogió el virus de la interpretación. Tras actuar en el teatro *amateur,* por fin se hizo profesional y tuvo que dejar su intermitente trabajo como trapecista. Lleva más de 35 años actuando en teatros, películas cinematográficas y televisión. En los dos últimos campos, es más conocido por sus papeles como Dougal MacKenzie en *Outlander,* el fiero enano Dwalin en la trilogía de *El hobbit,* Drácula en *Castlevania* y Djikstrea en *The witcher,* además de por muchos otros personajes que empiezan con la letra *d.* Ha actuado en teatros de todo el mundo, desde el Royal National Theatre de Londres con Ingmar Bergman al Museo Metropolitano de Arte de Nueva York con su propia obra coescrita con el artista Nicholas Pace. Ahora es cocreador y productor de *Men in Kilts,* algo que haría sonreír a su padre. Obviamente, también ha cantado ópera en La Scala de Milán. Está bastante contento con que el sueño de su yo de doce años de ser un autor publicado se haya hecho por fin realidad… ¡otra vez!

Charlotte Reather es una importante periodista especializada en el estilo de vida campestre, columnista y guionista de comedias. Además, es la coautora del éxito superventas *Tierra de clanes* de Sam Heughan y Graham McTavish, y de *Extreme fishing* de Robson Green (2013). Vive en Sussex Occidental con su marido, un antiguo miembro de la Marina Real, y sus dos hijas. Actualmente está escribiendo su primera novela.
charlottereather.com / @charlottereather